人天眼目

中国佛学经典宝藏

16

星云大师总监修

方 铭 释译

人民东方出版传媒
東方出版社

图书在版编目（CIP）数据

人天眼目 / 方　铭　释译. —北京：东方出版社，2015.9
（中国佛学经典宝藏）
ISBN 978 - 7 - 5060 - 8577 - 9

Ⅰ. ①人…　Ⅱ. ①方…　Ⅲ. ①禅宗－宗教经典－注释②禅宗－宗教经典－译文
Ⅳ. ① B946.5

中国版本图书馆 CIP 数据核字（2015）第 267917 号

人天眼目
（RENTIANYANMU）

释 译 者：方　铭
责任编辑：查长莲
出　　版：东方出版社
发　　行：人民东方出版传媒有限公司
地　　址：北京市东城区东四十条 113 号
邮　　编：100007
印　　刷：三河市中晟雅豪印务有限公司
版　　次：2017 年 10 月第 1 版
印　　次：2017 年 10 月第 1 次印刷
开　　本：880 毫米 ×1230 毫米　1/32
印　　张：15.125
字　　数：350 千字
书　　号：ISBN 978 - 7 - 5060 - 8577 - 9
定　　价：61.00 元
发行电话：（010）85924663　85924644　85924641

《中国佛学经典宝藏》
大陆简体字版编审委员会

总序

星云

自读首楞严，从此不尝人间糟糠味；

认识华严经，方知已是佛法富贵人。

诚然，佛教三藏十二部经有如暗夜之灯炬、苦海之宝筏，为人生带来光明与幸福，古德这首诗偈可说一语道尽行者阅藏慕道、顶戴感恩的心情！可惜佛教经典因为卷帙浩瀚、古文艰涩，常使忙碌的现代人有义理远隔、望而生畏之憾，因此多少年来，我一直想编纂一套白话佛典，以使法雨均沾，普利十方。

一九九一年，这个心愿总算有了眉目。是年，佛光山在中国大陆广州市召开“白话佛经编纂会议”，将该套丛书定名为《中国佛教经典宝藏》①。后来几经集思广

① 编者注：《中国佛教经典宝藏》丛书，大陆出版时改为《中国佛学经典宝藏》丛书。

益，大家决定其所呈现的风格应该具备下列四项要点：

一、启发思想：全套《中国佛教经典宝藏》共计百余册，依大乘、小乘、禅、净、密等性质编号排序，所选经典均具三点特色：

1. 历史意义的深远性

2. 中国文化的影响性

3. 人间佛教的理念性

二、通顺易懂：每册书均设有原典、注释、译文等单元，其中文句铺排力求流畅通顺，遣词用字力求深入浅出，期使读者能一目了然，契入妙谛。

三、文简意赅：以专章解析每部经的全貌，并且搜罗重要的章句，介绍该经的精神所在，俾使读者对每部经义都能透彻了解，并且免于以偏概全之谬误。

四、雅俗共赏：《中国佛教经典宝藏》虽是白话佛典，但亦兼具通俗文艺与学术价值，以达到雅俗共赏、三根普被的效果，所以每册书均以题解、源流、解说等章节，阐述经文的时代背景、影响价值及在佛教历史和思想演变上的地位角色。

兹值佛光山开山三十周年，诸方贤圣齐来庆祝，历经五载、集二百余人心血结晶的百余册《中国佛教经典宝藏》也于此时隆重推出，可谓意义非凡，论其成就，则有四点可与大家共同分享：

一、佛教史上的开创之举：民国以来的白话佛经翻译虽然很多，但都是法师或居士个人的开示讲稿或零星的研究心得，由于缺乏整体性的计划，读者也不易窥探佛法之堂奥。有鉴于此，《中国佛教经典宝藏》丛书突破窠臼，将古来经律论中之重要著作，做有系统的整理，为佛典翻译史写下新页！

二、杰出学者的集体创作：《中国佛教经典宝藏》丛书结合中国大陆北京、南京各地名校的百位教授、学者通力撰稿，其中博士学位者占百分之八十，其他均拥有硕士学位，在当今出版界各种读物中难得一见。

三、两岸佛学的交流互动：《中国佛教经典宝藏》撰述大部分由大陆饱学能文之教授负责，并搜录台湾教界大德和居士们的论著，借此衔接两岸佛学，使有互动的因缘。编审部分则由台湾和大陆学有专精之学者从事，不仅对中国大陆研究佛学风气具有带动启发之作用，对于台海两岸佛学交流更是帮助良多。

四、白话佛典的精华集萃：《中国佛教经典宝藏》将佛典里具有思想性、启发性、教育性、人间性的章节做重点式的集萃整理，有别于坊间一般“照本翻译”的白话佛典，使读者能充分享受“深入经藏，智慧如海”的法喜。

今《中国佛教经典宝藏》付梓在即，吾欣然为之作序，并借此感谢慈惠、依空等人百忙之中，指导编修；吉广舆等人奔走两岸，穿针引线；以及王志远、赖永海等大陆教授的辛勤撰述；刘国香、陈慧剑等台湾学者的周详审核；满济、永应等“宝藏小组”人员的汇编印行。由于他们的同心协力，使得这项伟大的事业得以不负众望，功竟圆成！

《中国佛教经典宝藏》虽说是大家精心擘划、全力以赴的巨作，但经义深邈，实难尽备；法海浩瀚，亦恐有遗珠之憾；加以时代之动乱，文化之激荡，学者教授于契合佛心，或有差距之处。凡此失漏必然甚多，星云谨以愚诚，祈求诸方大德不吝指正，是所至祷。

一九九六年五月十六日于佛光山

原版序

敲门处处有人应

慈惠

《中国佛教经典宝藏》是佛光山继《佛光大藏经》之后，推展人间佛教的百册丛书，以将传统《大藏经》精华化、白话化、现代化为宗旨，力求佛经宝藏再现今世，以通俗亲切的面貌，温渥现代人的心灵。

佛光山开山三十年以来，家师星云上人致力推展人间佛教，不遗余力，各种文化、教育事业蓬勃创办，全世界弘法度化之道场应机兴建，蔚为中国现代佛教之新气象。这一套白话精华大藏经，亦是大师弘教传法的深心悲愿之一。从开始构想、擘划到广州会议落实，无不出自大师高瞻远瞩之眼光，从逐年组稿到编辑出版，幸赖大师无限关注支持，乃有这一套现代白话之大藏经问世。

这是一套多层次、多角度、全方位反映传统佛教文化的丛书，取其精华，舍其艰涩，希望既能将《大藏经》

深睿的奥义妙法再现今世，也能为现代人提供学佛求法的方便舟筏。我们祈望《中国佛教经典宝藏》具有四种功用：

一、是传统佛典的精华书

中国佛教典籍汗牛充栋，一套《大藏经》就有九千余卷，穷年皓首都研读不完，无从赈济现代人的枯槁心灵。《宝藏》希望是一滴浓缩的法水，既不失《大藏经》的法味，又能有稍浸即润的方便，所以选择了取精用弘的摘引方式，以舍弃庞杂的枝节。由于执笔学者各有不同的取舍角度，其间难免有所缺失，谨请十方仁者鉴谅。

二、是深入浅出的工具书

现代人离古愈远，愈缺乏解读古籍的能力，往往视《大藏经》为艰涩难懂之天书，明知其中有汪洋浩瀚之生命智慧，亦只能望洋兴叹，欲渡无舟。《宝藏》希望是一艘现代化的舟筏，以通俗浅显的白话文字，提供读者遨游佛法义海的工具。应邀执笔的学者虽然多具佛学素养，但大陆对白话写作之领会角度不同，表达方式与台湾有相当差距，造成编写过程中对深厚佛学素养与流畅白话语言不易兼顾的困扰，两全为难。

三、是学佛入门的指引书

佛教经典有八万四千法门，门门可以深入，门门是无限宽广的证悟途径，可惜缺乏大众化的入门导览，不易寻觅捷径。《宝藏》希望是一支指引方向的路标，协助十方大众深入经藏，从先贤的智慧中汲取养分，成就无上的人生福泽。

四、是解深入密的参考书

佛陀遗教不仅是亚洲人民的精神归依，也是世界众生的心灵宝藏。可惜经文古奥，缺乏现代化传播，一旦庞大经藏沦为学术研究之训诂工具，佛教如何能扎根于民间？如何普济僧俗两众？我们希望《宝藏》是百粒芥子，稍稍显现一些须弥山的法相，使读者由浅入深，略窥三昧法要。各书对经藏之解读诠释角度或有不足，我们开拓白话经藏的心意却是虔诚的，若能引领读者进一步深研三藏教理，则是我们的衷心微愿。

大陆版序一

《中国佛教经典宝藏》是一套对主要佛教经典进行精选、注译、经义阐释、源流梳理、学术价值分析，并把它们翻译成现代白话文的大型佛学丛书，成书于二十世纪九十年代，由台湾佛光文化事业有限公司出版，星云大师担任总监修，由大陆的杜继文、方立天以及台湾的星云大师、圣严法师等两岸百余位知名学者、法师共同编撰完成。十几年来，这套丛书在两岸的学术界和佛教界产生了巨大的影响，对研究、弘扬作为中国传统文化重要组成部分的佛教文化，推动两岸的文化学术交流发挥了十分重要的作用。

《中国佛学经典宝藏》则是《中国佛教经典宝藏》的简体字修订版。之所以要出版这套丛书，主要基于以下的考虑：

首先，佛教有三藏十二部经、八万四千法门，典籍浩瀚，博大精深，即便是专业研究者，穷其一生之精力，恐也难阅尽所有经典，因此之故，有“精选”之举。

其次，佛教源于印度，汉传佛教的经论多译自梵语；加之，代有译人，版本众多，或随音，或意译，同一经文，往往表述各异。究竟哪一种版本更契合读者根机？哪一个注疏对读者理解经论大意更有助益？编撰者除了标明所依据版本外，对各部经论之版本和注疏源流也进行了系统的梳理。

再次，佛典名相繁复，义理艰深，即便识得其文其字，文字背后的义理，诚非一望便知。为此，注译者特地对诸多冷僻文字和艰涩名相，进行了力所能及的注解和阐析，并把所选经文全部翻译成现代汉语。希望这些注译，能成为修习者得月之手指、渡河之舟楫。

最后，研习经论，旨在借教悟宗、识义得意。为了将其思想义理和现当代价值揭示出来，编撰者对各部经论的篇章品目、思想脉络、义理蕴涵、学术价值等所做的发掘和剖析，真可谓殚精竭虑、苦心孤诣！当然，佛理幽深，欲入其堂奥、得其真义，诚非易事！我们不敢奢求对于各部经论的解读都能鞭辟入里，字字珠玑，但希望能对读者的理解经义有所启迪！

习近平主席最近指出：“佛教产生于古代印度，但传入中国后，经过长期演化，佛教同中国儒家文化和道家文化融合发展，最终形成了具有中国特色的佛教文化，给中国人的宗教信仰、哲学观念、文学艺术、礼仪习俗等留下了深刻影响。”如何去研究、传承和弘扬优秀佛教文化，是摆在我们面前的一个重要课题，人民东方出版传媒有限公司拟对繁体字版的《中国佛教经典宝藏》进行修订，并出版简体字版的《中国佛学经典宝藏》，随喜赞叹，寥寄数语，以叙因缘，是为序。

二〇一六年春于南京大学

大陆版序二

依空

身材高大、肤色白皙、擅长军事的亚利安人，在公元前四千五百多年从中亚攻入西北印度，把当地土著征服之后，为了彻底统治这里的人民，建立了牢不可破的种姓制度，创造了无数的神祇，主要有创造神梵天、破坏神湿婆、保护神毗婆奴。人们的祸福由梵天决定，为了取悦梵天大神，需要透过婆罗门来沟通，因为他们是从梵天的口舌之中生出，懂得梵天的语言——繁复深奥的梵文，婆罗门阶级是宗教祭祀师，负责教育，更掌控了神与人之间往来的话语权。四种姓中最重要的是刹帝利，举凡国家的政治、经济、军事、文化等等都由他们实际操作，属贵族阶级，由梵天的胸部生出。吠舍则是士农工商的平民百姓，由梵天的膝盖以上生出。首陀罗则是被踩在梵天脚下的土著。前三者可以轮回，纵然几世轮转都无法脱离原来种姓，称为再生族；首陀罗则连轮回的因缘都没有，为不生族，生生世世为首陀罗，子孙也倒霉跟着宿命，无法改变身份。相对于此，贱民比首陀罗更为卑微、低贱，连四种姓都无法跻身其中，只能从事挑粪、焚化尸体等最卑贱、龌龊的工作。

出身于高贵种姓释迦族的悉达多太子，为了打破种姓制度的桎梏，舍弃既有的优越族姓，主张一切众生皆平等，成正等觉，创立了佛教僧团。为了贯彻佛教的平等思想，佛陀不仅先度首陀罗身份的优婆离出家，后度释迦族的七王子，先入山门为师兄，树立僧团伦理制度。佛陀更严禁弟子们用贵族的语言——梵文宣讲佛法，而以人民容易理解的地方口语来演说法义，这就是巴利文经典的滥觞。佛陀认为真理不应该是属于少数贵族、知识分子的专利或装饰，而应该更贴近普罗大众，属于平民百姓共有共知。原来佛陀早就在推动佛法的普遍化、大众化、白话化的伟大工作。

佛教从西汉哀帝末年传入中国，历经东汉、魏晋南北朝、隋唐的漫长艰巨的译经过程，加上历代各宗派祖师的著作，积累了庞博浩瀚的汉传佛教典籍。这些经论义理深奥隐晦，加以书写的语言文字为千年以前的古汉文，增加现代人阅读的困难，只能望着汗牛充栋的三藏十二部扼腕慨叹，裹足不前。

如何让大众轻松深入佛法大海，直探佛陀本怀？佛光山开山宗长星云大师乃发起编纂《中国佛教经典宝藏》。一九九一年，先在大陆广州召开“白话佛经编纂会议”，订定一百本的经论种类、编写体例、字数等事项，礼聘中国社科院的王志远教授、南京大学的赖永海教授分别为中国大陆北方与南方的总联络人，邀请大陆各大学的佛教学者撰文，后来增加台湾部分的三十二本，是为一百三十二册的《中国佛教经典宝藏精选白话版》，于一九九七年，作为佛光山开山三十周年的献礼，隆重出版。

六七年间我个人参与最初的筹划，多次奔波往来于大陆与台湾，小心谨慎带回作者原稿，印刷出版、营销推广。看到它成为佛教徒家中的传家宝藏，有心了解佛学的莘莘学子的入门指南书，为星云大师监修此部宝藏的愿心深感赞叹，既上契佛陀“佛法不舍一众”的慈悲本怀，更下启人间佛教“普世益人”的平等精神。尤其可喜者，欣闻现大陆出版方东方出版社潘少平总裁、彭明哲副总编亲自担纲筹划，组织资深编辑精校精勘；更有旅美企业家鲁彼德先生事业有成之际，秉“十方来，十方去，共成十方事”之襟怀，促成简体字版《中国佛学经典宝藏》的刊行。今付梓在即，是为序，以表随喜祝贺之忱！

二〇一六年元月

目　录

题解

《人天眼目》六卷，为宋晦岩智昭编集。据《人天眼目序》，编成当为南宋孝宗赵昚淳熙十五年戊申，即公元一一八八年，智昭说："予游方时，所至尽诚，咨扣尊宿五宗纲要，其间件目，往往亦有所未知者，因慨念。既据师位，而纲宗语句，尚不知其名，况旨诀乎？将何以启迪后昆，剔抉疑膜邪？于是有意于纲要，几二十年矣。或见于遗编，或得于断碣，或闻尊宿称提，或获老衲垂颂，凡是五宋纲要者，即笔而藏诸。虽成巨轴，第未暇详定，晚抵天台万年山寺，始尝其志。编次类列，分为五宗，名之曰《人天眼目》，其辞皆一，依前辈所作，弗敢增损。然是集也，乃从上诸大老利物施为，既非余胸臆之论，俾行于世，有何消焉？若其执拂柄据师位者，外是则无以辩验邪正也。有识博闻者，必垂印可。"

那么，该书先后历经近二十年，自孝宗乾道初开始搜集，访问遗简断碣、古宿长老，而最后将全部有关禅宗沩仰、临济、云门、法眼、曹洞五宗的资料，于天台万年山寺而编成《人天眼目》。编者之所以辛勤若此，刻意编成是书，是由于当时五宗纲要尚有不清晰之处，无法启迪后学，而编者通过细心地搜集，集成巨轴，却仍遵从各宗祖师尊宿的说解，而不加入个人胸臆之见，较客观全面地指出了临济、沩仰、曹洞、云门、法眼五宗参禅修道成佛的方法和纲领，无疑是研究和了解中国禅宗发展历史的重要资料。它的产生以至于今，都是学习和了解、研究中国禅宗五家学说的学者所不可忽视的，也足以剔抉疑膜，启迪后学。正缘于此，曾被多次印行、重编。

佛教自菩提达磨来中国之后，而有中国禅宗。禅宗五祖弘忍以后，其弟子神秀、惠能分宗南北，而惠能为六祖。惠能门下青原行思之门徒形成曹洞、云门、法眼三宗，南岳怀让门下形成沩仰、临济二宗，临济宗发展至北宋方会，师事临济七世石霜楚圆禅师，住袁州（今江西宜春）杨岐山普明禅院，创立杨岐派。杨岐一派，在宋以后，最为流行。而晦岩智昭和尚，为杨岐派大慧禅师宗杲的四世弟子。智昭费时二十年而收集的《人天眼目》，作为中国五家禅宗宗旨的纲要书，其内容虽集五家各派，但于临济宗记载最为详尽。

《人天眼目》，书名寓人类及天界一切众生眼目之意。人天，指人类与天界，是六道十界中的二界，人界与天界都是迷妄之界，人天二界的迷妄，通过对禅宗五家纲要的参悟，自可超凡入圣，修成正果。《人天眼目》卷二曰：云门宗“盖其见体宽通，自然受用广大，花开灵树，子结香林，振佛祖权衡，开人天眼目。”此处“开人天眼目”，实即《人天眼目》一书的宗旨。《人天眼目》与法眼宗文益禅师所著《宗门十规论》，在中国禅宗盛誉并享。

《人天眼目》为中国禅宗五家宗旨的纲要书，内容分为五家，首先记载各家宗祖略传，再列举该派重要祖师的语句、偈颂、机关、宗纲，并收集先德对此语句、偈颂、机关、宗纲所作的提唱拈提之语及偈颂，以作为理解的帮助。晦岩智昭之后，公元一二五八年，即南宋理宗赵昀宝祐六年，物初大观予以重修，公元一三一七年，即元仁宗孛儿只斤·爱育黎拔力八达延祐四年，抚州天峰致祐加以校修改正顺序，作为临济宗、沩仰宗、曹洞宗、云门宗、法眼宗之顺序而重刊。智昭至天峰致祐所重刊，都是三卷本，公元一三六八年，即明太祖朱元璋洪武元年，在朝鲜所刊行却已析为六卷，五家顺序则为临济宗、云门宗、曹洞宗、沩仰宗、法眼宗，卷五、卷六增添收录补遗事项，以及考证禅宗史实问题的宗门杂录和龙潭考。明万历十四年，即公元一五八六年，刊行的续藏本，便是此六卷本。日本昭和三年所刊《大正新修大藏经》，以承应三年（公元一六五四年）刊大谷大学藏本为底本，而以乾元二年的五山版校订。承应三年刊本正是以万历本为根据的。不过，清康熙四十二年，即公元一七〇三年由仁矩重订之增集《人天眼目》二卷，其内容与上述诸本截然不同。《人天眼目》注释著作有《人天眼目批部集》《人天眼目不二钞》《人天眼目抄》《重修人天眼目集纲领》《人天眼目钞》《人天眼目金钜》《人天眼目臆说》《人天眼目春堂解》等多种。

六卷本《人天眼目》，第一卷为序，以及临济宗，第二卷为临济宗及云门宗，第三卷为曹洞宗，第四卷为沩仰宗与法眼宗，第五、六卷为宗门杂录等。本书为了使读者能更清楚地掌握禅宗五家各自立派的宗纲，以禅宗五家各为区分，不依六卷本之分卷标准，因而第二章与第三章相适应，共分八节，第一、二、三节为临济宗（上）、（中）、（下），为原六卷本卷一与卷二临济宗部分；第四节为云门宗，为原六卷本卷二云门宗部分；第五节为曹洞宗，即原六卷本卷三；第六节沩仰宗，第七节法眼宗，为原六卷本卷四沩仰宗、法眼宗之内容；第八节宗门杂录，选自六卷本原卷五与卷六。临济宗分三节，其区分仅仅是缘于篇幅太长之故，与内容无涉。

六卷本《人天眼目》内容较为丰富，之间又有关联，限于篇幅，强为取舍，自不免挂一漏万。为了突出五家纲要此中心，我选取了五家语录、机锋、问答、偈颂中最能体现各家纲宗的部分，特别注重五家创始人的语录，以及各派禅师阐释宗纲的问答，而某些先德拈提偈颂，虽也有选取，但大多删略。由于先德拈提偈颂，仅仅是发挥对某派某一宗纲语录的理解，删略之后，也不至于影响对五家的全面了解。原卷五、卷六，言及禅门掌故及史实，是深入了解禅宗必不可或缺的知识，但因与五家纲要略远，所以仅选对理解五家纲宗最具重要意义的拈花、三身、四智、石头《参同契》、五问，以及卷六的一喝分五教等内容。由于本书第二、三两章之第八节未能概括六卷本《人天眼目》卷五、卷六的内容，在这里简要介绍是必要的。

六卷本《人天眼目》卷五最后，有《觉梦堂重校五家宗派序》，叙述五家宗派师承，对了解禅宗五家，很有裨益，序说："皇朝景德间吴僧道原，集《传灯》三十卷，自曹溪下列为两派，一曰南岳让，让出马大师；一曰青原思，思出石头迁。自两派下又分五宗。马大师出八十四员善知识，内有百丈海，出黄檗运、大沩祐二人，运下出临济玄，故号临济宗；祐下出大仰寂，故号沩仰宗。八十四人，又有天皇悟，悟得龙潭信，信得德山鉴，鉴得雪峰存，存下出云门宗、法眼宗。石头迁出药山俨、天皇悟二人，悟下得慧真，真得幽闲，闲得文贲，便绝；唯药山得云岩晟，晟得洞山价，价得曹山寂，是为曹洞宗。今《传灯》却收云门、法眼两宗，归石头下，误矣。缘同时道悟有两人，一曰江陵城西天王寺道悟者，渚宫人，崔子玉之后，嗣马祖，元和十三年四月十三日化，正议大夫丘玄素撰《塔铭》，文几千言，其略云：马祖祝曰，他日莫离旧处，故还渚宫；一曰江陵城东天皇寺道悟，婺州东阳人，姓张氏，嗣石头，元和二年丁亥化，律师符载所撰碑。二碑所载，生缘出处甚详，但缘道原采集《传灯》之曰，非一一亲往讨寻，不过宛转托人捃拾而得，其差误可知也。"

自景德至今，天下四海，以《传灯》为据，虽列刹据位立宗者，不能略加究辨，唯丞相无尽居士，及吕夏卿二君子，每会议宗门中事，尝曰："石头得药山，山得曹洞一宗，教理行果，言说宛转，且天王道悟下，出个周金刚，呵风骂雨，虽佛祖不敢婴其锋，恐自天皇或有差误。"寂音尊者亦尝疑之云："道悟似有两人。"无尽后于达观颖处，得唐符载所撰《天皇道悟塔记》，又讨得丘玄素所作《天王道悟塔记》，赍以遍示诸方曰："吾尝疑德山、洞山同出石头下，因甚垂手处死活不同，今以丘、符二记证之，朗然明白，方知吾择法验人之不谬耳。”寂音曰：“圭峰答裴相国，宗趣状列马祖之嗣六人，首曰江陵道悟，其下注曰：兼禀径山，今妄以云门、临济二宗竞者，可发一笑。”略书梗概以传明达者，庶知五家之正派如是而已。

六卷本《人天眼目》卷六，有“岩头三句”，即咬去咬住；欲去不去欲住不住；或时一向不去，或时一向不住。《人天眼目》指出：“师上堂云：大凡唱教，从无欲中流出三句，只是理论咬去咬住；欲去不去，欲住不住；或时一向不去，或时一向不住，并不知方所，明眼汉没窠臼，突然地，若论战也，个个须是咬猪狗手段。若未透未明，亦须得七八分，方可入作。若从来眼目弥黎麻啰，且莫乱呈懵袋，错槌折尔腰，莫言不道。”岩头禅师即唐鄂州岩头全豁禅师，参德山而契旨，住于岩头，唐武宗时，佛教遭禁，隐身为渡子，后于卧龙山结庵，唐僖宗光启三年（公元八八七年）圆寂，敕谥清岩禅师，《传灯录》卷十六有传。

又有“汾阳五门句”，僧人问入门、门里、当门、出门、门外五句，汾阳和尚指出，“远客投知己，暂坐笑吟吟”是入门，“四相排班立，凝情望圣容”是门里，“坐断千差路，舒光照万机”是当门，“举目望江山，遍界无相识”是出门，“樵子爱荒郊，骑牛常扣角”是门外。石门聪和尚对此五句也有解说。譬之四宾主，则门里句为宾中主，当门句为主中主，门外句为宾中宾。

又有“《肇论》四不迁”，即“旋岚偃岳而常静，江河竞注而不流，野马飘鼓而不动，日月历天而不周”，野马即风，《庄子·逍遥游》曰：“野马也，尘埃也。”成玄英疏曰：“青春之时，阳气发动，遥望泽薮之中，犹如奔马，故谓之野马也。”

又有“岩头四藏锋”，《人天眼目》曰：“四藏锋者，师所立也，谓就事者全事也，就理者全理也，入就者理事俱也，出就者理事泯也。后之学者，不根前辈所立之意，易就为袖，使晚生衲子疑宗师袖中有物，出入而可示之也，故不得不详审。”

又有“宗门三印”，即印空、印水、印泥，石门聪曰，印空即“舌拄上腭”，印水即“说话对聋人”，印泥即“头上吃棒口里喃喃”。又有“三朝王子”，即王子未登朝时，“六宫歌雪曲，八国听韶音”，王子正登朝时，“玉玺不彰文，万邦咸稽首”，王子登朝后，“素服问田翁，遍界无相识”。

又有“南明慎和尚狮子话”，曰，狮子未出时，“清风匝地”；狮子出窟后，“群狐脑裂”；狮子欲出未出时，报恩和尚说：“命若悬丝。”又有“长芦祖印福宝剑话”，曰，宝剑未出时“涩”，出匣后“利”。又有“智门祚莲花语”，曰，莲花未出水时为“莲花”，出水后为“荷叶”，而慈明圆和尚则解释说，莲花未出水时“水深盖不得”，出水后“不碍往来看”，开后“南北馨香”，结子后“喂鱼、喂鳖”。

又有“风穴沼古镜话”，曰，古镜未磨时“天魔胆丧”，磨后“轩辕当道”。又有“五祖演仙陀婆话”，曰：“僧问王索仙陀婆时如何？祖云：七穿八穴。如何是王索仙陀婆？祖云：鸾驾未排先号令。如何是仙陀婆？祖云：眼润耳热。僧礼拜。祖云：点。”又有“镜清问风穴六刮”，风穴云，“叶落不烦人扫去，自有清风为扫来”为就毛刮尘，“呼吸纵饶幽谷响，寻真那得遇当人”为就皮刮毛，“卸下直教天帝肯，那吒太子不容君”为就肉刮皮，“醍醐既消身病愈，性海玄途不假舟”为就骨刮肉，“释迦亲遇燃灯佛，授记不闻说法音”为就髓刮骨，“设使空花结空果，木马那教天马追”为仅有髓时之刮。此皆言涅槃途径。

《人天眼目》卷六也有大量讨论禅宗五宗的文字，如“五宗问答”“圆悟五家宗要”。圆悟五家宗要，说临济宗，则曰：“全机大用，棒喝交驰，剑刃上求人，电光中垂手。”说云门宗，则曰：“北斗藏身，金风体露，三句可辨，一镞辽空。”说曹洞宗，则曰：“君臣合道，偏正相资，鸟道玄途，金针玉线。”说沩仰宗，则曰：“师资唱和，父子一家，明暗交驰，语默不露。”说法眼宗，则曰：“闻声悟道，见色明心，句里藏锋，言中有响。”此为言五宗参学风格。

《人天眼目》卷六说“三种法界”，曰：“佛未出世时如何？天下太平。出世后如何？特地一场愁。出与未出时如何？知恩者少，负恩者多。如何是法身体？山花开似锦，涧水绿如蓝。如何是法身用？夜坐连云石，春栽带雨松。如何是法身？柳色黄金嫩，梨花白雪香。”又说肉眼、天眼、慧眼、法眼、佛眼五眼，肉眼“憎爱何足贵？贪嗔事转多”，天眼“恢恢常不漏，历历太分明”，慧眼“金地遥招手，江陵暗点头”，法眼“青山常不露，遍界不曾藏”，佛眼“慈悲利一切，方便有多门”。

又说佛、法、僧三宝，曰：“如何是佛？何处不称尊？如何是法？车不横推，理无曲断。如何是僧？闲持经卷倚松立，借问客从何处来？”说“拄杖话”，曰：“如何是尔有拄杖子？棋逢敌手难藏行。如何是尔无拄杖子？琴遇知音始好弹。如何是拄杖子？扶过断桥水，伴归明月村。”说“句意”，曰：“句到意不到，古涧寒泉涌，青松带露寒。意到句不到，石长无根草，山藏不动云。意句俱到，天共白云晓，水共明月流。意句俱不到，青天无片云，绿水风波起。”此皆比喻之言。

《人天眼目》卷六有“六祖问答”，说菩提达磨初祖、二祖、三祖、四祖、五祖、六祖，分别标榜一只履，一只臂，一罪身，一只虎，一株松，一张碓。初祖一履踏破铁围山，二祖一臂提携天下，三祖本自无瑕类，四祖威雄震十方，五祖壮家风，六祖知有无。“十无问答”说无为国，无星秤，无根树，无底钵，无弦琴，无底船，无生曲，无孔笛，无须锁，无底篮，大致皆明有无之义，以参禅果。

《人天眼目》卷六尚有“禅林方语”。后又有真性偈，据说为菩提达磨“西来九年，面壁，独神光立雪断臂自证，巧说不得，只许心传，上根既契，便欲西归，犹怜中下之机，强留二十字，称云真性偈，翻复读之，成四十韵，各有旨趣。盖为老婆心切，狼藉不少，庶几后代儿孙，因指见月，傥有个汉，向性字未形之前领略，文彩自彰，匪从他得，翻笑老胡正好，痛与拄杖”。是二十字如后：

此真性偈为灵隐慧昭大师可光述。

《人天眼目》卷六之后，又附《大元延祐重刊人天眼目后序》，以及《龙潭考》、物初大观《重修人天眼目集后序》等，致祐《大元延祐重刊人天眼目后序》说明重刊《人天眼目》参考同异，讹者正之，阙者补之，妄者削之，以及改正五宗师承次第之意。《龙潭考》力证“天皇悟非天王悟”，龙潭信所嗣，乃为天皇悟，非丘玄素所说天王悟。物初大观《重修人天眼目集后序》，则说明主要为纠正赵宋全盛之时禅林传抄乌焉成马之误。

《人天眼目》的编纂、修订、重刊、校正，自然是为了《人天眼目》方便流传。前人所做功绩不小，而《大正大藏经》诸宗部收《人天眼目》，借承应三年刊本与五山版参校，传抄之误，已基本改正，但其中仍不免有断句之讹、文字之误，而致影响文意，笔者已做了改正，权衡难定之处，也已注明。禅家宗旨，不外讲述成佛途径，而禅宗五家，俱出南宗，主张顿悟，其中机锋语句、形象栩栩，在译文节选方面，为了阅读方便，译文未能尽存原来面目，读者参学之时，可以参考原典注释，以及《源流》讲疏及解说意义发挥部分，但更重要的，还是要读者心传，在文字之外，妙悟玄旨。

本书在撰述之中，参考过先哲及时贤的多种著述，未能在附录中悉数注处，在此深表歉意。期望这本小册子，能为读者提供修证正果正道的帮助，笔者将不胜荣幸之至。

经典

1 临济宗（上）

原典

师讳义玄[1]，曹州南华[2]人也，俗姓邢。幼而颖异，长以孝闻，及落发受具[3]，居于讲肆，精究毗尼[4]，博赜经论。

俄叹曰："此济世医方也，非教外别传之旨。"即更衣游方。首参黄檗[5]，次谒大愚。其机缘语句，载于行录。

既受黄檗印可[6]，寻抵河北镇州[7]城东南隅，临滹沱河[8]侧，小院住持。其临济因地得名。

唐咸通八年[9]丁亥四月十日，摄衣据坐与三圣[10]问答毕，寂然而逝。门人以师全身，建塔于大名府[11]西北隅。敕谥慧照禅师，塔号澄灵。

注释

①**义玄：**生年不详。唐代僧人，为临济宗创始人，《宋高僧传》卷十二、《景德传灯录》卷十二都有记载。俗姓邢，曹州南华（今山东省东明县）人。出家后，对佛教经、律、论都有心得。初到江西黄檗参希运，又参大愚，再谒灵祐。后又还黄檗，受印可，乃北归乡土。公元八五四年，即唐宣宗大中八年，到河北镇州（今河北省正定县），在镇州城东南滹沱河畔建立临济院。提出“四料拣”“四宾主”“四照用”的认识原则和教学方法，禅风机锋峻峭，别成一家，遂成临济宗。于公元八六七年圆寂，卒谥慧照禅师。有《镇州临济慧照禅师语录》传世。有弟子存奖等二十二人。

②**曹州南华：**今山东省东明县。曹州初置于北朝周，北周改西兖州为曹州，治所在左城。隋改为济阴，在今曹县西北。唐时曹州辖今山东省菏泽、曹县、成武、东明及河南省兰考、民权等县。金移治乘氏，后改为济阴，在今菏泽县。清雍正时改曹州为府，治所在今菏泽县，辖今河南省范县，山东省郓城、巨野、单县、鄄城、菏泽、定陶、曹县、成武等县地。

③**受具：**指受具足戒，比丘、比丘尼当受戒，比丘为二百五十戒，比丘尼为五百戒。因与沙弥、沙弥尼

所受十戒相比，戒品具足，故称具足戒。事实上，关于戒条数目，历来说法不一。隋唐以后，中国僧尼依《四分律》受戒，比丘戒虽为二百五十，比丘尼却只有三百四十八条。出家人剃去须发，依戒法规定受持此戒，便取得了正式僧尼的资格。《四分律》规定，不应授年未满二十者具足戒，因为不满二十的未成年人，不能忍受寒热、饥渴、风雨、蚊虻、毒虫，不忍恶言。如身有种种苦痛不能承受，便不能持戒。

④**毗尼：**梵文 Vinaya 的音译，现译为“毗奈耶”，意为律藏，是三藏之一，指佛所说的律戒。汉译为“灭”或“律”，又译为“调伏”。戒律可灭诸过失及非，故称灭。如人世之法律，断绝轻重之罪，故称律。可调和身、语、意之作业，制伏诸要行，故称调伏。

⑤**黄檗：**人名。本为山名，在福建福清县西二十余里地，其山多产黄檗，故称黄檗山。唐贞元五年，正干禅师开创此山，建立般若堂，过了八年，约公元七九七年，扩建为建福寺，希运禅师住山，黄檗遂成为临济宗的大道场。希运即断际禅师，幼在福州黄檗山出家，后参江西百丈山海禅师而得道，后居洪州(今江西省南昌)大安寺。裴休镇宛陵，建大禅苑，请断际禅师说法，断际酷爱黄檗山，因名为黄檗，后代人遂以断际禅师希运为黄檗。黄檗事迹见《景德传灯录》卷九。

⑥**印可**：证明弟子之所得，而称美许可之。印指印可，可指称可，事理相称，故可圣心。

⑦**镇州**：唐元和十五年（公元八二〇年）改恒州为镇州，治所在真定（今河北省正定县），辖今河北省石家庄市及井陉、行唐、正定、阜平、栾城、平山、灵寿、藁城等地。五代唐改为真定府，晋改恒州，汉又改镇州，旋升为真定府，周又复称镇州。宋时升为真定府，辖境略有变化，曾为五代唐的北都。

⑧**滹沱河**：为子牙河北源，在河北省西部。源出山西省五台山东北泰戏山，穿割太行山东流入河北平原，在献县和滏阳河汇合后，称为子牙河。全长五百八十七公里。

⑨**唐咸通八年**：咸通为唐懿宗李漼年号，八年为公元八六七年。

⑩**三圣**：三种之圣道。台家指藏、别、圆三教之圣道而言，《法华玄义》卷一云："横破凡夫四执，竖破三圣之证得。"其他三位圣人，各有不同。华严三圣，一指毗卢舍那佛，理智完备；二为文殊菩萨，主智门，位于佛之左位；三为普贤菩萨，主理门，位于佛之右位。转之而右为智、左为理时，则表示理智的涉入，胎藏界曼陀罗之意也。弥陀三圣一指阿弥陀佛，悲智二德全备；二观世音菩萨，主悲门，位于佛之左位；三势至菩萨，主

智位，位于佛之右位，为弥陀三尊。此处三圣指三圣院慧然禅师。

⑪**大名府：**五代汉乾祐元年（公元九四八年）改广晋府为大名府，治所在元城、大名（今河北省大名县东）。唐时尚无大名府之名。

译文

临济宗是中国禅宗五家之中影响最大的一派，祖师是义玄法师。义玄法师是唐代曹州南华县人，即今山东省东明县人。出家之前的俗姓为邢。义玄法师小时候，人非常聪敏；略为长大之后，又因孝顺长老而受到乡里人士的称赞。后来落发为僧出家修行，受戒品十足的比丘具足戒。义玄法师对佛学具有虔诚的信念，他身为法师，为人讲说经、律、论，对经、律、论有很深的研究和广博的修养。义玄法师通过对佛学经典的深入钻研，认识到佛学经典的救世宗旨。

所以感叹说："这是救世的药方啊，不是教外别传的道理。"义玄法师认识到这一点，便决定出外游方参学，进一步提高自己的佛学修为。

义玄法师的第一站是洪州，即今天的江西省南昌市。洪州大安寺当时有断际禅师希运正在说法。希运禅师早年在福建省福清县西二十余里的黄檗山建福寺住山，黄檗山盛产黄檗，因而得名，而希运在黄檗山得道，因而对黄檗极有感情，曾把裴休镇宛陵时所建大禅苑命名为黄檗山，所以人们也称希运禅师为黄檗。义玄法师向希运禅师问法以后，又到大愚禅师处问法。当时问法时答问的机缘语句，都记载在行录之中。义玄法师遍访明师，然后又返回黄檗大师那里。黄檗大师认为义玄法师慧心独具，已深得佛学精髓，称许有加，允其出师。

义玄法师离开黄檗大师之后，不久便到了河北镇州，镇州在今天的河北省正定县一带。镇州城的东南角，临近滹沱河畔，有一个寺院，叫作临济院，义玄法师便在这个小寺院出任住持。义玄法师后来被称为临济，而临济所创立的禅宗派别又称为临济宗，都是因为临济院而得名。

临济禅师义玄于唐懿宗咸通八年（公元八六七年）阴历四月十日圆寂。圆寂之前，临济师服装整洁，坐在住持的位置上，与三圣院慧然禅师谈禅说道，问答结束后，很安静地圆寂了。临济院义玄法师的门人弟子，把义玄法师圆寂后的遗体建成灵塔，位于大名府西北边上。大名府的位置在现在的河北省大名县。义玄法师圆寂以后，唐懿宗钦赐慧照禅师的名号。义玄法师的灵塔名叫澄灵塔。

四种问答的度量简别

原典

四料拣[①]

师初至河北住院，见普化[②]、克符二上座，乃谓曰："我欲于此建立黄檗宗旨，汝可成褫[③]我。"二人珍重下去。

三日后，普化却上来问云："和尚三日前说什么？"师便打。

三日后，克符上来问："和尚昨日打普化作什么？"师亦打。

至晚，小参[④]云："我有时夺人不夺境[⑤]，有时夺境不夺人[⑥]，有时人境俱夺[⑦]，有时人境俱不夺[⑧]。"

僧问："如何是夺人不夺境？"

师云："煦日发生铺地锦，婴儿垂发白如丝[⑨]。"

僧问："如何是夺境不夺人？"

师云："王令已行天下遍，将军塞外绝烟尘[⑩]。"

僧问："如何是人境俱夺？"

师云："并汾绝信，独处一方[11]。"

僧问："如何是人境俱不夺？"

师云："王登宝殿，野老讴歌[12]。"

注释

①**四料拣：**即四料简。是禅宗临济宗用语，料指度量，简指简别，或即问答解释，指按照学徒的不同根器和接受佛教教义的不同程度，所采取的不同教学方法。总在破除我、法二执。我执也称我见、身见，指对我的执着，是佛教所要破除的一种主要观念，分人我执与法我执两种，简称为我执与法执。我执指人原无真实性实体，世俗人不懂蕴、处、界、十二因缘等缘起、无常之理，或执心，或执色，或执色心，以为这些便是实在我体，由此产生关于我的观念，有了我与我所等妄自分别。小乘把这种我执看作是万恶之本，一切谬误和烦恼的总根源。《俱舍论》卷二十九指出："由我执力，诸烦恼生，三有轮回，无容解脱。"大乘在破人我执的同时，还特别重视破除法我执。法我执即法执，指虚妄分别诸法，以为客观外界有独立自存之实体的谬见，诸有情类无始时来，不懂唯识道理，把内识转似外境，执为实我实法，由此而障碍对于佛教真理的理解。

②**普化：**事盘山宝积禅师，密受真诀，唯振一铎，佯狂，无测其由。咸通元年（公元八六〇年）振铎凌空，隐隐而逝。见《传灯录》卷十。

③**褫：**剥去衣服，引申为革除、夺去。

④**小参：**指非时之说法。上堂说法称为大参，非时说法规则较大参为小，故称小参，又称为家教。禅门于大参、小参之说外，尚有早参、晚参，《祖庭事苑》卷八指出："禅门诘旦升堂，谓之早参；日晡念诵，谓之晚参；非时说法，谓之小参。"早参、晚参，皆属大参。

⑤**夺人不夺境：**是针对我见执着的人，破除对人我见的执着。佛教所谓人，指欲界所属的有情、思虑最多者，过去戒善之因，感人伦之果，现前之境界是也。人多思虑，人心思念利他，多恩义，父子亲戚相怜。境指心之所游历攀缘者。如色为眼识所游履，称为色境。法为意识所游履，称为法境。

⑥**夺境不夺人：**是针对法执重的人，破除以法为实有的观念。

⑦**人境俱夺：**是针对我执和法执重的人，二者都须破。

⑧**人境俱不夺：**对于人我、法我均无执着的人，二者都不须破。

⑨**煦日发生铺地锦，婴儿垂发白如丝：**据大慧禅师

所说，煦日发生铺地锦为存境，婴儿垂发白如丝为夺人。

⑩**王令已行天下遍，将军塞外绝烟尘：**王令已行天下遍为夺境，将军塞外绝烟尘是存人。

⑪**并汾绝信，独处一方：**并汾，指并州和汾州。并州为古九州之一，《周礼 · 职方》云：“正北曰并州，其山镇曰恒山，其泽薮曰昭餘祁。古恒山在今河北省曲阳县西北，昭餘祁在今山西省祁县西南。汉武帝时置十三刺史部，有并州，辖今山西大部和河北、内蒙古部分地区。东汉置治所于晋阳，辖境扩大，包括向陕西省北部与河套地区，唐仅为今山西省阳曲县以南、文水县以北的汾水地区。唐开元中改为太原府，宋太平兴国年间又改为并州。汾州为北魏太和十二年(公元四八八年)所置，治所在蒲子城（今山西省隰县），后移治于西河（今山西汾阳县），北齐改为南朔州，唐时称浩州，改为汾州，辖今山西汾阳、介休、平遥、孝义、灵石等县。”大慧尝谓，他初读诸家禅录，见“并汾纪信”之语，深以为疑，虽向诸老请教，皆含糊不辨，既读临济语录，则知为“绝信”二字。盖并、汾为二州名。并与汾绝信，故独处一方，这是人境俱夺之意旨。

⑫**王登宝殿、野老讴歌：**二句人与境俱存。

译文

四料拣

临济和尚离开黄檗，刚到河北省镇州府东南的临济院任住持，有一天见到普化和尚和克符和尚两位上座，对他们说："我准备在这里发扬黄檗大师的佛法，你们两个人可以帮助我完成这件伟大的事情。"普化和尚和克符和尚听了临济和尚的话，很郑重地承诺了下来。

但是，刚过了三天，普化和尚便谒见临济和尚，问临济和尚说："和尚你三天前说什么来着？"临济和尚听见普化和尚这样问，却并不答复，而是拿起棒子打普化和尚。

三天以后，克符和尚又谒见临济和尚，请问临济和尚说："和尚你那一天为什么要棒打普化和尚呢？"临济和尚见克符和尚这样问，也不直接回答，而是棒打克符和尚。

临济和尚打过普化和尚和克符和尚，到晚上小参说法的时候，解释了他接待学徒之时，根据学徒的不同根器，区别对待的四种方法。临济和尚说："有的时候，来的人我见执着，我便要夺取他对人我见的执着。有的时候，来的人法执沉重，我便要破除他们以法为实有的观念。有的时候，来的人不但有对我的执着，而且还有对法的执着，我便采取措施破除他们的人我执和法我执。至于有些人既不执着于人我执见，也不执着于法我执见，那么，我便不用去破除他们并不存在的执着了。”

僧众们听了临济和尚的说法，还不是很明白，便问道：“怎样才能破除对人我见的执着呢？”

临济和尚回答说：“破除对人我见的执着，就像是和煦的阳光早晨从东方冉冉升起，照射到大地上一片锦绣；就好像是婴儿出生后，便飘拂着长长的白发，如丝一样。”

僧众们又问道：“怎样才能破除对法我见的执着呢？”

临济和尚回答说：“破除对法我见的执着，就像是君王的命令一旦颁布，全天下都得遵守；就像是大将军在边塞之地戍守，纵马驰过，飞起一片烟尘。”

僧众们又问道：“怎样才能破除人我见和法我见执着的人的人见和我见？”

临济和尚回答说：“破除人见和我见都执着的人的人见和我见，就像是并州和汾州相互阻隔，断绝信念，各自居于一地一样。”

僧众又问道：“如果我们碰见了某些人我见和法我见都不执着的人，师父您怎样对待他们？”

临济和尚回答说：“对人我见和法我见都不执着的人

来说，我们没有必要破除什么。就像是君王登上华丽雄伟的金銮宝殿；就像乡间百姓在山村唱着民谣。”

原典

师示众云："如诸方学人来，山僧此问[①]，作三种根器[②]断。如中下根器来，我便夺其境，而不除其法；或中上根器来，我便境法俱夺；如上上根器来，我便境法人俱不夺；如有出格见解人来，山僧此间，便全体作用，不历根器。大德到这里，学人着力处不通风，石火电光即蹉过了也。学人若眼目定动，即没交涉。"

南院[③]颙问风穴昭[④]云："汝道四料拣，料拣何法？"

穴云："凡语不滞凡情，既堕圣解。学者大病，先圣哀之。为施方便，如楔出楔[⑤]。"

注释

①**山僧此问：**问疑为间之误。山僧，山野之僧也，僧侣自谦之自称。

②**根器：**人之性譬如木而曰根，根能堪物曰器，根器是指佛教徒的禀赋和对教义的理解力。

③**南院：**人名。汝州南院慧颙禅师，又名宝应，兴化存奖的法嗣。

④**昭**：亦作沼。

⑤**如楔出楔**：楔即楔子，为上粗下锐的小木橛，插进榫缝中使榫固定。这里如楔出楔指对症下药、因材施教，根据具体对象，采取相应的破除人我、法我之执的方法。

译文

临济禅师针对四种度量区别学徒的方法，又对众僧人做了进一步的说明，他说："如果有不同地方的学徒来参研佛学，研习修证正觉，我这里是根据学徒的三种不同根器来对症下药，采取不同的方法。如果是中下等天赋根器的人来，我只破除他对境的执着，而不去破除他对法我的执着。如果有中上根器的学徒前来问道，我便采用既破除他对境的执着，又破除他对法的执着的办法。如果有上等禀赋根器的人来，我采取的方法是既不破除他对外界客境的执着，也不破除他对法为实有，以及人我的执着。如果有的学徒对经义的了解有独特之处，我便全面地发挥作用，指导他悟佛道，而不以根器禀赋的差别定夺。大有修养的教徒到我这里，他参学之时，妙证佛道，正中核心，不劳指点，在石火电光的瞬间，便已顿悟禅旨。参禅之人如果眼目光明准确，便没有交

“中国佛学经典宝藏”丛书目录

编号	书名
1	中阿含经
2	长阿含经
3	增一阿含经
4	杂阿含经
5	金刚经
6	般若心经
7	大智度论
8	大乘玄论
9	十二门论
10	中论
11	百论
12	肇论
13	辩中边论
14	空的哲理
15	金刚经讲话
16	人天眼目
17	大慧普觉禅师语录
18	六祖坛经
19	天童正觉禅师语录
20	正法眼藏
21	永嘉证道歌·信心铭
22	祖堂集
23	神会语录
24	指月录
25	从容录
26	禅宗无门关
27	景德传灯录
28	碧岩录
29	缁门警训
30	禅林宝训
31	禅林象器笺
32	禅门师资承袭图
33	禅源诸诠集都序
34	临济录
35	来果禅师语录
36	中国佛学特质在禅
37	星云禅话
38	禅话与净话
39	释禅波罗蜜次第法门
40	般舟三昧经
41	净土三经
42	佛说弥勒上生下生经
43	安乐集
44	万善同归集

编号	书名
45	维摩诘经
46	药师经
47	佛堂讲话
48	信愿念佛
49	精进佛七开示录
50	往生有分
51	法华经
52	金光明经
53	天台四教仪
54	金刚錍
55	教观纲宗
56	摩诃止观
57	法华思想
58	华严经
59	圆觉经
60	华严五教章
61	华严金师子章
62	华严原人论
63	华严学
64	华严经讲话
65	解深密经
66	楞伽经
67	胜鬘经
68	十地经论
69	大乘起信论
70	成唯识论
71	唯识四论
72	佛性论
73	瑜伽师地论
74	摄大乘论
75	唯识史观及其哲学
76	唯识三颂讲记
77	大日经
78	楞严经
79	金刚顶经
80	大佛顶首楞严经
81	成实论
82	俱舍要义
83	佛说梵网经
84	四分律
85	戒律学纲要
86	优婆塞戒经
87	六度集经
88	百喻经

编号	书名
89	法句经
90	本生经的起源及其开展
91	人间巧喻
92	大乘本生心地观经
93	南海寄归内法传
94	入唐求法巡礼记
95	大唐西域记
96	比丘尼传
97	弘明集
98	出三藏记集
99	牟子理惑论
100	佛国记
101	宋高僧传
102	唐高僧传
103	梁高僧传
104	异部宗轮论
105	广弘明集
106	辅教编
107	释迦牟尼佛传
108	中国佛教名山胜地寺志
109	敕修百丈清规
110	洛阳伽蓝记
111	佛教新出碑志集萃
112	佛教文学对中国小说的影响
113	佛遗教三经
114	大般涅槃经
115	地藏本愿经外二部
116	安般守意经
117	那先比丘经
118	大毗婆沙论
119	大乘大义章
120	因明入正理论
121	宗镜录
122	法苑珠林
123	经律异相
124	解脱道论
125	杂阿毗昙心论
126	弘一大师文集选要
127	沧海文集选集
128	劝发菩提心文讲话
129	佛经概说
130	佛教的女性观
131	涅槃思想研究
132	佛学与科学论文集

“中国佛学经典宝藏”咨询单

“中国佛学经典宝藏”白话版系列丛书，共计132册，由星云大师总监修，大陆、台湾百余专家学者通力编撰而成。

丛书依照大乘、小乘、禅、净、密等分类，将古来经律论中之经典著作，依据思想性、启发性、教育性、人间性的原则，做了取其精华、舍其艰涩的系统整理。每种经典都按原文、注释、译文等体例编排，语言力求通俗易懂，言简意赅，让佛学名著真正做到雅俗共赏；还以题解、源流、解说等章节，阐述经文的时代背景、影响价值及在佛教历史和思想演变上的地位角色。丛书还开创性地收录了一些有代表性的现代读本。

本丛书是佛教史上将佛学经典现代化、通俗化、普及化的一个创举，对于佛教文化的传播与传承，有着非凡而深远的意义。

（全套132册，平装32开，精装16开，即时结缘 获无上福报）

主编及部分作者简介

总监修：星云大师

1927年生，江苏江都人，为临济宗第四十八代传人。1967年创建佛光山，致力推广文化、教育、慈善等事业，先后在世界各地创设三百余所寺院道场，并在海内外设立十六所佛教学院。1991年创办国际佛光会，被推为总会长。

部分作者：

圣严法师：已故的台湾法鼓山创办人。著作有《戒律学纲要》《明末佛教研究》等。

赖永海：南京大学哲学系教授、中华文化研究院院长，主要著作有《中国佛性论》《佛道诗禅》等。

王志远：北京大学宗教系客座教授，中国社会科学院研究生院导师，中国宗教学会副会长。2008年主编出版《中国佛教百科》。

涉的必要。”

汝州南院慧颙禅师问风穴和尚说：“你说的四种区别度量参学之人的方法，度量区别又是什么法则呢？”

风穴和尚回答说：“凡是语言说话，如果不是局限于凡人凡情，便必然会堕落入圣人之正解。参学之人局限于凡人凡情，不得正解，这是先贤圣人十分悲哀的事。为了方便教学，使参学之人能正确地掌握佛学宗旨，四种度量区别的料简语就像楔子一样，对症下药，不差分毫。”

原典

院问：“如何是夺人不夺境？”

穴云：“新出红炉金弹子，簉①破阇梨②铁面门。”

首山云：“人前把出，远送千峰。”

法华举云：“白菊乍开重日暖，百年公子不逢春。”

慈明圆云：“神会③曾磨普寂碑。”

道吾真云：“庵中闲打坐，白云起峰顶。”

圆悟勤云：“老僧有眼不曾见。”

达观颖云：“家里已无回日信，路遥空有望乡牌。”

石门聪云：“山河大地。”

“如何是夺境不夺人？”

穴云："刍草乍分头脑裂，乱云初绽影犹存。"

山云："打了不曾嗔，冤家难解免。"

华云："大地绝消息，翛然独任真。"

明云："须信壶中别有天。"

吾云："闪烁红旗[4]散，仙童指路亲。"

圆悟云："阇梨问得自然亲。"

观云："沧海尽教枯到底，青山直得碾为尘。"

门云："番人失氍帐[5]。"

"如何是人境俱夺？"

穴云："蹑足进前须急急，促鞭当鞅[6]莫迟迟。"

山云："万人作一冢，时人尽带悲。"

华云："草荒人变色，凡圣两俱忘[7]。"

明云："寰中[8]天子敕[9]，塞外将军令。"

吾云："刚骨尽随红影没，苕苗总逐白云消。"

悟云："收。"

观云："天地尚空秦日月，山河不见汉君臣。"

门云："有何佛祖[10]。"

"如何是人境俱不夺？"

穴云："常忆江南三月里，鹧鸪啼处百花香。"

山云："问处分明答处亲。"

华云："清风伴明月，野老[11]笑相亲。"

明云："明月清风任往来[12]。"

吾云："久旱逢初雨，他乡遇故知。"

悟云："放。"

观云："莺啭[13]上林花满地，客游三月草侵天。"

门云："问答甚分明。"

注释

①**篙：**通萃，聚集、杂。

②**阇梨：**即阇黎，为阿阇梨、阿祇利、阿庶利夜，阿遮利耶，梵文 Atcharya，旧译为教授，现译为规范正行，可矫正弟子行为，为其轨则师范高僧之敬称。

③**神会：**唐洛阳荷泽神会，年十四为沙弥，谒六祖曹溪，居数岁，能得其旨，不久往西京受戒，唐景德年中归曹溪，六祖灭后二十年间，曹溪之顿旨，南地沉废，嵩岳之渐门盛行京洛，乃入京。天宝四年定南北顿、渐两宗，著《显宗记》，盛行于世，遂使嵩岳之门寂寞。肃宗上元元年（公元七六〇年），寿七十五岁，圆寂。生当为公元六八六年。《高僧传》卷八、《景德传灯录》卷五有传。《高僧传》称享年九十三岁。

④**红旗：**指红霞。

⑤**番人失氈帐：**少数民族中游牧部落，以氈为帐。

⑥**鞅：**套在马颈上的皮带。一说在马腹。

⑦**凡圣两俱忘**：指凡圣齐空。

⑧**寰中**：宇内，天下。

⑨**敕**：敕令，皇帝下达的指令。

⑩**佛祖**：即释迦牟尼。

⑪**野老**：指普通山村百姓。

⑫**任往来**：随意往来，不受限制。

⑬**莺啭**：莺鸣动听婉转。

译文

后来，临济宗的门人们又都讨论过临济禅师的四种度量简别学徒的法则，他们的讨论如下：

院问："该怎样才能破除对人我见的执着呢？"

风穴和尚说："用刚刚出炉的金弹丸，可以打破阇梨的铁面门。"

首山和尚说："在人前把它拿出来，然后把它送到千山万水之外的高峰去。"

法华举和尚说："白菊在九月九日重阳之日忽然开放，天气似乎也变得特别的温暖；而百年的公子，却遇不见春天。"

慈明圆和尚说："荷泽神会大师曾经琢磨过普寂的石碑。"

道吾真和尚说："就如和尚闲来，在庵中打坐修行，冉冉白云在山峰的顶上升起。"

圆悟勤和尚说："就像是老和尚，虽然有眼，但是什么也看不见。"

达观颖和尚说："离家以后，路途遥远，家中的亲人已不能得到我回家的音信，我也只能对着家乡的方向，遥望家乡街巷的牌坊。"

石门聪和尚说："就如山峰、黄河、大地一样，和自然融合在一起，忘掉自己的存在。"

"该怎样才能破除对法我见的执着呢？"

风穴和尚说："小草刚发芽，便分秧，没有了一个完整的头脑；天空飘着一丝乱云，乱云刚飘散，照在大地上的影子还留在地上。"

首山和尚说："既然打过了，便不会嗔喜；既然是冤家，仇恨便难以解脱。"

法华举和尚说："大地断绝了信息，忽然之间，只有真实的存在。"

慈明圆和尚说："应该相信，即使是在壶中，也会别有洞天。"

道吾真和尚说："红霞闪烁，渐渐飘散；有一位仙童，为我们亲自指路。"

圆悟勤和尚说："阿阇梨这位规范正行、矫正弟子行为的轨则师范高僧，为我们所问，自然而然可以解除我们的迷惘。”

达观颖和尚说：“要让滔滔沧海的水流尽，直到干枯得见底；要让巍巍青山碾作尘土，随风消逝。”

石门聪和尚说：“就好像是西域游牧的番人失去了用来遮风挡雨的氍帐一般。”

“该怎样才能破除法我见和人我见都执着的人的人见和我见执着呢？”

风穴和尚说：“蹑手蹑脚往前走，一定要走得快；快马加鞭，勒紧马鞅，那便不能有丝毫耽误。”

首山和尚说：“人间万年，生存过的千千万万的人，都要归于一个土冢之中；当世之人，虽境遇不同，却都不过是一场悲剧而已。”

法华和尚说：“大地或长草，芜芜漫漫，而人类万端，面目千变万化；世俗和神圣都不存在于我们的意念之中。”

慈明和尚说：“寰宇之内接到天子的敕诏，便得遵照执行；塞外将军的命令，也是至高无上，不可违抗的。”

道吾和尚说：“男人刚强的志气，总是会销蚀在红颜的柔情之中；苕苗，也随着白云而消失。”

圆悟和尚说：“要破除人见和我见都执着的人的人我执和法我执，关键在于收束意志。”

达观和尚说："天地一片空灵，秦代时照临过当时的山山水水、人和物的太阳和月亮，仍然挂在天边；山河依旧，汉朝时文臣武将拥戴刘氏君主曾统治过的广大版图，仍然和过去一样，但汉朝的皇帝和臣民又在什么地方呢？"

石门和尚说："要认识到根本不存在什么佛祖，所以我和法都不是实有。"

"该怎样做，是对待没有人我见和法我见执着的人无所破除的方法？"

风穴和尚说："皇帝陛下忽然想起江南三月，百花盛开，草木繁茂，鹧鸪鸣叫，奏出一曲曲婉转动人的旋律，花香袭人，随着这一阵阵旋律飘进我们的心肺，令我们陶醉。"

首山和尚说："在询问之时，就可以清楚地了解，在回答的时候，便可有相应妥帖的方法。"

法华和尚说："在一个清静的夜晚，天空晴朗，没有一丝云彩遮挡，圆圆的月亮泛出银色的光辉，在乡村树旁，或是小溪边，老人们坐在一起，乘风休息，回忆起快乐的岁月，年轻的时光，笑声便从心底溢了出来。"

慈明和尚说："明月高悬，清风习习，无拘无束，无忧无虑，逍遥自由。"

道吾和尚说："就如久旱，忽然遇到天初次下雨；就像一个离家日久的远方游士，忽然在遥远的他乡，遇见了多年的家乡老友，激动不已。”

圆悟和尚说：“遇见人见和我见都不执着的人，便应放任自由。”

达观和尚说：“汉武帝的上林苑里，莺歌燕舞，落花遍地；客人来游之时，正逢三月，草木繁茂，长可及天，风景如画，游人如织。”

石门和尚说：“一问一答，旨意清楚，不用再做进一步提示，便可参证正果。”

原典

总颂[①]：

千溪万壑归沧海[②]，四塞八蛮朝帝都[③]。

凡圣从来无二路，莫将狂见逐多途[④]。

注释

①**总颂：**颂，梵文 Agada 之意译，音译为阿伽陀，省为伽陀。为总结法义的韵文。

②**千溪万壑归沧海：**指众多小流总归于茫茫大海，殊途而同归。自此句以下，是解说四料简的要义。

③**四塞八蛮朝帝都：**四塞，指四方屏藩之国。《礼

记·明堂位》郑玄注曰："四塞，谓夷服、镇服、蕃服，在四方为蔽塞者。"八蛮，指八方荒远之地的未开化民族。此句是言四塞八蛮都心向文明，共朝帝都，与上句百川归海之意旨一致。

④**凡圣从来无二路，莫将狂见逐多途：**圣，正之意，证正道名为圣。此二句言证正道没有第二条门径，必须依四料简的宗法，不要他求。

译文

总结法义的颂偈：

千条溪水出自沟壑，万条沟壑水流潺潺，
天下小流殊途同归，茫茫沧海永为终点。
人类开化有迟有早，四面八方皆为屏蔽，
华夏之都文明最古，戎狄蛮夷心向往之。
凡人见解多私情，执迷不悟有人我，
若欲诚心求正解，唯有破除执着心。
众人一致而百虑，愚昧让人生迷惑，
狂妄任性自探索，劳而无功空嗟叹。

关于真佛真法真道的三句话

原典

师因僧问："如何是真佛、真法、真道？乞垂开示。"

师云："佛者心清净是，法者心光明是，道者处处无碍净光是。三即一，皆空而无实有，如真正道人，念念不间断。达磨大师[①]，从西土来，只是觅个不受惑底人。后遇二祖[②]。一言便了，始知从前虚用工夫。山僧今日见处，与佛祖不别，若第一句中荐得，堪与佛祖为师；若第二句中荐得，堪与人天为师；若第三句中荐得，自救不了。"

僧问："如何是第一句？"

师云："三要[③]印开朱点窄，未容拟议主宾分。"

风穴云："随声便喝。"

道吾真云："直下冲云际，东山绝往来。"

海印信云："那吒[④]忿怒。"

云峰悦云："垂手过膝。"

"如何是第二句？"

师云："妙解岂容无着[⑤]问，沤和[⑥]争负截流机？"

穴云："未开口前错。"

吾云:“面前渠不见，背后称冤苦。”

印云:“衲僧罔措。”

峰云:“万里崖州。”

“如何是第三句?”

师云:“看取棚头弄傀儡⑦，抽牵元是里头人。”

穴云:“明破则不堪。”

吾云:“头上一堆尘，脚下三尺土。”

印云:“西天此土。”

峰云:“粪箕扫帚。”

注释

①**达磨大师:**Bodhidharma，即菩提达摩，达磨也作达摩，意译为道法之义。据《续高僧传》卷二十八、《景德传灯录》卷三载，为南天竺僧人。属婆罗门种姓，一说属刹帝利种姓，香至王第三子。南朝宋末航海至广州，又往北魏，在洛阳、嵩山等地游历并传禅学。后遇慧可，授《楞伽经》四卷。一说梁普通元年(公元五二〇年)或大通元年(公元五二七年)到广州，武帝迎至建康(今江苏省南京市)，同年至北魏入嵩山少林寺，面壁而坐，终日默然，前后达九年之久，世称壁观。提出理入和行入的修行方法。理入要求舍伪归真，解决认识问题；行

入教人去掉一切爱憎情欲，按佛教教义践行。约于公元前五二八年圆寂。被称为西天禅宗第二十八祖和东土禅宗初祖。唐代宗时谥号圆觉禅师。

②**二祖：**指慧可。生于公元四八七年，卒于公元五九三年，北魏、北齐时僧人。俗姓姬，初名神光，又作僧可。洛阳虎牢（今河南荥阳市）人。在洛阳龙门的香山依宝静出家，于永穆寺受具足戒，周游听讲，遍学大小乘义。北魏正光年间，在嵩山师事菩提达磨，从学六年。据《景德传灯录》卷三、《传法正宗记》卷六载，正光元年（公元五二〇年）去嵩山少林寺访菩提达磨时，终夜立积雪中，至天明仍不许入室，慧可乃以刀自断左臂以示求道至诚。而《续高僧传》卷十六称慧可之臂为贼所斫。北齐天保三年（公元五五二年）授法于弟子僧璨。在邺（今河北省临漳）传道三十四年，曾一再受到其他僧徒迫害。死后，隋文帝赐谥正宗普觉大师，唐德宗又谥曰大祖禅师。为禅宗二祖。

③**三要：**临济演唱宗乘，必于一句之中具三玄，一玄之中具三要。三玄为玄中玄、体中玄、句中玄。

④**那吒：**梵文Nalakūvara或Nalakūbara之音译省略，全译为那吒俱伐罗，也译为那罗鸠婆。相传为毗沙门天王之子，佛法保护神。《佛所行赞·第一生品》云："毗沙门天王，生那罗鸠婆，一切诸天众，皆悉大欢喜。"又《宋

高僧传·道宣传》载道宣夜行跌倒，有少年人扶起，自称“某非常人，即毗沙门天王之子那吒也，护法之故，拥护和尚，时之久矣”。毗沙门天王即多闻天王。那吒据称有三头六臂，《碧岩录》卷九称：“忽若忿怒那吒，现三头六臂。”

那吒这一人物，后为中国民间所改造，成为《西游记》《封神演义》中人物，那吒改作哪吒。《西游记》说他是玉帝部下托塔天王李靖第三子，状似少年，神通广大，曾讨伐过齐天大圣孙悟空。《封神演义》写他出生不久，就打死龙王太子敖丙，四海龙王奏准玉帝，来拿他父母，他为表示自己所作所为与父母无关，毅然剖腹、剜肠、剔骨肉，还于父母而死。死后其魂魄借莲花为躯体，得以复活，后帮助姜子牙兴周灭商。《五灯会元》也载有折肉还母、折骨还父之事。

⑤**着：**心情缠绵于事物而不离，谓之着。

⑥**沤和：**又作沤恕，全称为沤和拘舍罗，又作沤和俱舍罗、伛和拘舍罗，意为方便胜智、善巧方便、方便善巧。

⑦**傀儡：**中国古代戏曲的一种，唐以前指木偶戏，兴于汉代，到宋仍很繁荣。

译文

有僧人问临济法师，请教临济法师："什么是真佛，什么是真法，什么是真道？要求临济法师能给予指点。"

临济法师说："什么是佛呢？心底清净便是佛。什么是法呢？心镜光明便是法。什么是道呢？心中不为凡情所沾染，处处没有滞碍，清净光明便是道。事实上，心清净，心光明，心无滞碍，佛、法、道，虽然有三个名称，说的却是一个内容，就是明白世间万事万物皆空而没有实有，如果是真正有道高僧，念念不忘此一条，知道一切皆空。当年菩提达磨大师从西土天竺来中国传道，便是要寻找一个心清净光明，处处无滞碍，明白一切皆空的道理，而未受污染的人。后来遇到禅宗中土二祖慧可大师。二祖与菩提大师说道，一句话刚说完，便已经洞明禅旨，才知道以前学道，都是因为方法不对，而白白地浪费了时间。我今日所说的，与当年释迦牟尼佛所说的并没有区别。如果你能领会第一句心清净便是佛的道理，便可以以佛祖为老师；如果明白第二句心光明便是法的道理，你就可以以人天之趣为老师；你如果明白第三句道是处处无滞碍清净光明的道理，你便是自救不了的了。"

僧众们后来还问过临济禅师及其门人后学关于这三

句的意思，他们各有论说。僧人们问说：“佛是心底清净，这第一句说的是什么呢？”

临济禅师回答说：“一句话之中，应有三玄门，一玄门之中又有三要，三要相应，红尘顿开；未曾议讨论，便知主与宾的关系。”

风穴禅师说：“随着问道之声音，便当头棒喝。”

道吾真禅师说：“清高直下冲云天，清静独居东山中。”

海印信禅师说：“譬如那吒发怒。”

云峰悦和尚说：“两手下垂，臂长过膝。”

僧人又问道：“这第二句心镜光明就是法，说的又是什么呢？”

临济禅师回答说：“如果是玄妙高深的回答，难道不容纳有疑问吗？方便善巧的解答，如何可以妙解正道，顿悟机缘？”

风穴和尚说：“如果没有顿悟，而开口询问，便已错了。”

道吾和尚说：“站在面前，你却熟视无睹；离开面前，你又感到冤枉痛苦，不得要领。”

海印和尚说：“禅僧无所措手足。”

云峰悦和尚说：“如万里之外，遥远而看不见的天涯海角。”

僧人又问："处处无碍清净光明是道这第三句说的又是什么呢？"

临济禅师回答说："就如在戏棚边看傀儡戏，傀儡戏中的木偶，一动一静，完全是由戏幕背后的人在一抽一牵地操纵。"

风穴和尚说："如果明明白白地要破除执着，落入不清静光明，便不可以了。"

道吾和尚说："我们头上所顶蓝天，不过是一团尘垢而已；我们脚下所踩，只是三尺土而已。"

海印和尚说："西天天竺就譬如中华此土，原本无差别。"

云峰和尚说："外在世界的一切名利声色，不过如粪箕扫帚一般。"

原典

慈明[①]示众云："先宝应曰：'第一句荐得，堪与佛祖为师。第二句荐得，堪与人天为师。第三句荐得，自救不了。'山僧即不然，第一句荐得，和泥合水；第二句荐得，无绳自缚；第三句荐得，四棱[②]着地。所以道，起也，海晏河清，行人避路；住也，乾坤黯黑，日月无光。汝等诸人，何处出气？如今还有出气者么？有即出来对众出气看。若无，山僧今日与尔出气去也。”乃嘘一声，卓拄杖，下座。

石门[3]聪云：“第一句荐得，石里迸出；第二句荐得，挨拶[4]将来；第三句荐得，自救不了。”

注释

①**慈明**：宋潭州石霜山慈明禅师，名楚圆，嗣汾阳昭，临济六世之孙。

②**四棱**：即四角。棱指物体的尖角或边角。

③**石门**：宋洪觉范居于石门，故曰石门。

④**挨拶**：拥挤，挤进去。

译文

慈明禅师有一天对众僧人说道：“先大师临济禅师曾说过：‘如果你能领会第一句心清净便是佛的道理，便可以以佛祖为老师；如果明白第二句心光明便是法的道理，你就可以以人天之趣为老师；你如果明白第三句道是处处无滞碍清净光明的道理，你便是自救不了的了。’在我看来，却不是这样说，如果理解了心清净便是佛而得正果，那便如和泥而合入水一般；如果你从第二句心光明便是法的道理中得到启示，便没有绳索可以来缚你；如果你从第三句道是处处无滞碍清净光明这个道理中有所收获，你便如四角着地一般踏实实在。所以我说，当开始动作的时候，海平面静无纹漪，河水清澈见底；而障碍的行人纷纷避开你；当你要停止的时候，世界一片暗淡，日月没有光辉。你们大家，现在想在什么地方出气呢？还有人要出气么？如果有人想出来出气，便出来对着大家出气，让大家看。如果没有，那么我今天为你们出气去了。”慈明禅师长出口气，正嘘一声，然后直立拄杖下离而去。

石门聪和尚也解释过真佛、真法、真道三句，他说：“如果能认识到心底清净便是佛这第一句的道理，如从石头里迸出一般惊天动地；如果能明白心镜光明便是法这第二句的意味，将可以挤入将来；如果明白处处没有滞碍清净光明是道的道理，便自救不了。”

三玄三要

原典

三玄三要[1]

师云：“大凡演唱宗乘[2]，一语须具三玄门，一玄门须具三要。有权有实[3]，有照有用。汝等诸人作么生会？”

后来汾阳昭和尚，因举前话乃云：“那个是三玄三要底句。”

僧问：“如何是第一玄？”

汾阳云：“亲嘱饮光前。”

吾云：“释尊[4]光射阿难[5]肩。”

“如何是第二玄？”

汾云：“绝相离言诠[6]。”

吾云：“孤轮众象攒[7]。”

“如何是第三玄？”

汾云：“明镜照无偏。”

吾云：“泣向枯桑泪涟涟。”

“如何是第一要？”

汾云：“言中无作造。”

吾云：“最好精粗[8]照。”

“如何是第二要？”

汾云：“千圣入玄奥。”

吾云：“闪烁乾坤光晃耀。”

“如何是第三要？”

汾云：“四句百非外，尽踏寒山道。”

吾云：“夹路青松老。”

竹庵[9]示众云："临济道：'一句中须具三玄门，一玄门须具三要。'大众事因叮嘱起，展转见誵讹。听取一颂，句中难透是三玄，一句该通空劫[10]前。临济命根元不断，一条红线手中牵。"

注释

①**三玄三要：**即体中玄、句中玄、玄中玄三玄和不离正面言说、进入玄妙境遇、超越是非形式之要。又说三玄指体中玄、意中玄、句中玄，或为言中玄、意中玄、体中玄。

②**宗乘：**各宗所弘扬的宗义及教典称为宗乘，多为禅门及净土门标称自家之语。

③**有权有实：**适宜一切机宜之法名为权，究竟不变之法名为实。权实的分别，涉于各法，通于各宗。一切差别之事相，悉为权法，以常住不变之真理为实法。诸法二字显权法，实相二字示实法。诸法既有权实二法，达于权法的差别，为如来的权智；达于其实相之一理，为如来的实智。如来以如来初开三乘之教为权教，后示一乘之理为实教。

④**释尊：**指释迦牟尼，姓释迦，故称释尊。又为释师，取人天之师之意。为佛教创始人。姓乔答摩，名悉

达多，梵文Śākyamuni，也译为释迦文。释迦是种族名，意为能，牟尼为尊称，意为仁、儒、忍、寂，合为能仁、能儒、能忍、能寂，即释迦族的圣人。释迦牟尼则是佛教徒的尊称。相传为古印度北部迦毗罗卫国（今尼泊尔南部提罗拉科特附近）净饭王的太子，属刹帝利种姓，母亲摩耶夫人是邻国拘利族天臂国王之女，在回归父亲之国途中，在蓝毗尼生下释迦牟尼，七天后去世。释迦牟尼由姨母摩诃波阇波提抚养成人。关于生卒年月，南传佛教和北传佛教所载不同。根据汉译《善见律毗婆娑》的《出律记》，当为公元前五六五年出生，于公元前四八六年入灭，大约与中国的孔子同时。南传佛教认为出生于公元前六二四年，入灭于公元前五四四年，或出生于公元前六二三年，入灭于公元前五四三年。释迦牟尼在二十九岁时有感于人世生、老、病、死各种苦恼，又对婆罗门教义不满，出家修道。弟子有五百人，其中十人最著名。八十岁时于拘尸那迦城入灭。

⑤**阿难：**全称为阿难陀，梵文Ānanda，意为欢喜、庆喜。据《佛本行集经》卷十一、《大智度论》卷三、《五分律》卷三，为斛饭王之子，释迦牟尼的堂弟，为十大弟子之一，生于释迦牟尼成佛之夜。佛寿为五十五岁时，阿难二十五岁，出家，从侍佛二十余年，受持一切佛法。据云阿难长于记忆，被称为多闻第一。传说佛

教第一次结集，便由他诵出经藏。

⑥**绝相离言诠**：相，梵语Laksana，音攞乞尖拏。事物之相状，表现于外而想象于心者。诸法体状，便称为相。言诠，意言语为诠义理者也。绝相，即清除相状；离言诠，即抛弃言语。万物有相，中道之理，本离言说，然欲说中道，又得借助于言语。

⑦**攒**：聚集，集中。

⑧**粗**：疏、大，物不精。

⑨**竹庵**：俗名士珪，成都史氏子。四明尊者四世法孙，宋秀州当湖解空尊者，名可观，号竹庵。少依车溪择卿之讲席，得旨，择卿印可。又见慧觉于湖州，在雪窗之下读佛经，见至若不谓实，铁床非苦、变易非迁等话语，顿悟旨归，以为世界上的文字言语，都是糟糠。公元一一三八年主持当湖德藏院，公元一一七一年住北禅宗天台寺，淳熙九年二月，即公元一一八二年农历二月圆寂，享年九十一岁，据此知生当在北宋元祐七年，即公元一〇九二年。

⑩**空劫**：四劫之一，世界自成立至破坏之间，分为成劫、住劫、坏劫、空劫等四阶段，称为四劫。空劫，即谓此时期之世界已坏灭，于欲界与色界之有情有色身者之中，唯存色界第四禅天，其他则全然虚空。又世界形成以前而万物未生之时期，亦称为空劫。

译文

三玄三要

临济禅师对众僧人说："大致说来，各宗派要宣传自己的教典的时候，应该在一句话中具有三个玄门，一个玄门之中，具有三个重要的要领原则。要有宾有主，有权有实。你们大家是怎么领会的呢？"

后来汾阳昭和尚，因为提起临济禅师说过的话，便说："临济禅师的话是三玄三要最基本的原则。"

僧人们于是问道："三玄中第一玄说的是什么？"

汾阳禅师回答说："佛陀曾亲自嘱咐大迦叶。迦叶蒙受光照。"

道吾禅师说："释迦牟尼佛的光彩照耀在弟子阿难的肩膀。"

僧人又问道："三玄中第二玄说的是什么？"

汾阳禅师回答说："万物有相，要从心中清除相状；中道理论，得借助言语表达，得道应抛弃言语的障碍。"

道吾禅师说："佛教真理之孤轮存在于众象之中。"

僧人又问："三玄中第三玄指的是什么？"

汾阳和尚说："言说的玄妙，如同明镜，遍照万法，无一遗漏。"

道吾和尚说："对着枯老的桑树，涕泣涟涟。"

僧人又问："三要中的第一要说的是什么？"

汾阳禅师回答说："言语之中没有造作的痕迹。"

道吾禅师说："最好是粗疏、精微都分明。"

僧人又问："三要中的第二要说的是什么？"

汾阳禅师回答说："千万圣人进入玄妙境域。"

道吾禅师说："天地乾坤光辉灿烂，影像辉煌。"

僧人又问："三要中第三要说的是什么？"

汾阳和尚回答说："在说话的时候，应该超越肯定、否定、非肯定、非否定等具体形式，应如寒山禅师所走过的路那样随机发动，反照一心。"

道吾禅师说："道路两边的松树苍劲弥坚。"

竹庵禅师对众僧人示法说道："临济禅师说：'在一句宣传佛旨的话语之中，应该具有体中玄、句中玄、玄中玄三玄门；一玄门之中，又要有三要妙。'大众之俗事烦恼，因为记挂叮嘱而兴起，辗转传播，便见讹误。请大家听听我的一个颂偈：'在论说佛旨的语言中，最难的地方在于渗透着三个玄妙之门，要透彻此三个玄妙之门，是很不容易的事情；具有三个玄妙之门的一句话，理应包括了空劫。凡世间事物皆虚幻不实，理体空寂明净，空即是色，色即是空。世界一切事物现象皆是因缘所在，刹那生灭，没有质的规定性和独立实体，假而不实。临济祖师的基本思路便在于说空，抓住了色即是空，空即是色，破除法我与人我，就仿佛抓住了理解三玄门、三要妙的钥匙，带领我们沿着色空观所指引的方向修证正果。’”

临济宗的四种喝

原典

四喝[①]

师问僧："有时一喝如金刚王宝剑，有时一喝如踞地师子[②]，有时一喝如探竿影草，有时一喝不作一喝用，汝作么生会？"僧拟议，师便喝。

注释

①**喝：**中国禅宗接待参禅初学者，对于所问往往不作正面答复，或以棒打，或大喝一声，用以暗示和启悟对方。相传棒的施用，始于唐代德山宣鉴与黄檗希运，喝的施用始于临济义玄。《景德传灯录》卷十五《宣鉴传》载："师上堂曰：'今夜不得问话，问话者三十拄杖。'时

僧出，方礼拜，师乃打之。僧曰：‘某甲话也未回，和尚因什么打某甲？’师曰：‘汝是什么人？’曰：‘新罗人。’师曰：‘汝未跨船舷时，便好与三十拄杖。’”在《人天眼目》卷一，临济在河北住院，见普化、克符二上座，便分别打过。又《古尊宿语录》卷五载，临济问黄檗希运，便曾三度发问，三度被打，后来参谒大愚，得悟黄檗宗旨，又去见黄檗，黄檗说：“这疯颠汉，却来这里捋虎须。”临济便喝。

②有时一喝如踞地师子，《临济录》曰：“有时一喝如踞地金毛狮子。”

译文

四喝

临济禅师在回答学徒提问，提举佛法的时候，经常要以棒喝来惊醒学徒，不立文字，以期学徒的顿悟。临济禅师的喝，具有四种不同的形态，有时候其喝就如同金刚王的宝剑一般锋利；有时一喝如同蹲在地上的金毛狮子一般刚猛；有时一喝如探竿影草一般轻飘；有时一喝却并不当作一喝之用，临济禅师以这四种喝向学徒僧众提问：“我有四种喝，你们是怎样领会的？”僧众们见临济禅师提出这样一个较为复杂的问题，一时不好回答，正在琢磨领会的时候，临济禅师便大喝一声。

原典

首山示众云：“老僧寻常问汝道，这里一喝不作一喝用，有时一喝作问行，有时一喝作探竿影草，有时一喝作踞地师子，有时一喝作金刚王宝剑。若作问行来时，急着眼看始得。若作探竿影草，尔诸人合作么生？若作踞地师子，野干[①]须屎尿出始得。若作金刚王宝剑用时，天王也须脑裂。只与么横喝竖喝，总唤作道理商量。”

注释

①**野干：**兽名，似狐而小，形色青黄，如狗群行，夜鸣如狼。实即狐之一种，佛经中多与狐等同。《五分律》、《法苑珠林》卷五十四载，过去有一个人在山中诵刹利书，有一只野狐停在旁边，专心听诵书。有所理解，便以为自己了解此书，足可以为百兽之王，于是游行而遇一瘦狐，稍加恐吓，使它服众，辗转顺伏一切狐，一切象，一切虎，一切狮子，于是便成了兽中之王。于是自己心念，现在是兽中之王，应得王之女而婚娶，遂乘白象，率群兽，围迦夷城，城中智臣传达王言，王与兽

约好交战的日期，并且说若狮子先战后吼，那么人们一定说我们害怕狮子，希望狮子先吼后战。野狐果然让狮子先吼后战，狮子一吼，野狐吓破了胆，从象身上摔下死了，于是群兽纷纷散走。

而《智度论》卷十四却说野干诈死，虽截其耳朵尾巴，也忍受得了，等到断命之时，才惊跑。《经律异相》卷四十七尚载，有野狐往狮子处乞食，往往得到残羹剩粥。某日碰上狮子饥饿，便叫来野狐吃掉，狐在狮子咽喉中，尚未死，要狮子放一条活命，狮子说，我本来就是要把你养肥大，以备今日之食，你还有什么话说。如此，足见佛经典籍喜以野干狐类为喻。

译文

首山和尚对众僧宣法说："我老和尚平常问你们，这里有时一喝并不当作一喝之用，有时一喝可以看作是一个问题，有时一喝就如探竿影子照在草上一般轻飘虚幻，有时一喝就如蹲在地上的金毛雄狮一般刚猛，有时一喝如金刚王宝剑一般锋利。如果一喝当作一个问题向你们袭来的时候，你们必须迅速地领会才能有所收获。如果如同探竿的影子映照在草地上，你们大家又作怎样的领会呢？如果如蹲地的雄狮一般刚猛，发出狮子吼声，野干之兽一定会屁滚尿流，魂不附体。如果如同金刚王宝剑一般锋利，即使天王老子的脑袋也定要小心才是。四种喝，总是有因缘而横喝竖喝，以期根据不同情况，对症下药，帮助僧众们证悟佛道，摆脱执着。”

关于临济宗四种宾主句的话

原典

宾主[①]句

师上堂，有僧出礼拜，师便喝。僧云："老和尚，莫探头好。"

师云："落在什么处？"僧便喝，师便打。

又有僧问："如何是佛法大意？"师便喝，僧礼拜。

师云："汝道好喝也无？"

僧云："草贼大败。"

师云："过在什么处？"

僧云："再犯不容。"师便喝。

是日，两堂首座相见，同时下喝。僧问师："还有宾主也无？"

师云："宾主历然。"

师云："大众要会临济宾主句，问取堂中二首座。"

四宾主[②]

师一日示众云："参学人大须仔细，如宾主相见，便有言说往来。或应物现形，或全体作用，或把机权喜怒，或现半身，或乘师子，或乘象王[③]。如有真正学人便喝，先拈出一个胶盆子[④]，善知识[⑤]不辨是境，便上他境上，做模做样。学人又喝，前人不肯放，此是膏肓之病，不堪医治，唤作宾看主[⑥]。

"或是善知识，不拈出物，随学人问处即夺，学人被夺，抵死不放，此是主看宾[⑦]。

"或有学人，应一个清净境界，出善知识前，善知识辨得是境，把得住抛向坑里。学人言：'大好。'善知识即云：'咄哉！不识好恶。'学人便礼拜，此唤作主看主[⑧]。

"或有学人披枷带锁，出善知识前，善知识更与安一重枷锁，学人欢喜，彼此不辨，唤作宾看宾[⑨]。

"大德，山僧所举，皆是辨魔[⑩]拣异，知其邪正。"

注释

①**宾主：**禅宗临济所言宾，指参禅者或不懂禅理的人，主指禅师或懂禅理的人。

②**四宾主：**是据以考察宾主问答中是否真正掌握禅理方法。首先是宾看主，参禅者掌握禅理，而禅师不懂装懂。第二是主看宾，禅师掌握禅理，而参禅者不懂装懂。第三是主看主，禅师和参禅者都懂禅理。第四是宾看宾，禅师和参禅者都不懂禅理，却又互相卖弄。

③**象王：**象中之王，以喻佛者。《涅槃经》卷二十三称："是大涅槃，唯大象王能尽其底，大象王谓诸佛也。"《法苑珠林》说："佛有八十种好相，进止如象王，行步如鹅王，容仪如狮子王。"

④**胶盆子：**盛胶之盆，比喻文字葛藤。

⑤**善知识：**知识者，知其心、识其形之义，知人乃朋友之义，非博知博识之谓，善者于我为益，导我于善道者。

⑥**宾看主：**此以上是讲真正参学之人掌握了禅理，而禅师却不懂，装模作样。

⑦**主看宾：**禅师明禅理，欲启发参禅学人，而学人不懂装懂，不容启发。

⑧**主看主：**禅师和参禅学人心心相通，都通晓禅理。

⑨**宾看宾：**禅师和参禅学人不懂禅理，却自以为懂。

⑩**魔：**梵文 Māra，音译为魔罗，意指扰乱、破坏、障碍等。佛教指能扰乱身心、破坏好事、障碍善法者。印度古代神话传说欲界第六天为他化自在天，该天之天

王魔波旬为魔王，其部属为魔众。佛教遂以一切烦恼、疑惑、迷恋等妨碍修行的心理活动为魔。《大智度论》卷五称：“夺慧命，坏道法功德善本，是故名为魔。”

译文

宾主句

临济禅师上堂说法，有一个僧人出来向这位老和尚礼拜，临济老和尚便大喝一声。这位僧人对临济禅师说道：“老和尚，还是不要探头探脑的好。”

临济禅师问道：“落在什么地方了？”僧人便喝一声，临济禅师便打。

又有一位僧人问道：“佛法大意说的是什么？”临济听见僧人的问题，便喝了一声，而提问的僧人便向临济禅师礼拜。

临济禅师说：“你以为我是喜欢喝吗？”

僧人回答说：“老和尚一喝，草贼便落荒而逃。”

临济禅师问道：“过错在什么地方呢？”

僧人回答说：“再次违犯便决不容情。”临济禅师听了僧人的机智回答，便喝了一声。

这天，两堂首座见面后，同时下喝一声。僧人于是问临济禅师说："这样还能分清楚宾与主吗？"

临济禅师回答说："宾和主还是清楚的。"

临济禅师又说道："如果大家要领会我所说的宾与主的意思，大家可以向堂中两位首座提问。"

四种宾主的内容

临济禅师有一天对大家说道："参禅学道的人，应该仔细一点，如同宾见到了主人，老师见了学生，就不免要互相问佛说法，言语往来。有时候根据物机现出一定的形式，有时间便要全体发挥作用，有时间掌握机锋权变、喜怒哀乐，有时间只现出半身，有时间乘着威猛的雄狮，有时间变化为象王。如果有真正参学的人来了便喝，先提出一个如胶盆子般的言语葛藤，善知识却不能分辨这个言语葛藤的含义，便错误地理解在别的地方，自己还装模作样。学人又喝，而善知识不肯放弃执着，这是禅师所患的一种病入膏肓的绝症，是无法医治的了。这种徒弟比禅师更有见地，所以他故意试探老师的情况，叫作宾客看主人。

"有的情况与宾客看主人正好相反，善知识的导师并不拈出一物为媒介，随着参学人的问题，发现参学学徒的执着，随缘破解，而学徒悟性太差，死死抱住错误见解不放手，虽经老师点拨，却仍然执着于外境，这是所谓的主人看宾客。

“有的参学之人，提出一个本来便清静虚空的境界，提到善知识面前，善知识认得这个虚空的境界，把这个境界悟得透彻、彻底，如抓住扔进深坑一般。参学的人说：‘很好。’善知识便回答说：‘呸呀！你这个不知深浅好恶的东西。’参学的人便向老师行礼。这种情况是参学的人与导师通过斗机锋，统一了认识，见解一致，都不存在对外境的执着。这种情况叫作主人看主人。

“还有一种情况，有一个带着满身枷锁，执着于外境的人，来到善知识面前，参禅问道，而禅师又为这位本身带有执着之心的人，又加上了一道枷锁，学人和老师都执迷不悟，学人还以为得了真传，高兴不已，老师和学徒彼此不辨各人的执着，自以为是，这种情况称为宾客看宾客。

“大德，我这里所列举的，都是为了辨别心中的魔障，拣除异端，了解正道与邪道的分别这个目的而做的。”

宾主问题的对答

原典

僧问风穴："如何是宾中宾？"

穴云："攒眉坐白云。"

克符云："倚门傍户[①]犹如醉，出言吐气不惭惶[②]。"

汾阳云："终日走红尘，不识自家珍。"又云："合掌庵前问世尊[③]。"

慈明云："礼拜更殷勤。"

石门云："礼拜甚分明。"

雪窦云："满目是埃尘。"又云："噫！"

"如何是宾中主？"

穴云："入市双瞳瞽。"

符云："口念弥陀双拄杖，目瞽瞳人不出头。"

汾云："识得衣中宝，端坐解区分。"又云："对面无俦侣。"

明云："拄杖长[④]在手。"

门云："觑[⑤]地无回顾。"

窦云："兆分其五[⑥]。"又云："引。"

"如何是主中宾？"

穴云："回鸾两曜新。"

符云："高提祖印当机用，利物[7]应知语带悲。"

汾云："金钩抛四海，玉烛续明灯[8]。"又云："阵云横海上，拔剑搅龙门。"

明云："横担榔栗[9]拨乾坤。"

门云："往复问前程。"

窦云："月带重轮。"又云："收。"

"如何是主中主？"

穴云："磨礲[10]三尺剑，待斩不平人。"

符云："横按镆鎁[11]全正令[12]，太平寰宇斩痴顽。"

僧云："既是太平寰宇，为甚却斩痴顽？"

符云："不许夜行刚把火，直须当道与人看。"

汾云："高提日月光寰宇，大阐洪音唱楚歌。"又云："三头六臂擎天地，忿怒那吒扑帝钟。"

明云："剑握甑[13]人手。"

门云："万里绝同侣。"

窦云："大千捏聚[14]。"又云："揭。"

注释

①**倚门傍户：**傍，也是倚的意思。户，单扇的门。

②**惭惶：**羞愧惶恐。

③**世尊**：梵文 Lokanātha，音译为路迦那他，意译为世尊。Bhagavat，音译为婆迦婆，意也译为世尊。是佛的尊号，以佛具万德，世所尊重，于世独尊。

④**长**：常也。

⑤**觑**：窥视，细看。

⑥**五**：指五道或五趣，佛教所说根据生前善恶有五种轮回转生的趋向，即地狱、饿鬼、畜生、人、天。

⑦**利物**：利益众生也，指一切众生为物。《西方要诀》说："末法万年，余经悉灭，弥陀一教，利物偏增。"

⑧**明灯**：灯明。

⑨**横担楖栗**：拄杖。

⑩**礲**：同砻，磨也。

⑪**镆鎁**：即镆铘、莫邪，宝剑名。

⑫**正令**：为禅门教外别传本分之命令。棒喝之外，不立一法，称为正令。

⑬**甑**：古代蒸食炊具。大约在青铜器时代晚期便有陶甑，商周时代已有青铜制甑。底部有许多透蒸气的孔，放在鬲或鍑上蒸煮，类似现在的蒸锅。也有无底而另加箅子的甑。

⑭**大千捏聚**：大千，三千大千世界。佛经说世界有小千、中千、大千之别，合四大洲、日月、诸天为一世界，一千世界名小千世界，小千加千倍名中千世界，中

千加千倍名大千世界。三千大千世界以须弥山为中心，七山八海交互环绕，又以铁围山为外廓，这便是一小世界，小千世界便由此一千个小世界组成。一千个小千世界为中千世界，一千个中千世界为大千世界，大千世界便具有一〇〇〇〇〇〇〇〇〇个小世界。而一大千世界为一佛的化境，而三千世界之广，相当于第四禅天。捏聚：捏和、虚构。

译文

有僧人向风穴禅师提问说："宾中宾指的是什么呢？"

风穴禅师回答说："皱着眉头想心事，高卧白云不清静。"

后来其他禅师也有关于宾中宾的说法，其中克符禅师说："斜倚在门户之旁，就好像喝醉酒一般痴迷；说出来的话气壮如牛，没有丝毫难为情。"

汾阳禅师说："自早至晚，终日都行走在世俗红尘之中，受外境污染，而不能领会自己心中的真佛。"汾阳禅师又说道："就譬如在庵庙之前，合掌礼拜，而叩问佛一般。"

慈明禅师说："行礼参拜的礼佛活动更加诚恳专心，而不觉悟。"

石门禅师说:“礼拜的行为十分清楚。”

雪窦禅师说:“落进眼目之中,都是尘世埃垢。”又说道:“噫呀!”

僧人问风穴禅师说:“宾中主说的是什么呢?”

风穴禅师回答说:“进入尘世喧嚣的市井,就如同盲目的人一样蒙昧,什么也看不见,清静空虚。”

后来众禅师也发表了他们关于宾中主的看法。克符禅师说:“口中念念不忘阿弥陀佛,双手拄着杖,盲目的人不出头露面。”

汾阳禅师说道:“认识到衣服所裹的身体之中自有宝物存在,终日静坐,反观自心,而了解正与邪道的区分。”又说道:“对面而坐没有俦侣。”

慈明禅师说:“拄杖常在手中。”

石门禅师说:“细看面前之地,不看其他地方,专心致志。”

雪窦禅师说:“根据征兆而分别为五道。”又说道:“牵引入正道。”

僧人问风穴和尚道:“主中宾说的是什么呢?”

风穴禅师回答说:“鸾驾返回,主宾相耀俱新鲜。”

后来其他禅师也谈到过主中宾问题。克符禅师说道:“高举祖师的印可,当机锋而利用;利益众生,心怀慈悲。”

汾阳禅师说道：“把金钩抛进四海之中，以玉烛来接续灯光照明。”又说道：“阵阵云彩飘在海平面上，拔出宝剑，伸进大海龙王府搅得天翻地覆。”

慈明禅师说：“利用拐杖拨动天地。”

石门禅师说道：“返来复去问前程。”

雪窦禅师说道：“月光带着重轮影。”又说道：“收束心神。”

僧人问风穴禅师说：“主中主说的是什么呢？”

风穴和尚回答说：“礲石上磨快三尺宝剑，以斩杀不平之人。”

克符和尚后来也说主中主道：“横手按持住腰中所佩镆鎁宝剑，以在必要时护持教外别传的正令之行；在太平盛世之中，清除顽痴之人。”

有僧人听了克符禅师的话，问道：“既然是所谓太平清静盛世，为什么还有痴顽之人需要斩杀呢？”

克符禅师说道：“不允许夜行，却刚刚点了一把火把，目的是为了放在道路上让人看得见。”

汾阳禅师谈到主中主时，说道：“高举起太阳和月亮，把天地之内的整个世界照得一片光明；要让救苦救难、无上正觉的佛学意旨如围困项羽的垓下楚歌一般气势逼人。”又说道：“就如那吒太子长着三头六臂举起天地一般，让忿怒的那吒敲响大钟。”

慈明禅师说主中主道："利剑握在甑人的手中。"

石门禅师说主中主道："万里之外，没有志同的侣伴。"

雪窦禅师说主中主道："大千世界俱为虚构。"又说道："揭示。"

华严孜禅师宾主观点

原典

僧问："如何是宾中宾？"

孜云："客路如天远。"

"如何是宾中主？"

云："侯门似海深。"

"如何是主中主？"

云："寰中天子敕。"

"如何是主中宾？"

云："塞外将军令。"

孜云："宾中问主，互换之机；主中问宾，同生同死；主中辨主，饮气吞声；宾中觅宾，白云万里。故句中无意，意在句中。于斯明得，一双孤雁，扑地高飞；于斯不明，一对鸳鸯，池中独立。知音禅客，相与证明。

影响之流，切须子细。”

良久，云：“若是陶渊明[①]，攒眉便归去。”

注释

①**陶渊明**：生于公元三六五年，又说生于公元三七六年。东晋诗人，名潜，字元亮。浔阳紫桑（今江西九江）人。陶侃曾孙。曾任江州祭酒、镇军参军、彭泽令。后归隐田园。公元四二七年去世，私谥靖节。

译文

有僧人问华严孜禅师道：“宾中宾说的是什么？”

华严孜禅师回答说：“客人行旅如走到天边一般的遥远路程。”

又问道：“宾中主说的是什么呢？”

回答说：“诸侯之门似海之深。”

又问道：“主中主说的是什么呢？”

回答说：“就如神州之内天子敕令一般畅通无阻，令行必止。”

又问道：“主中宾说的是什么呢？”

回答说：“就如同在塞外重地，以将军的命令为最高原则。”

华严孜禅师又说道："宾中问主，互换机锋；主中问宾，二人同生同死；主中验主，饮气吞声不敢随意掉以轻心；宾中寻宾，如万里白云相间。所以说，句中无意，意在句之中。在这里若证得很清楚，便如一双孤飞的大雁，从地上高飞而起；在这里若未曾证得，如一对鸳鸯，只能在水池之中独立而已。凡是真正了解禅旨的禅僧，可与相互启发。对于后学的教导，应该仔细严肃。"

过了一会儿，华严孜禅师又说道："如果是陶渊明，便会摆脱尘世而去归隐田园。"

2　临济宗（中）

临济宗四种照用方法

原典

四照用[1]

师一日示众云："我有时先照后用，有时先用后照，有时照用同时，有时照用不同时。先照后用有人在[2]；先用后照有法在[3]；照用同时，驱耕夫之牛，夺饥人之食，敲骨取髓，痛下针锥；照用不同时，有问有答，立主立宾，合水和泥，应机接物。若是过量人，向未举[4]时，撩起便行，犹较些子。"

时有僧出问佛法大意，师云："汝试道看。"僧便喝，师亦喝；僧又喝，师便打。⑤

问："如何是佛法大意？"

师便喝，复云："汝道好喝么？"僧便喝，师亦喝；僧又喝，师便打。⑥

僧入门，师便喝，僧亦喝，师便打，云："好打只有先锋，且无殿后。"⑦

僧来参，师便喝，僧亦喝；师又喝，僧亦喝，师便打，云："好打为伊作主，不到头，无用处。主家须夺而用之，千人万人到此出手不得，直须急着眼看始得。"⑧

注释

①**四照用**：这是临济宗的用语，据《五家宗旨纂要》卷上所云，照指禅机问答，用指打、喝等动作，是属于接待参禅者的方法。先照后用，指先向参禅者提问，后根据答对情况，或棒打，或喝。先用后照，若有僧人来，先棒打、喝，然后再提问。照用同时指在棒打、喝的同时，看对方的反应，或在双方都喝的情况下边打边问。照用不同时，则灵活性较大，或照或用，不拘一格，随机定夺。在《人天眼目》卷一，照指对客体的认识，用指对主体的认识。根据参禅者对主体和客体的不同认识所采取的不同教授方法，总地是在破除那种视主体与客

体为实有的世俗观点。先照后用是针对法我执重的人，先破除以客体为实有的观念。先用后照，针对人我执重的人，先破除以主体为实有的观念。照用同时是针对人我执和法我执都严重的人，同时破除客体实有和主体实有的观念。照用不同时，对于人我执和法我执都不存在的人，可运用自如，根据情况，随时应机。

②**先照后用有人在**：指先照后用不除人我执。

③**先用后照有法在**：指不除法我执。

④**举**：举起公案而记载之时所用之词。

⑤**……师便打**：此以上为言先照后用。

⑥**……师便打**：此以上为言先用后照。

⑦**……且无殿后**：此以上为言照用同时。

⑧**……直须急着眼看始得**：此以上为言照用不同时。

译文

四照用

临济禅师有一天对众人宣法说道："我接待参禅者的时候，有时候先照后用，有些时候先用后照，有些时候照用同时，有时候照用不同时。先照后用有人我执着存在；先用后照有法我执着存在；若果照用同时，便如驱赶耕地之人的牛，夺取饥饿之人的饮食，敲骨而取其精髓，痛下针锥穿刺；照用不同时的时候，则有问有答，或立主人，或立宾客，或合水和泥，适应机缘和物节，随时设法而行。如果有超出一般识见的人，在没有举出公案之时，便已觉悟，撩起衣服便走，便是另外的情况了。”

当时，有位僧人寻问佛法大意，临济师便想考察一下这位僧人的根器，说道：“你试着说说你的看法。”僧人见临济禅师让他说说自己的看法，他便大喝一声，临济禅师也喝了一声；僧人便又喝了一声，临济禅师便用棍子打僧人。这是先照后用。

僧人见如此，便问道：“那么佛法大意究竟指的是什么呢？”

临济禅师见问，便喝了一声。过后，又问僧人说：“你以为我喜欢喝吗？”僧人听了临济的话，便喝了一声，临济也喝；僧人又喝，临济禅师便打。这是先用后照。

有僧人入门而来，临济禅师便喝，僧人也喝，临济禅师便棒打，并说道：“喜欢打只有先锋，没有殿后的。”这是照用同时。

有僧人前来参学，临济禅师便喝，僧人也喝；临济禅师又喝，僧人也喝，临济禅师便棒打，并说道：“喜欢棒打只是为了为你作主，若不到头，便没有可用之处。作为主人，应该破除执着而为用，千人万人说法，在关键的时候，不能痛下手段。只有急着眼看，才有所得。”

原典

古德[①]云：“主一喝验宾，宾一喝验主；主再喝验宾，宾再喝验主，四喝后无宾主也。到这里主家便夺却，更不容他。”

慈明示众云：“有时先照后用，有时先用后照，有时照用同时，有时照用不同时。所以道，有明有暗，有起有倒。”

乃喝。一喝，云：“且道，是照是用？还有缁素[②]得出底么？若有，试出来呈丑拙看。若无，山僧失利。”

注释

①**古德：**指已成为古人的有道高僧。这是不定指引古人意见的称谓。

②**缁素：**缁为黑色，素为白色。僧人穿黑衣，故也以缁素代指僧与俗。

译文

过去的高僧谈到照用问题时曾说过："主人一喝可以用以验辨宾客的修为，宾客的一声喝也可以用以辨验主人的识见；主人第二次喝也是为了验客人，而宾客的第二次喝可以再次验辨主人，四次喝以后，便知道没有主人和宾客的区分了。到这时候，善知识（主人）便应破除宾客的执着，态度要坚决而不容商量。"

慈明禅师有一次对众僧人说："有的时候先照后用，有的时候先用后照，有的时候照用同时，有的时候照用不同时，所以说有明有暗，有起有伏。"

慈明禅师说完，便喝，喝了一次，说道："你们说说看，是照还是用？还有黑白能分辨得出来吗？如果有，请大家出来表现表现看。如果没有，我这里结束了。"

关于照用问题的回答

原典

问："如何是先照后用？"

首山云："南岳[①]岭头云，太行山[②]下贼。"

佛陀逊云："红旗曜日催征骑，骏马嘶风卷阵云。"

道吾真云："语路分明说，投针不回避。"

黄龙[3]新云："清风拂明月。"

五祖演[4]云："王言如丝。"

"如何是先用后照？"

首山云："太行山下贼，南岳岭头云。"

陀云："斩得匈奴[5]首，还归细柳营[6]。"

吾云："金刚[7]觌面亲分付，语道分明好好陈。"

龙云："明月拂清风。"

祖云："其出如纶。"

"如何是照用同时？"

山云："收下南岳岭头云，捉得太行山下贼。"

陀云："太行招手，子夏[8]扬眉。"

吾云："佛祖道中行异路，森罗[9]影里不留身。"

龙云："清风明月。"

祖云："举起轩辕[10]镜，蚩尤[11]失却威。"

"如何是照用不同时？"

山云："昨日晴，今日雨。"

陀云："午后打斋钟[12]。"

吾云："清凉[13]金色光先照，峨眉[14]银界一时铺。"

龙云："非清风，非明月。"

祖云："金将火试。"

注释

①**南岳**：五岳之一，汉宣帝时确定安徽天柱山为南岳，后又改以湖南的衡山为南岳，遂成定制。隋以后的南岳皆当为衡山。

②**太行山**：位于山西与河北之间，最高海拔达二千八百八十二公尺。

③**黄龙**：本山名，在清江西南昌府宁州。相传三国吴黄武年间，黄龙现于此，故称黄龙山。宋慧南禅师于此山建立禅宗七派之一的黄龙宗。慧南禅师为临济宗第七祖石霜慈明的门下弟子，号普觉禅师。神宗熙宁二年圆寂，享年六十八岁。熙宁二年为公元一〇六九年。据此知生当一〇〇二年，即宋真宗咸平五年。黄龙禅师常以三问拶人，说："人人有个生缘，怎么样是你的生缘？""我的手为什么像佛手？""我的脚为什么像驴脚？"黄龙以此三语问参禅的人，却没有人能正确地回答，佛教徒们称为黄龙三关。有时回答完后，参禅者见黄龙不置可否，闭目正坐，不知道他的意思，黄龙则说，已过关的人，甩着膀子便走了，哪知道有关吏，如果问可否，那一定是没有领会的原因。黄龙宗前后兴盛二百年而衰。

④**五祖演**：人名。宋蕲州五祖山法演禅师，俗姓邓，

锦州人。宋徽宗崇宁三年（公元一一〇四年）圆寂。《续传灯录》卷二十、《稽古略》卷四有记载。

⑤**匈奴**：古代中国少数民族，也称为胡。战国时活动于燕、赵、秦以北地区。秦汉之际，经常发动针对中国的骚扰。汉武帝之后，汉采取进剿手段，扼制了匈奴的侵略，迫使匈奴一部分投归中国，一部分西迁。

⑥**细柳营**：细柳在今陕西省咸阳市西南渭河北岸。司马迁《史记·绛侯世家》载，汉文帝后元六年，即公元前一五八年，周亚夫为将军，驻军细柳以防止胡人，文帝亲往劳军，至军门，甲士戒备森严，帝阻不能驰入，后文帝使使持节诏周亚夫，周亚夫才传令开军门，让文帝按辔徐行而入，亚夫以军礼见。后人称细柳营军纪严明。王维《观猎》诗曰："忽过新丰市，还归细柳营。"

⑦**金刚**：梵文 Vajra，音译为嚩日罗、跋折罗，金中最刚之意，用以譬喻牢固、锐利，能摧毁一切的意思。一般为金刚力士的略称，金刚力士即执金刚杵守护佛法的天禅。寺院四天王像也俗称为四大金刚。

⑧**子夏**：生于公元前五〇七年，孔子七十二高足之一。春秋末晋国温（今河南温县西南）人，一说为卫国人，姓卜，名商，曾任莒父宰。是继承、发扬孔子学说的重要学者，相传《诗》《春秋》等经典都是他传授下来的，弟子如李克、吴起，都很有名。

⑨**森罗**：森然罗列在宇宙间的各种现象。

⑩**轩辕**：即黄帝。《史记·五帝本纪》曰："黄帝者，少典之子，姓公孙，名轩辕。"司马贞《索隐》引皇甫谧之说曰："居轩辕之丘，因以为名，又以为号。"轩辕丘在今河南新郑西北。《汉书·古今人表》颜师古注引张晏之说云："作轩冕之服，故谓之轩辕。"

⑪**蚩尤**：东方九黎祖首领，有兄弟八十一人。相传以金做兵器，并能呼云唤雨，后与黄帝战于涿鹿（今河北省涿鹿东南），兵败被杀。

⑫**午后打斋钟**：斋钟是报斋时用的大钟。斋又作时、斋食、时食，斋者指不过中食，正午以前所做的食事。按佛教戒律，食分时与非时，正午以前为正时，正午以后为非时，时当食，非时不宜食。

⑬**清凉**：即五台山，又称清凉山。唐清凉法师澄观为著名禅师，曾住在五台山与峨眉山。

⑭**峨眉**：山名，佛教四大名山之一，在四川峨眉山市西南，两山相对如峨眉，故有此名。

译文

有僧人问道："先照后用说的是什么呢？"

首山禅师回答说："就如南岳山上的云飘在峰顶，如同太行山下的草贼蛰伏林中。”

佛陀逊禅师说：“红色的旗帜与日争辉，催促着出征的征人上马出发，骏马的嘶鸣在风中传得很远，卷起阵阵云烟。”

道吾真禅师说：“说话要说得很清楚，投针应该扎住要害，没有顾忌。”

黄龙新禅师说：“清风轻轻拂明月。”

五祖演禅师说：“君王之言如丝。”

有僧人问道：“先用后照指的是什么呢？”

首山禅师回答说：“如同太行山下的草贼蛰伏林中，如同南岳山的云雾飘在峰顶。”

佛陀逊禅师说：“斩杀了匈奴的头，回到细柳营。”

道吾真禅师说：“金刚力士见面亲为嘱咐，话语清楚慢慢陈述。”

黄龙新禅师说：“明月轻拂轻风。”

五祖演禅师说：“其言之出如丝纶。”

有僧人请问：“照用同时说的是什么呢？”

首山禅师回答说：“收揽了南岳峰顶飘泊的云彩，捉得太行山下潜伏在草莽之中的毛贼。”

佛陀逊禅师说：“太行山在招手，孔子弟子大儒子夏扬起眉。”

道吾真禅师说：“在佛祖的道路之中开辟了一条异端

的道路，在森然罗列的宇宙各种现象中找不到自身的影子。”

黄龙新禅师说：“如清风明月一般。”

五祖演禅师说：“举起轩辕帝的神秘大镜，使蚩尤一下子便失去了他的威力。”

僧人又请问：“照用不同时说的是什么呢？”

首山禅师回答说：“昨天天晴，今天下雨。”

佛陀逊禅师说：“过了午后敲打报斋的斋钟。”

道吾真禅师说：“金色的太阳光辉首先普照清凉山，峨眉山也为银色的月光所覆盖。”

黄龙新禅师说：“不是清风，不是明月。”

五祖演禅师说：“金用火来试，真金不怕火烧。”

原典

汾阳云：“凡一句语，须具三玄门；每一玄门，须具三要路。有照有用，或先照后用，或先用后照，或照用同时，或照用不同时。先照后用，且共汝商量；先用后照，汝也是个人始得；照用同时，汝作么生当抵？照用不同时，汝作么生凑泊？”

琅琊觉云：“先照后用，露师子之爪牙；先用后照，纵象王之威猛；照用同时，如龙得水，致雨腾云；照用不同时，提奖婴儿，抚怜赤子。此古人建立法门[1]。为合如是，不合如是？若合如是，纪信[2]乘九龙之辇；不合如是，项羽[3]失千里之骓。还有为琅琊出气底么？如无，山僧自道去也。”卓拄杖，下座。

注释

①**法门**：佛所说，为世之则，谓之法，此法为众圣入道的通路，故称门。又诸法并通于一实，故名为门。又为如来圣智游履之处，也称为门。

②**纪信**：人名。因掩护刘邦，假扮刘邦以迷惑项羽军队，于公元前二〇四年被杀。

③**项羽**：人名。生于公元前二三二年，名籍，字羽，楚贵族出身。公元前二〇九年随叔父项梁起兵反秦，秦亡后，与刘邦争战，在垓下（今安徽固镇东北）为韩信、刘邦的部队包围，骑乌骓马突围到乌江，送马过江，自杀死，此年为公元前二〇二年。

译文

汾阳禅师说：“大凡宣讲佛法，在一句话之中，应具备三种玄妙之门；每一玄门之中，应有三种要路。有禅机言语之照，有棒喝之用，有时先用照的方式，后用用的方式；有时候先用用的方式，后用照的方式；有时候一边用禅机点拨，一边用棒喝提举，照用同时；有时照用又不同时。先照后用，将要与你共同商量；先用后照，你也是怎样方有得；照用同时，你怎么理会才正确？照用不同时，你怎么做才能领会？”

琅琊觉禅师说：“先照后用，如露出狮子的爪牙；先用后照，如放纵象王的威猛；照用同时，如龙得水，可以致雨腾云；照用不同时，如提奖婴儿，抚怜幼子。这是过去的高僧所建法门。为合如此？不合如此？如果合为如此，就如楚汉之战时，纪信为掩护刘邦逃走，乔装而乘九龙辇车；不当如此，便如项羽丢失千里乌骓马。还有为琅琊出气的吗？如果没有，我自己走了。”琅琊觉禅师说完，卓拄杖，下座而去。

汾阳禅师十智同真问答

原典

汾阳示众云：“夫说法者，须具十智同真。若不具十智同真，邪正不辨，缁素不分，不能为人天眼目，决断是非。如鸟飞空而折翼，如箭射的[①]而断弦。断弦故射不中的，翼折故空不能飞。弦壮翼牢，空的俱澈。作么生是十智同真？与诸人一一点出：一、同一质；二、同大事；三、总同参；四、同真智；五、同遍普；六、同具足；七、同得失；八、同生杀；九、同音吼；十、同得入。还有点得出底么？不吝慈悲，试出来道看。若点不出，未具参学眼在，却须辨取。要识是非，面目见在。”喝一喝，下座。

大慧云：“汾阳老子末后，若无个面目现在，一场败阙。虽然，未免丧我儿孙。”喝一喝。

寂音曰：“今此法门，丛林[2]怕怖，不欲闻其声。何以言之？诸方但要平实见解，执之不移，只欲传受，不信有悟。假使汾阳复生，亲为剖析，亦以为非。昔阿难夜经行次，闻童子诵佛偈[3]：‘若人生百岁，不善水潦[4]鹤，未若生一日，而得决了之。’阿难教之曰：‘不善诸佛机，非水潦鹤也。’童子归白其师，师笑曰：‘阿难老昏矣，当以我语为是。’今学者之前，语三玄三要、十智同真旨趣，何以异此？”

注释

①**的：**靶子，目标。

②**丛林：**僧俗和合，住在一起，如树木丛集为林。此特指禅门。

③**偈：**梵文 Gatha，译为颂，定字数，不问三言、四言或多言，皆为四句。有通偈，固定由梵文三十二音节构成，也称为首卢伽陀 Śloka；二为别偈，共四句，每一句由四言、五言、六言、七言等句子组成。

④**水潦：**积水，流水。

译文

汾阳禅师对众人说法道："说法的人，应该具有十智同真。如果不具备十智同真，便会不辨邪与正，不分白与黑，不可以为人天眼目，决断是非。像高飞的鸟忽然断了翅膀，如箭射箭靶，忽然断了弓弦。断了弦的箭当然射不中目标，折了翅膀的鸟当然不能飞翔。弓弦结实，翅翼坚硬，天空晴朗，箭靶明确醒目，才是最适合高飞和射击的。什么是十智同真呢？我为你们指出来：一、同一质；二、同大事；三、总同参；四、同真智；五、同遍普；六、同具足；七、同得失；八、同生杀；九、同音吼；十、同得入。还有什么可以点出吗？不要吝啬慈悲之念，试着出来说说看。如果提点不出问题，还不具备参学的眼光，就应辨验吸取。要了解正确与错误，面目现在。"汾阳禅师说完，喝了一喝，下了座。

大慧禅师说："汾阳老和尚末后，如果没有什么面目现在，只一场败阙。虽然这样，也不免丧失我的儿孙。”大慧禅师说完，喝了一喝。

寂音禅师说：“现在这些法门，令禅师们恐怖。不想听闻其声，又怎么能说呢？各方都想追求平实的见解，执着而不改变，只相信传授文字，而不想相信有顿悟机缘。假如汾阳禅师再生，亲自为大家剖析解释，也会认为不正确。当初释迦佛的十大弟子之一阿难夜里经过旅途住宿的地方，听见有童子讽诵佛学偈语，说：‘如果一个人长生百岁，不善于水潦鹤，还不如只生一日，而得机会自决了机。’阿难便教导童子说：‘是不善于诸佛机锋，不是不善水潦鹤。’童子回去告诉他的老师，他的老师笑笑说：‘阿难已经老昏了，应该以我说的为正确。’今天在参学之人面前，说三玄三要、十智同真的旨意，岂不是和这一样吗？”

古宿高僧关于十智同真的问答

原典

古宿十智同真问答[①]

一、同一质。

汾阳云：“绵州附子汉州姜[2]。”又云：“鬼争漆桶[3]。”“总不出渠。”“贼不打贫家。”“鬼窟里头出头没。”“百草头边任游戏，一毛[4]头上定乾坤。”“八字[5]打开人不识。”“碗脱丘。”

二、同大事。

汾云：“火官头上风车子。”“嘉州大像，陕府铁牛[6]。”“当甚破草鞋？少卖弄。”“两肩担不起，不直半分文。”“识得木上座也未？”“灯笼入露柱。”“杖挑日月，手握乾坤。”

三、总同参。

汾云：“万象森罗齐稽首。”“莫怪不相识。”“撞着露柱。”“呼神唤鬼。”“倚栏惆怅望江南。”“胡人持咒口喃喃。”

四、同真智。

汾云：“鬼家活计。”“八十翁，翁入场屋。”“彼此不着便。”“天地悬殊。”“佛眼觑不见。”“认着依然还不是。”“黑山鬼窟。”“毛吞巨海，芥纳须弥[7]。”“波斯[8]鼻孔长。”

五、同遍普。

汾云：“石头土块。”“南岳天台[9]，西天此土，是什么境界？”“鱼行水浊。”“打着南边动北边。”“可惜许！坐却千千万万，如何折合？”“狸奴、白牯放毫光。”“笑他禾山解打鼓[10]。”“踏开生死海，跳出是非门。”

六、同具足。

汾云："乞儿箩易满。""等闲吹入胡笳曲[11]。""寒时终不热。""信手[12]拈来着着亲。""师子嚬呻，象王蹴踏[13]。"

七、同得失。

汾云："披毛戴角，衔铁负鞍。""一言勘破维摩诘[14]。""瓮里不走鳖。也不放尔在。""不落明暗[15]，作么生道？""卖扇老婆手遮日。"

八、同生杀。

汾云："放汝命，通汝气。""死蛇解弄也活。""愿观盛作。""迅雷不及掩耳。""祸不单行。""眉间宝剑，袖里金槌。""灌稻水车呜戛戛。"

九、同音吼。

汾云："驴鸣犬吠启圆通[16]。""师子嚬呻，群狐退后。""徒劳侧耳。""好语不出门。""小出大遇。""风吹石臼念摩诃[17]。""夜叉[18]空里走。"

十、同得入。

汾云："且居门外。""耐重打金刚，山门[19]骑佛殿。""弓折箭尽也未？""布袋里老鸦。""金刚圈、栗棘蓬，作么生吞透？""含元殿里问长安。""胡饼呷汁。""鲸饮海水尽，露出珊瑚枝。"

"与什么人同得入？"

汾云："鬼争漆桶。""胡张三黑李四。"

“与谁同音吼？”

汾云：“风吹石臼念摩诃。”“木人虽不语，石女[20]引回头。”

“作么生同生杀？”

汾云：“猛虎入羊群。”“此间无老僧。”

“什么物同得失？”

汾云：“牛头没，马头回。”“目前无阇梨。”

“阿那个同具足？”

汾云：“上座更欠个什么？”“矮子看戏。”

“是什么同遍普？”

汾云：“狸奴白牯放毫光。”“且缓缓卜度。”

“何人同真智？”

汾云：“认着依然还不是。”“相识满天下，知心能几人。”

“孰与总同参？”

汾云：“识得木上座[21]也未？”“据虎头收虎尾，第一句下明宗旨。”

“那个同大事？”

汾云：“穿过髑髅[22]。”“知音者少。”

“何物同一质？”

汾云：“含元殿里问长安。”“桑树猪揩背，长江鸭洗头。”

注释

①**古宿十智同真问答：**这是汾阳昭和尚等人讨论十智同真的问答，其中汾阳之言明确标出，其他人的话不标出说话者。

②**绵州附子汉州姜：**绵州，州名，隋开皇五年（公元五八五年）置，以绵水得名，治所在巴西（今四川绵阳东），唐时辖境相当于四川罗江上游以东、潼河以西的江油、绵阳间的涪江流域。后略有变迁，产井盐。附子，中药名，乌头块根的干燥侧根，有毒，经盐渍、水漂、煮熟等炮制后，毒性减低，称为制附子、熟附块，性大热，味辛，功能回阳救逆，祛寒湿，主治亡阳虚脱，四肢厥冷、心腹冷痛、寒湿痹痛、水肿等症。

汉州，当指汉水流域的汉中、汉阳等地一带。姜，即生姜，原产印度尼西亚（Indonesia）中部，南部也普遍栽培，根茎可作蔬菜、香辛料，也可供药用。学名为Zingiber officinale。

③**鬼争漆桶：**鬼，人死之后，身躯朽坏，灵魂便成为鬼，其中有些未进入阴间而继续在阳世游荡，或于夜间离开阴间而潜入阳世，能向人托梦传话，也能作祟危害生者。漆桶，无分别之眼暗黑，喻为漆桶，骂无眼之词也。

④**一毛**：一毛端，喻极少。《楞严经》卷二说："不动道场，于一毛端，遍能含受十方国土。"

⑤**八字**：《涅槃经·圣行品》所说的生灭、灭已、寂灭、为乐八字，称为雪山八字。《三教指归》卷二曰："雪山八字者，即《圣行品》，雪山大士从罗刹求半偈而舍全身也。八字即生灭、灭已、寂灭、为乐。"《涅槃经》卷十四说："谁当信汝如是之言，为八字故弃所爱身。"

⑥**嘉州大像，陕府铁牛**：嘉州，州名，北周大成元年置。大成元年为公元五七九年，治所在平羌（隋改名峨眉，又改青衣、龙游，在今乐山），隋大业初并入眉州，唐武德初改眉州复置，仪凤年间以后辖境相当于四川乐山、峨眉山、夹江、犍为、马边等县。陕府，当指当时京兆及陕州一带。

⑦**须弥**：梵文 Sumeru，又作修迷楼等，山名，一小世界之中心，译言妙高、妙光、安明、善积、善高等。凡器世界之最下为风轮，其上依次为水轮、金轮即地轮，其上有九山八海，即持双、持轴、担木、善见、马耳、象鼻、持边、须弥八山八海与铁围山，中心之山即为须弥山。入水八万由旬，出水八万由旬，其顶上为帝释天所居，其半腹为四王天所居，其周围有七香海七金山，其第七金山外有咸海，其外曰铁围山，故称九山八海。赡部洲等四大洲在此咸海中。

⑧**波斯：**国名，Persia，即今伊朗。

⑨**天台：**山名，在今浙江天台县。

⑩**禾山解打鼓：**禾山，人名，吉州禾山无殷禅师，七岁从雪峰出家，受具后，谒九峰虔禅师，嗣法，后住禾山，学法济济。宋太祖建隆元年（公元九六〇年）圆寂，谥号法性，《五灯会元》卷六有载。禾山一日引僧肇《宝藏论》之语垂示曰："习学谓之闻，绝学谓之邻，过此二者，是为真过。"僧出问：如何是真过？禾山说是解打鼓；又问：如何是真谛？禾山仍说解打鼓；又问：即心即佛即不问，如何是非心非佛？禾山仍说：解打鼓；又问：向上之人来时如何接？禾山说：解打鼓。这是禾山的四打鼓。见《碧岩集》四十四则、《五灯会元》卷六。

⑪**胡笳曲：**用胡笳吹奏的音乐。胡笳是古乐器名，汉代时流行于塞北和西域一带，汉魏鼓吹乐的主要乐器之一。

⑫**信手：**入佛宝山以信心为手而采宝。《智度论》卷一说："经中说，信为手，如人有手入宝山中自在能取，若无手不能有所取。"

⑬**蹴踏：**踩踏。

⑭**一言勘破维摩诘：**勘破，勘定事之是非。维摩诘，菩萨名，梵文Vimalakīrti，省略为维摩，其义为净名，净者，清静无垢之谓，名者，名声远布之谓。也译为无

垢称。佛在世毗耶离城之居士也。自妙喜国化生于此，委身在俗，辅释迦之教化，法身之大士。佛在毗耶离城庵摩罗园，城中五百长者子诣佛处请说法时，他故意现病不往，欲令佛派诸比丘、菩萨问其病床，以成方等时弹诃之法，所以经名为《维摩经》。维摩也称为维摩罗诘，吴·支谦译《维摩经》为《维摩诘经》。

⑮**明暗**：明，智慧的别名。《佛地论》卷一曰："有义明者以慧为性，慧能破暗故说为明。有义无碍善根为性，翻无明故。"《大乘义章》卷十四曰："知法显了故名为明。"明也指真言，真言能破烦恼之暗，故为明。口说为真言，身现为明。暗，即庵，是十二摩多之第十一，转身五转第四轮成菩提，五十字门之一。《金刚顶经释字母品》云："暗字门，一切法边际不可得故。"

⑯**圆通**：妙智所证之理曰圆通。性体周遍曰圆，妙用无碍为通。又觉慧周遍通解通入法性，称为圆通。

⑰**摩诃**：梵文 Mahā，又作莫诃、摩醯，意为大多、胜。禅门课诵时，于楞严咒之尾常念摩诃般若波罗蜜。《敕修清规·楞严会》曰："咒毕唱摩诃，众和毕，维那回向。"

⑱**夜叉**：梵文 Yakṣa，又称阅叉、药叉、夜乞叉，译为能啖鬼、捷疾鬼、勇健、轻捷、秘密等，为异类。

⑲**山门**：寺院外门。凡寺院必有山林，故指寺院之门曰山门。寺院全部也称山门。

⑳**石女**：女子不通人道者也。又称实女。《涅槃经》卷二十五曰："譬石女，本无子相，虽加功力，无量因缘，子不可得。心亦如是，本无贪相，虽造众缘，贪无由生。"《资持记》中二之一曰："石女者，根不通淫者。"

㉑**木上座**：指杖。《山堂肆考》载："夹山问佛印：'和尚阇梨与什么人同来？'曰：'木上座。'"

㉒**髑髅**：人的头骨。

译文

古宿十智同真问答

一、同一质。

汾阳禅师说："如绵州的附子汉州的姜。"又说："鬼魅争漆桶。""毕竟不出渠。""贼盗不打劫贫穷人家。""在鬼窟里头出头了吗？""百草头边任意游戏，一毛头上可定乾坤。""八字打开人尽不识。""如碗脱去模丘。"

二、同大事。

汾阳禅师说："如火官头上所插的风车子。"又说："如嘉州的大像，陕州府的大铁牛。""当作什么破草鞋？少去卖弄。""双肩担当不起，不值半文钱。""你们认得木杖上座吗？""灯笼之光照入裸露之柱。""用杖挑日月，用手握乾坤。”

三、总同参。

汾阳禅师说：“世间万象森然罗列齐为稽首。”又云：“不要奇怪不相识。”“撞着了露柱。”“呼神而唤鬼。”“倚着栏杆，满心惆怅，长望江南。”“北方胡人口持咒语，语音呢喃。”

四、同真智。

汾阳禅师说：“鬼魅的活计。”又说：“八十老翁，翁进入考场。”“彼此不方便。”“如天地之悬殊。”“佛眼看不见。”“认着依然还不是。”“黑山鬼窟。”“毫毛吞巨海，草芥纳须弥。”“波斯人的鼻孔长。”

五、同遍普。

汾阳禅师说：“石头和土块。”又说：“南岳天台山，西天竺和中土，都是什么境界？”“鱼行而水浊。”“打着南边北边动。”“可惜呀！坐却千千万万，又如何能折合？”“狸奴、白牯放毫光。”“笑他禾山禅师解打鼓。”“踏开生死海，跳出是非门。”

六、同具足。

汾阳禅师说：“乞儿箩筐容易满。”又说：“等闲传来胡笳曲。”“寒冷之时终不热。”“信手拈来个个亲近。”“狮子呻吟，象王踩踏。”

七、同得失。

汾阳禅师说："如畜生身披毛头戴角，口衔铁而背负鞍。"又说："一言勘破《维摩诘经》的道理。""鳖装在瓮里逃不走，却也不放在里边。""不落于明暗之门，怎样理解？""卖扇老太婆用手遮挡日光。"

八、同生杀。

汾阳禅师说："放你的命通你的气。""死蛇也可变活。"又说："希望见盛兴。""迅雷不及掩耳。""祸不单行。""眉间藏宝剑，袖中有金槌。""灌稻的水车鸣戛戛。"

九、同音吼。

汾阳禅师说："驴鸣犬吠可启圆通智慧。"又说："狮子呻吟，群狐便会惊惧而后退。""徒劳侧耳听。""好语不出门。""小出而遇大。""风吹石臼念《摩诃波罗蜜》。""夜叉空中走。"

十、同得入。

汾阳禅师说："暂且站在门外。"又说："耐重打金刚，山门骑佛殿。""弓箭折尽了么？""布袋里的老鸦。""金刚圈、栗棘蓬，怎样才能生吞透？""含元殿里问长安。""胡饼加呷汁。""鲸鱼饮尽海水，露出海地珊瑚枝。"

有人问："与怎样的人同得入？"

汾阳禅师回答说："与鬼争漆桶。"又说："胡张三，黑李四。"

有人问："和谁同音吼呢？"

汾阳禅师说：“风咆石臼，口念《维摩诘经》。”又说：“木头人虽不会说话，石女它却也常回头。”

有人问：“怎么样同生杀？”

汾阳禅师说：“譬如猛虎入羊群。”又说：“这里没有老和尚。”

有人问：“什么东西同得失？”

汾阳禅师回答说：“牛头没，马头回。”又说：“眼前无阿阇梨。”

又问：“什么是同具足？”

汾阳禅师回答说：“上座还欠什么？”又说：“矮子看戏。”

有人问：“同遍普是什么？”

汾阳禅师说：“狸奴和白牯身上发出毫毛之光。”又说：“暂且慢慢地卜度。”

有人问：“怎么样同真智？”

汾阳禅师说：“认着了，但却依然不是。”又说：“相识之人满天下，真心知己无几人。”

有人问：“总同参是什么？”

汾阳禅师说：“你认得木杖这位上座吗？”又说：“占据虎头收束虎尾，于第一句下可明宗旨。”

有人问：“怎么样同大事？”

汾阳禅师说：“穿过髑髅骨。”又说：“真正知心者很少。”

有人问:“怎样同一质?”

汾阳禅师说:“在含元殿里问长安。”又说:“猪在桑树上揩背，鸭在长江中洗头。”

古德高僧十智同真总颂

原典

由来十智本同真，
语直心精妙入神。
长忆江南三月里，
春风微动水生鳞。
十年海上觅冤仇[①]，
不得冤仇不肯休。
芍药花开菩萨[②]面，
棕榈叶长夜叉头。

注释

①**冤仇：**对手。

②**菩萨：**梵文 Bodhisattva，即菩提萨埵。意译为大道心众生、道众生等，为大觉有情，觉有情意，谓是求

道之大心人，所以说是道心众生、求道求大觉之人，所以说道众生。菩提修持大乘六度，求无上觉悟，利益众生，于未来成就佛果。

译文

本来十智就同真，汾阳禅师再说明；
宣佛法语精微妙，直率朴素皆入神。
江南风景无限好，三月风光更旖旎；
春风微微轻拂面，水波涟涟起鱼鳞。
十年艰苦费寻觅，海上冤仇不露头；
冤仇不得苦思量，锲而不舍不罢休。
芍药花开光烂漫，菩萨慈悲面如花；
南国棕榈枝叶长，枝叶长在夜叉头。

汾阳禅师四句

原典

汾阳四句[①]

僧问："如何是接初机句？"

汾云："汝是行脚僧。"

空[②]云："金刚杵打铁山摧。"

总[③]云："无底钵盂[④]光烜赫。"

圆[⑤]云："一刀两段。"

"如何是辨衲僧[⑥]句？"

汾云："西方日出卯。"

空云："岳阳船子洞庭波[⑦]。"

总云："天台楖栗黑粼粼。"

圆云："寒山、拾得[⑧]。"

"如何是正令行句？"

汾云："千里特来呈旧面。"

空云："夜叉屈膝眼睛黑。"

总云："戴盆屧履三千里。"

圆云："来千去万。"

"如何是定乾坤句？"

汾云："北俱卢洲[⑨]长粳米，食者无嗔亦无喜[⑩]。"

空云："经来白马寺[⑪]，僧到赤乌年。"

总云："人间天上一般春。"

圆云："天高海阔。"

乃云："将此四句语，验天下衲僧。"

注释

①**汾阳四句：**即汾阳禅师关于接初机、辨衲僧、正令行、定乾坤的说法。

②**空：**即东山空禅师。

③**总：**即东林总禅师。

④**钵盂：**梵文 Pātra，音钵多罗，略为钵，是比丘的饭器，比丘六物之一，有泥、铁二种。汉语称盂。

⑤**圆：**指慈明圆禅师。

⑥**辨衲僧：**辨，验也。衲僧又名衲子。衲为比丘之粪扫衣，本写作纳，俗作衲。着衲衣为十二头陀行之一，所以僧衣皆称衲衣。禅僧多穿衲衣，故把禅僧称为衲僧、衲子。

⑦**岳阳船子洞庭波：**岳阳即今湖南岳阳，濒临洞庭湖。《尚书·禹贡》曰："既修太原，至于岳阳。"则指太岳山以南、黄河以北的地区。

⑧**寒山、拾得：**皆为唐代僧人，两人为好道友。据《宋高僧传》卷十九《丰干传》载："寒山子，世谓为贫子，风狂士也，幽止天台始丰县西七十里寒岩中，时国清寺有拾得者，寺僧使知事食堂。恒拾众僧残食菜滓，断巨竹为筒，投藏于内，若寒山子来，即负去。或经行廊下，或时叫唤凌人，或望空漫骂。寺僧不耐，以杖逼逐，则

翻身抚掌，呵呵徐退。然其布襦零落，面貌枯瘁，以桦皮为冠，曳大木屐。初台州守闾丘，入寺问寒山，见之而拜。寺僧惊曰：‘大官何礼风狂夫？’二人连臂笑傲出寺。闾丘复往寒岩访问，送衣裳药物，高声唱曰：‘贼我，贼退。’便身缩入岩穴中，其穴自合。寒山有诗，题于山林间，集之成卷，云《寒山诗集》，行于世。”

《稽古略》卷三载：“闾丘曰：‘天台国清有贤达否？’丰干曰：‘寒山文殊，拾得普贤，宜就见之。’闾丘入寺，拜二大士，二士走曰：‘丰干饶舌，弥陀不识，礼我何为？’”闾丘即闾丘胤。拾得，人名。丰干禅师行至赤城，道旁听见有小儿啼哭，拾养后，名拾得。沙门灵熠令知香灯，一日登座，对佛而餐，又呼圣僧为小根败种，灵熠怒，令入厨涤器。一日扫地，寺主问他姓名，住在何处，拾得放下扫帚，叉手而立，寺主不明其意，寒山捶胸说：“苍天！苍天！”拾得问寒山说：“你干什么？”寒山说：“难道不见东家人死，西家人助哀。”二人作舞，哭笑而出。厨食被乌鸦所吃，拾得以杖打伽蓝神说：“你连食都不能保护，能保护伽蓝吗？”当夜寺僧都梦见神说：“拾得打我。”寒山、拾得同为唐贞观年间僧人，后一同圆寂。

⑨北俱卢洲：又作北拘卢洲，旧称郁单越，佛经所说四大洲之一，在须弥山北，洲形正方，此洲人民平等

安乐，寿足千年。

⑩**食者无嗔亦无喜：**一作食者无贪亦无嗔。嗔，生气。

⑪**经来白马寺：**白马寺在河南洛阳市东郊，故洛阳城西。东汉明帝时，于永平十年（公元六七年）派蔡愔等赴西域求佛法，在月氏遇到来自天竺的僧人迦叶摩腾和竺法兰，以白马驮经而来，住在鸿胪寺，遂取寺为名，创置白马寺，这是僧寺之始。

《洛阳伽蓝记》载："白马寺，汉明帝所立也，佛入中国之始。寺在西阳门外三里，御道南。帝梦金人，长丈六，项皆日月光明，胡神，号曰佛。遣使向西域求之，乃得经像焉。时白马负经而来，因以为名。明帝崩，起祇洹于陵上。自此以后，百姓冢上，或作浮图也。寺上经函，至今犹存，常烧香供养之。经函时放光明，耀于堂宇，是以道俗礼敬之，如仰真容。"

译文

汾阳四句

临济宗禅师曾回答接初机、辨衲僧、正令行、定乾坤四句的提问。有僧人寻问："接初机说的是什么？"

汾阳禅师说："你是个云游四海的行脚僧。"

东山空禅师说："金刚杵打则铁山可被摧毁。"

东林总禅师说："没有底的钵盂光彩烜赫。"

慈明圆禅师说："应一刀两断。"

有僧人问："辨衲僧说的是什么？"

汾阳禅师说："西方日出在卯时。"

东山空禅师说："岳阳的船夫洞庭湖的波涛。"

东林总禅师说："天台山的楖栗发出黑粼粼的光。"

慈明圆禅师说："如寒山禅师和拾得禅师。"

有人问："正令行说的是什么？"

汾阳禅师说："千里之外跑来，只是为了再见到旧面貌。"

东山空禅师说："夜叉屈膝眼睛黑。"

东林总禅师说："头戴盆脚屧履行走三千里。"

慈明圆禅师说："来一千去一万。"

有人问："定乾坤说的是什么？"

汾阳禅师说："北俱卢洲长出粳米，吃的人没有嗔怪也没有喜悦。"

东山空禅师说："佛经初到白马寺，僧人始来赤乌年。"

东林总禅师说："人间和天上一般的春光明媚。"

慈明圆禅师说："天高海阔。"

于是汾阳禅师说："用接初机、辨衲僧、正令行、定乾坤四句，可以辨验普天下的衲僧。"

汾阳禅师三种狮子

原典

浮山圆鉴示众云："汾阳有师子句，其师子有三种：一、超宗[①]异目；二、齐眉共躅[②]；三、影响音闻。若超宗异目，见过于师，可为种草[③]，方堪传授。若齐眉共躅，见与师齐，减师半德。若影响音闻，野干倚势[④]，异类何分？所以先德付嘱云：'若当相见，切须子细穷勘，不得卤莽。恐误后人之印可也。'"

注释

①**超宗**：宗，大法之根源。宗匠之手段，不立真如佛性等手段，是为超宗。

②**躅**：足迹。

③**种草**：佛性之在人，如草木之有种子，故曰种草。

④**野干倚势**：狐狼猥执。

译文

浮山圆鉴禅师对众人说法道："汾阳禅师有说狮子的语言，狮子共有三种：一种是超宗异目，第二种是齐眉共躅，第三种是影响音闻。如果是超宗，不立佛性等手段，具有超常眼目，见识过于老师，可如种子生草，才可以传授。如果是眉齐足迹相同，识见与老师相同，可以减师之德一半。如果是影响音闻，就譬如狐狼猥执，异类如何区别一般？所以先前的高僧告诫说：'如果接见参学之人，一定要仔细勘察，不可鲁莽。恐怕耽误后学之人的印可。'"

汾阳禅师三诀

原典

汾阳示众云："汾阳有三诀，衲僧难辨别。拟议问如何，拄杖蓦头楔。"

僧问："如何是三诀？"师便打，僧礼拜。

汾云："与汝颂出。"

"第一诀，接引无时节，巧语不能诠，云绽青天月。

"第二诀，舒光辨贤哲，问答利生心，拔出眼中楔。

“第三诀，西国胡人说，济水过新罗[1]，北地用邠铁[2]。”

注释

①**新罗**：朝鲜古国。本为辰韩十二国中的斯卢国，首都庆州。七世纪中叶灭百济与高句丽，九世纪衰落。公元九三五年为王建之高丽代替。新罗为唐属国。

②**邠铁**：即镔铁。镔，精炼的钢；铁，铁也。

译文

汾阳禅师对众人宣法说：“汾阳禅师有三诀句，世间和尚禅僧很难辨别。商量拟议怎么样，手拄木杖如头楔。”

僧人问道：“三诀说的是什么？”汾阳禅师见问，便棒打僧人，而僧人对汾阳禅师礼拜。

于是，汾阳禅师说道：“我为你们颂出这三诀。”

汾阳禅师所诵三诀如下：“第一诀，参学之人接举引导不定时，真正的巧妙精微不可诠释，云儿绽开便见青天月色。

“第二诀，舒展光彩可辨贤与哲，一问一答生利心，要拔出眼中楔。

"第三诀，到西天竺国听胡人之说，渡过河水便到新罗国，北方地区用镔铁。"

汾阳禅师三句

原典

汾阳上堂，僧出问："如何是学人着力句？"

汾云："嘉州打大像。"

"如何是学人转身句？"

汾云："陕府灌铁牛。"

"如何是学人亲切句？"

汾云："西河[①]弄师子。"又云："若人会得此三句，已辨三玄。更有三要语在，切须荐取。"

僧问："如何是学人着力句？"

岩云："千日斫柴一日烧。"

"如何是学人转身句？"

岩云："一堵墙百堵调。"

"如何是学人亲切句？"

岩云："浑家[②]送上渡头船。"

注释

①西河，丁福保《佛学大辞典》曰："唐道绰禅师之别号。师为并州汶水人。检诸传无西河之号。待考。"

②**浑家**：全家。《南唐书·史虚白传》："风雨揭却屋，浑家醉不知。"钱大昕《恒言录·亲属称谓》："称妻曰浑家，见郑文宝《南唐近事》。"据知妻子在唐亦称浑家。

译文

汾阳禅师上堂讲法，有僧人问道："怎样是学人着力句呢？"

汾阳禅师回答说："譬如嘉州打造大像。"

僧人又问："学人转身说的是什么？"

汾阳禅师回答说："陕州府灌铸铁牛。"

僧人又问："学人亲切说的是什么？"

汾阳禅师说："譬如西河弄狮子。"汾阳禅师又说道："如果理解了学人着力、学人转身、学人亲切三句的意义，便已可以说是已了解了三玄门。另外有三要语在，一定要认真地领会。"

翠岩真禅师关于汾阳三句的回答

有僧人问翠岩真禅师道："学人着力说的是什么？"

翠岩禅师回答说："千日斫柴为了一日烧。"

僧人又问："学人转身说的是什么？"

翠岩禅师回答说："一堵墙有百堵算计。"

僧人又问："学人亲切指的是什么？"

翠岩回答说："把妻子送上渡头的船上。"

汾阳禅师十八种问

原典

汾阳十八问[①]

汾阳云："大意除实问默问难辨，须识来意，余者总有时节，言说浅深，相度祗应。不得妄生穿凿，彼此无利益。虽是善因，而招恶果，切须子细。"

请益

僧问马祖[②]："如何是佛？"

祖云："即心是佛。"

赵州[③]云：“殿里底。”

呈解

问龙牙[④]：“天不能盖，地不能载时如何？”

牙云：“道者合如是。”

察辨

问临济：“学人有一问，在和尚处时如何？”

济云：“速道！速道！”僧拟议，济便打。

投机

问天皇[⑤]：“疑情未息时如何？”

皇云：“守一非真。”

偏僻

问芭蕉：“尽大地是个眼睛，乞师指示。”

蕉云：“贫儿遇馊饭。”

心行

问兴化：“学人皂白未分，乞师方便。”化随声便打。

探拔

问风穴：“不会底人，为什么不疑？”

穴云：“灵龟行陆地，争免曳泥踪？”

不会

问玄沙[⑥]：“学人乍入丛林，乞师指示。”

沙云：“汝闻偃溪水声么？”

僧云：“闻。”

沙云："从这里入。"

擎担

问老宿："世智辨聪，总不要拈出，还我话头来。"宿便打。

置

问云门[⑦]："瞪目不见边际时如何？"

门云："鉴。"

故

问首山："一切众生，皆有佛性，为什么不识？"

山云："识。"

借

问风穴："大海有珠，如何取得？"

穴云："罔象[⑧]到时光灿烂，离娄[⑨]行处浪滔天。"

实

问三圣："学人只见和尚是僧，如何是佛是法？"

圣云："是佛是法，汝知之乎？"

假

问径山[⑩]："这个是殿里底，那个是佛？"

山云："这个是殿里底。"

审

问祖师[⑪]："一切诸法，本来是有，那个是无？"

答云："汝问甚分明，何劳更问吾？"

征

问睦州[12]："祖师西来，当为何事？"

州云："尔道为何事？"僧无语，州便打。

明

外道[13]问佛："不问有言无言。"世尊[14]良久。

道云："世尊大慈大悲，开我迷云，令我得入。"

默

外道到佛处，无言而立。佛云："甚多。"

外道道云："世尊大慈大悲，令我得入。"

"凡有学人偏僻言句，或盖覆将来，辨师家眼目；或呈知见，擎头戴角。一一试之，尽皆打得。只为当面识破，或贬或褒，明镜临台，是何精魅之可现，何有妖狐能隐本形者也？"

注释

①**十八问：** 汾阳太子院的善昭禅师举凡参禅学道者之为问状态，有十八种。大致师家常于教化学人前，先辨其学人之问道状态，有无这种类，以能适其时机之答教化之，不然则彼此互不得其效果。一为请益问，请教化之益而问也；二为呈解问，学人自呈见解而问也；三为察辨问，巧为辨难试察师家之问；四为投机问，学人

之机宜与师家之机锋互相投合之问；五偏僻问，学人以偏僻见解为问；六心行问，学人既知自分之心却问行于师家；七探拔问，也称验主问，学人探拔师家见解之问；八置问问，置古人之语而问也；九为故问问，故举经论等而问；十为不会问，学人未会得而问；十一为擎担问，劈头擎某物来问；十二为借事问，借某事而问；十三为实问问，以其实理而问；十四为假问问，借虚假事而问；十五为默问问，不敢表于言语于默默中为问也；十六为明问问，学人心中既已明知，直截而问也；十七为审问问，审详而问也；十八为征问问，征诘而问也。与此文排列略异。

②**马祖**：唐江西道一禅师，为南岳让法嗣，姓马氏，时称马祖，元和中谥大寂。《传灯录》卷六曰："六祖能和尚谓让曰：'向后佛法从汝边出，马驹蹋杀天下人。厥后江西法嗣布于天下，时号马祖焉。'"

③**赵州**：人名。赵州观音院从谂，南泉普愿法嗣，唐曹州人，姓郝氏。幼在本州扈通院披剃，未受戒，便至池阳参南泉，正值南泉偃息，南泉问："近离什么处？"赵州答："近离瑞像院。"又问："远见瑞像否？"答："不见瑞像，只见卧如来。"问："你是有主沙弥无主沙弥？"答："有主沙弥。"问："主在什么地方？"答："仲冬严寒，我念和尚尊体万福。"南泉器重，许入室。后便

问南泉："如何是道？"答："平常心是道。"问："还可趣向否？"答："拟向即乖。"问："不拟时如何是道？"答："道不属知不知，知是妄觉，不知是无记，若是真达不疑之道，犹如太虚廓然虚豁，哪可强为是非？"赵州遂悟。赵嵩岳琉璃坛受戒，仍返南泉。后住赵州观音院，一曰东院，道化大扬，遂称赵州。唐昭宗乾宁四年（公元八九七年）十一月二日圆寂，享年一百二十岁，生当为公元七七八年，即唐代宗大历十三年。敕谥真际大师。《传灯录》卷十有载。

④**龙牙**：湖南龙牙山居遁禅师，初参翠微并临济，后嗣洞山。见《五灯会元》卷十三。

⑤**天皇**：唐荆州天皇寺道悟禅师，石头希迁之法嗣。见《传灯录》卷十四。

⑥**玄沙**：人名，据《五灯会元》卷七、《景德传灯录》卷十八，为唐福州玄沙宗一禅师，名师备，少为渔夫，三十岁出家，投芙蓉灵训禅师，剃发受具足戒，不久至雪峰义存禅师契悟玄旨。初住普应院，后迁玄沙。学徒八百余人。后梁太祖开平二年（公元九〇八年）寂，享年七十五岁，据此知生当为公元八三四年，即唐文宗太和八年。

⑦**云门**：即云门宗创始人文偃。

⑧**罔象**：古代传说中的水怪名。《淮南子·氾论训》

曰："水生罔象。"高诱注云："水之精也。"

⑨**离娄**：即离朱，古代传说中的人物。《孟子·离娄上》曰："离娄之明。"赵岐注曰："离娄者，古之明目者，盖以为黄帝之时人也。黄帝亡其玄珠，使离朱索之。离朱即离娄也。能视于百步之外，见于秋毫之末。"

⑩**径山**：杭州临安府兴盛万寿禅寺，震旦五山之一。此处指道钦禅师，为玄素法嗣，始驻锡于径山，唐代宗大历三年（公元七六八年）诏使至阙，对叶旨，赐号国一，辞归本山，德宗贞元八年寂。贞元八年为公元七九二年。享年七十九岁，生当为公元七一四年，即开元二年。谥大觉禅师，《宋高僧传》卷九、《传灯录》卷四有记载。径山佛鉴禅师、虚堂智愚禅师也为名僧。

⑪**祖师**：指一宗之开祖，亦即开创一宗之祖师。佛家以释迦牟尼为教法传承之祖师。

⑫**睦州**：黄檗希运禅师法嗣，姓陈氏，居睦州龙兴寺以晦迹，常制草履，密卖道上，日久众人始知其身份。有陈蒲鞋之号。学人叩激，则随问随答，词语不可当，因此四方归慕，号为陈尊宿。事见《传灯录》卷四。

⑬**外道**：于佛教外立道者。为邪法而在真理之外者，不受佛化，别行邪法。

⑭**世尊**：梵文 Bhagavat 和 Lokanātha 的意译，音译为薄伽梵、婆伽婆。原为婆罗门教对于长者的尊称，佛

教用以尊称佛祖释迦牟尼。《大乘义章》卷二十说："佛备众德，为世钦众，故号世尊。"

译文

汾阳十八问

汾阳禅师说："在十八种问之中，大致说来，除了实问问和默问问较难以分辨，要知道参学之人的来意之外，其余的诸问都较易处理。每问都有具体的场合，言说的深浅程度，要度量掌握，与实际相适应。不应该妄自生出穿凿附会的意念，彼此之间无利益联系。虽然起自善的因缘，也会招致恶果，一定要仔细才是。"

第一问是请益问。

有僧人问马祖禅师说："佛是什么？"

马祖禅师回答说："心即是佛。"

赵州禅师说："殿里的是佛。"

第二问为呈解问。

有僧人问龙牙禅师说："天不能覆盖，地不能周载时会变成怎样的形态？"

龙牙禅师说："天应覆盖，地应周载是自然规律。"

第三是察辨问。

有僧人问临济禅道：“参学之人有一个问题，假如是老和尚你会怎么做？”

临济禅师说：“快讲！快讲！”僧人拟议，临济禅师便用棒打。

第四是投机问。

僧人问天皇禅师说：“心中有疑，情未休止时应怎么办？”

天皇禅师说：“守一心而非真有。”

第五是偏僻问。

僧人问芭蕉禅师说：“整个大地不过是个眼睛，应该怎样领会呢？请您指点。”

芭蕉禅师说：“贫穷的人遇到馊掉的饭。”

第六是心行问。

有僧人问兴化禅师：“学禅之人不分青红皂白，应该怎么办？请老师指点。”兴化禅师随声便打。

第七是探拔问。

僧人问风穴禅师说：“不明白的人，为什么不产生疑问？”

风穴禅师说：“灵龟走在陆地上，如何不免曳着泥踪影？”

第八是不会问。

僧人问玄沙禅师：“参学之人刚入禅林，应该怎么办？请老师指点。”

玄沙禅师说：“你听见偃溪的水声了吗？”

僧人说：“听见了。”

玄沙禅师说：“便从这里入禅林。”

第九是擎担问。

僧人问老宿说：“世俗智慧辨丽聪明，若总不要拈举出来，请还我话头来。”老宿便打。

第十为置问问。

有人问云门禅师：“睁着眼睛看，却看不见边际又怎么办？”

云门禅师说：“看镜鉴。”

第十一为故问问。

有僧人问首山禅师说：“一切众生，都有佛性，但又为什么不识禅理？”

首山禅师说：“识得。”

第十二为借问问。

有僧人问风穴禅师说：“大海之中有珍珠，怎样能取得？”

风穴禅师说：“罔象到时光辉灿烂，离娄行处浪涛滔天。”

第十三为实问问。

有僧人问三圣禅师：“参学之人只看见和尚是僧人，

佛与法是什么？”

三圣禅师说：“什么是佛，什么是法，你知道吗？”

第十四为假问问。

有僧人问径山禅师说：“这个是殿里的佛，哪个是真佛？”

径山禅师说：“这个是殿里的。”

第十五为审问问。

有僧人问祖师说：“一切诸法，本来都是实有，哪个是无呢？”

祖师回答说：“你问的问题已经很清楚了，又何必再来问我？”

第十六为征问问。

有僧人问睦州禅师说：“祖师菩提达磨从西土来中国，是为了什么事？”

睦州禅师反问道：“你说是为了什么事？”僧人没有回答，睦州禅师便用棒子来打这僧人。

第十七为明问问。

有旁门外道问佛：“不问有言无言。”释迦佛良久。

外道说：“世尊大慈大悲，开我迷云，让我能入正道。”

第十八为默问问。

外道到佛那里，并不说话，无言而立。佛说：“很多呀。”

外道说:“世尊大慈大悲，令我能入正道。”

汾阳禅师总结说：“凡是参学之人，无论如何提出问题，或涵盖将来，以辨验老师的识见；或者表现自己的知见，擎头而戴角。若用以上十八种问一一试验，都可以棒打。只因为当面识破其执着，或者贬责或者褒扬，如明镜高悬于台，无论怎样的精魅皆现显，哪有妖狐可隐瞒其本形呢？”

3 临济宗（下）

浮山禅师九带集

原典

浮山[①]每于示徒之际，遍举宗门语句，而学者编集，乞师名之。师因其类聚，目之曰佛禅宗教义九带集，盖拟班固九流[②]之作也。

注释

①**浮山**：人名，名法远。

②**班固九流**：班固，东汉人，文学家、史学家，生于公元三十二年，字孟坚，扶风安陵（今陕西咸阳东北）

人，修《汉书·艺文志》有诸子略分九流十家。

译文

浮山禅师每每在示徒说法的时候，常常是遍举宗门的有关语录以解说，参学的学生们记下了浮山这些说解，编成一个集子，请浮山禅师为这本书提一个名称。该书以内容分类而编辑，所以浮山禅师命名为佛禅宗教义九带集，大概是缘于以类分辑的方法类似班固《汉书·艺文志》的“诸子略”，分诸子为九流十家的方法。九流十家，可观者九家而已，所以称为九带。以下是九带说明。

佛正法眼藏带

原典

佛正法眼藏[①]带

夫真实之理，证成法身[②]。照用之功，作为报土[③]。诸佛之本因既尔，诸祖之洪范亦然。五部[④]分宗，万派之精蓝棋布。一灯[⑤]分焰，十方[⑥]之法席鳞差。又《华严经》[7]云："如来[8]不出世，亦无有涅槃[9]。"

昔灵山会上[10]，世尊以青莲目[11]瞬示四众，无能领其密意，惟大迦叶[12]，独领解佛旨。经云，佛告大迦叶云："吾有正法眼藏、涅槃妙心，付嘱与汝，汝当流布，勿令断绝。"又临涅槃，告阿难言："十二部经[13]，汝当流通。"告优波离[14]言："一切戒律，汝当奉持[15]。"

付大迦叶偈云："法本法无法，无法法亦法。今付无法时，法法何曾法？"

于是大迦叶，持佛袈裟[16]，于鸡足山[17]中，入寂灭定，待慈氏[18]下生，两手分付。

注释

①**正法眼藏：**也称清净法眼，是禅宗用语，用以指称释迦所传涅槃妙心，或者即禅宗以心传心之心，泛指佛教正法。

②**证成法身：**证，无漏正智，能契合于所缘之真理，称为证。法身，梵文 Dharmakāya，也称佛身，佛身之一，指以佛法成身，或身具一切佛法。由于体现诸法之本性才能成佛，便以此"法性"名为法身；也由于修得佛教一切功德和教法才能成佛，即此"功德法"名为法身。法身，实是把佛法本质或法性人格化的结果，故

无著《金刚般若论》将表现于佛典者称为言说法身，由修行证得者称为证得佛身。

③**报土**：四土之一，酬万行之因而得之万德庄严净土，报身所居之土也。此中有自受用、他受用之别，佛自受用身之所居，为自受用报土；对于初地以上菩萨所现之报土，为他受用报土。

④**五部**：此指小乘五部。佛灭后百年，付法藏第五世，优婆毱多之下有弟子五人，于戒律上各抱异见，一大律藏始分五派，为昙无德部、萨波多部、弥沙塞部、迦叶遗部、波粗富罗部。

⑤**一灯**：喻智慧破除迷暗。《华严经》卷七十八曰："譬如一灯入于暗室，百千年暗悉能破尽。"

⑥**十方**：佛经以东、西、南、北、东南、西南、东北、西北、上、下为十方。

⑦**《华严经》**：全称《大方广佛华严经》，是华严宗据以立宗的重要经典。该经认为世界是毗卢遮那佛的显现，一微尘映世界，一瞬间含永恒，宣说法界缘起及圆信、圆解、圆行、圆证等顿入佛地的思想。

⑧**如来**：梵文 Tathāgata，音译为多陀阿伽陀、答塔葛达、怛佗仪多。为佛的十号之一。如，也名如实，即真如，指佛所说的绝对真理，循此真理达到佛的觉悟，故名。《成实论》卷一曰："如来者，乘如实道来成正觉，

故曰如来。”《大智度论》卷二十四曰：“如实道来，故名如来。”

⑨**涅槃**：梵文 Nirvāṇa 的音译，意为灭、灭度、寂灭、无为，音译也作泥曰、泥洹，也称为般涅槃、般泥洹。意译为圆寂。是佛教全部修习所要达到的最高境界，一般指息灭生死轮回而后获得的一种精神境界。人们处于生死，原因在于有烦恼和各种思想行为，即业，特别是世俗欲望和分别是非之观念，涅槃便是对生死诸苦以及其根源烦恼的最彻底的断灭。《大乘起信论》说：“以无明灭故，心无有起；以无起故，境界随灭；以因缘俱灭故，心相皆尽，名得涅槃。”

⑩**灵山会上**：灵山，指灵鹫山，是释迦如来报身之净土，释迦如来说法于此。

⑪**青莲目**：青莲，青色之莲花，其叶修长宽阔，青白分明，有大人眼目之相，故取以譬佛眼。

⑫**大迦叶**：梵文 Kāśyapa，全称摩诃迦叶，也作迦叶、迦叶波、迦摄波，意为饮光。据《佛本行集经·大迦叶因缘品》《增一阿含经》卷三载，为古印度摩揭陀国王舍城人，属婆罗门种姓，佛的十大弟子之一。谓少欲知足，常修头陀行，故称头陀第一。是佛教第一次结集的召集人。

⑬**十二部经**：也称十二分教，指佛经体例上的十二

种类别。根据《大智度论》卷三十三，这十二类为（一）修多罗（Sūtra，契经），即经典中的长行直说；（二）祇夜（Geya，重颂、应颂），与修多罗相应，重宣扬教义，采用颂体；（三）和迦罗那（Vyākarana，授记），佛给菩萨预言成佛的经文；（四）伽陀（Gatha，讽颂、孤起颂），采用偈的文体组成经文；（五）优陀那（Udāna，无问自说），无人发问，佛自宣说的经文；（六）尼陀那（Nidāna，因缘），记述佛说法教化的因缘，如诸经的序品；（七）阿婆陀那（Avadāna，譬喻），经文中的譬喻部分；（八）伊提目多伽（Itivrttaka，如是语经），即本事，佛说弟子过去世因缘的经文；（九）阇陀伽（Jātaka，本生），佛说自己过去世因缘的经文；（十）毗佛略（Vaipulya，方广），佛说方正广大的道理的经文；（十一）阿浮陀达磨（Adbhutadharma，未曾有），记佛显现种种神通的经文；（十二）优波提舍（Upadeśa，论议），问答和议论诸法意义的经文。其中修多罗、祇夜、伽陀三类是佛经的基本体裁，其余则是根据经文的内容而立名。

⑭**优波离：**梵文 Upāli，也译为优婆利、优婆离、邬波离、优波利，意为近取、近执。据《佛本行集经·优婆离因缘品》《五分律》卷三等，为古印度迦毗罗卫国人，属首陀罗种姓，为释迦王宫理发师，释迦佛还乡时，跟

从出家，为十大弟子之一。谓持戒谨严，称持律第一。传说佛教第一次结集时，由他诵出律藏。

⑮奉持，一作受持。

⑯**袈裟**：梵文Kaṣāya，原为不正色、坏色之意，一般用以称佛教法衣，因僧人所着法衣用杂色布制成，色不正，故称。“袈裟”原译为“髦毼”，东晋葛洪《字苑》改为今字。佛教戒律规定，僧服不许用青、黄、赤、白、黑五正色，及绯、红、紫、绿、碧五间色，只许用青铜青、泥皂、木兰赤而带黑三色。佛教传入中国后，僧服颜色有变化，僧人说法和举行仪式时多穿金襕衣，是用金缕织成的。

⑰**鸡足山**：地名，梵文Kukkuṭapada，在摩揭陀国，又称为狼迹山。

⑱**慈氏**：梵文Maitreya的意译，音译为弥勒，佛教菩萨名，佛教传说，从佛授记（预言）将继承释迦佛位为未来佛的菩萨。据《弥勒上生经》和《弥勒下生经》，原出生于婆罗门家庭，后为佛弟子，先佛入灭，上生于兜率天内院，经四千岁（相当于人间五十六亿七千万年）当下生人间，于华林园龙华树下成佛，广传佛法。中国一些寺庙中供奉的笑口常开胖弥勒佛像，是中国五代时名为契此的和尚，因传说是弥勒的化身，故后人塑像作为弥勒供奉。契此即布袋和尚，死于公元九一六年。据

《宋高僧传》卷二十一、《佛祖历代通载》卷十七，为浙江奉化人，奉化后梁时属明州。号长汀子，传说常以杖背一布袋入市，见物即乞，出语无定，随处寝卧，形如疯癫。据说示人吉凶，十分灵验。曾作歌说："只个心心心是佛，十方世界最灵物，纵横妙用可怜生，一切不如心真实。""万法何殊心何异，何劳更用寻经义？"死前端坐于岳林寺盘石，说偈："弥勒真弥勒，分身千百亿，时时示时人，时人自不识。"当时人以为弥勒佛显化，到处图画他的形象。

译文

佛正法眼藏带

释迦牟尼佛所传涅槃妙心，具有真实之真理的本相，以心传心，可成佛身。或以言语相照，或以棒喝为用，照用之作用，可以酬万行之因而得万德之庄严净土。诸佛的本来因缘便是如此，临济宗祖们的光辉典范也证明了这个道理。佛涅槃后百年，付法藏第五世，优婆毱多之下有弟子五人，在戒律方面意见不一致，一大律藏遂分为五部，即昙无德部、萨婆多部、弥沙塞部、迦叶遗部、波粗富多部。自小乘五部分化之后，佛教遂渐渐分化为各种不同的派别。智慧破除迷暗，犹如一盏明灯入于暗室，可破尽百千年的黑暗。灯虽一苗，而火焰千万条，根据破除方法的差异，东、西、南、北、东南、西南、东北、西北、上、下十方各地都开设佛学基地，法席众多，鳞次栉比。又《华严经》指出："如来如果不出世，便不会有涅槃。"

释迦报身所在地在灵鹫山，佛在灵鹫山说法之时，曾以他如青色莲花般修长宽阔的眼睛遍全瞬视全体听法之人，但没有人能领会他深湛精微的旨意，只有弟子摩诃迦叶，独自领会了佛的意旨。据经书记载，释迦佛对大迦叶说道："我有正法眼藏、涅槃妙心，将要嘱托给你，你应当广泛地传播，不要让它断绝消失。"当释迦牟尼佛临近涅槃之时，又对弟子阿难嘱咐说："十二部经，你应当让它们流传下去。"又告诉弟子优波离说："一切戒律，你应当奉行受持。"

又交付大迦叶偈颂，说："佛法本来所法则的是没有法则，没有法则可效法保持就是法则。今天嘱咐你们没有法则的要义，法则某种法则又何尝是什么法则？"

于是大迦叶在佛祖寂灭以后，奉持着佛的袈裟，在鸡足山之中，入寂灭定，等待弥勒佛降生人间，然后把袈裟交给他。

佛法藏带

原典

佛法藏[①]带

夫三乘[②]教外，诸祖别传；万象之中，迥然独露；纤尘未泯，阻隔关山；拟议差殊，千生万劫；三贤[③]未晓，十圣[④]那知？截断众流，如何凑泊？圣人曲成万物而不已，刻雕众形而无功，而况如来藏[⑤]乎？所谓藏者，该括三世，过、现、未来诸佛法藏。其间有大小乘，小乘为声闻、缘觉，大乘谓菩萨。于中支分为八，谓三藏五乘。其三藏，谓经、律、论；五乘，谓声闻、缘觉、菩萨而兼摄人、天。然则教分名数，依根所立，而不离一乘[⑥]。

《法华经》[⑦]曰："于一乘道，分别说三。"又曰："尚无二乘[⑧]，何况有三？"又曰："惟此一事实，余二则非真。"此明依根立权。

如《华严》说："如来藏以法界[⑨]为体，如来藏无前后际，无成坏法，无修证位，绝对待义[⑩]。所以文殊[⑪]偈曰：'一念普观[⑫]无量劫[⑬]，无去无来亦无住。如是了知三世事，超诸方便成十力[⑭]。'"

圣人说了义不了义，并是依根安立。诸佛随宜说法，意趣难辨。三藏、五乘各有宗旨[15]，于一乘论，圆顿半满，并是权立。唯《华严》一经，以法界为体量，佛与众生同一体性，本无修证，本无得失，无烦恼可断，无菩提可求，人与非人，性相平等。

注释

①**佛法藏**：又名法藏、如来藏，法性之理也，法性含藏无量之性德，故名。又因佛说之教法含藏多义，也称为法藏。

②**三乘**：谓引导教化众生达到解脱的三种方法、途径或教说，一般指声闻、缘觉、菩萨（或佛）为三乘。

③**三贤**：指大乘十住、十行、十回向之菩萨。

④**十圣**：十住、十行、十回向为三贤，初地乃至十地为十圣，贤者发似解而伏惑之位，圣者发真智而断惑之位，于此该收菩萨乘之因位。《仁王经》卷上曰："三贤十圣忍中行，唯佛一人能尽原。"

⑤**如来藏**：五藏之一，五藏为如来藏、正法藏、法身藏、出世藏、自性清净藏。如来藏自性是藏之义，以一切诸法，不出如来之自性故。真如在烦恼中，为如来藏，真如出烦恼，谓之法身。根据《佛性论 · 如来藏品》，有三种意义：一是所摄之义，真如立于众生之位则

含和合不和合之二门，为和合之门者生一切之染法；为不和合门者，生一切之净法，一切染净之法皆摄于如来之性，即真如，故云如来藏。简言之，即真如摄一切法，如来藏一切法。二是隐覆之义，真如在烦恼中时，为烦恼隐覆如来之性德，而不使显现，故名如来藏，是众生之烦恼藏如来也。三是能摄之义，真如在烦恼中，含摄如来一切果地之功德，故名如来藏。

⑥**一乘：**即佛乘、一佛乘、一乘教、一乘究竟教、一乘法、一乘道。指引导教化一切众生成佛的唯一方法、途径或教说。大乘佛经《法华经》首先提出此说。

⑦**《法华经》：**即《妙法莲华经》，又称《妙法华经》，后秦时鸠摩罗什译，八卷。妙法指所说教法微妙无上，莲华经指经典的洁白美丽。原二十七品，后增加为二十八品。称释迦成佛以来，寿命无限，现各种化身，以种种方便，说微妙法。重点在弘扬声闻、缘觉、菩萨三乘归一，即归于佛乘，调和大小乘的各种说法，以为一切众生，都能成佛。

⑧**二乘：**指引导教化众生达到解脱的两种方法、途径或教说，一般称声闻、缘觉为二乘。

⑨**法界：**梵文 Dharma-dhātu 的意译，音译为达磨驮多。其意义有多种，如十八界中有法界，特指意识所缘虑的对象。《俱舍论》卷一说："受、想、行蕴、无表、

无为总名法处，亦名法界。”这些不只是感观直接感觉的对象，而且是思维理解的对象。又泛指各种事物，界指分界，即事物的类别。《俱舍论》卷八说：“能持自相，故名为界，或种族义。”一切事物种类自性各别不同，一一称为法界，如三界、十八界。又指现象的本源加本质，尤其指成佛的原因，与真如、空性、实际、无相、实相等概念的性质相同。《辩中边论》卷上指出：“此中说所知空性，由无变义说为真如，真性常如，无转易故；由无倒义说为实际，非诸颠倒，依缘事故；由相灭义说为无相，此中永绝一切相故；由圣智境义说为胜义性，是最胜智所行义故；由圣法因义说为法界，一切圣法缘此生故。此中界者，即是因义。”

又《成唯识论》卷二曰：“一切有情无始时来有种种界，如恶叉聚，法尔而有。界即种子差别名故。”《成唯识论》这里所指为能派生万有的精神性实体。中国佛教自隋唐以来，各派对法界的解说很多，如华严宗四法界，包括事法界、理法界、理事无碍法界、事事无碍法界，用以说明对于世界之由世俗认识到佛智认识的不同次序。事法界说世俗认识，总是以事物的差别性或具特殊性之事物，当作自己认识的对象，被称为情计之境，虽有而非实，不属于佛智范围。理法界是原其本体，但是本心，无尽事法同一性，所谓同一性指现象的共性，由佛智看，现象的共性，就是空性，因万物乃是唯识所现，都不实在。理即指本心、佛性、真如。理法界尚未显示出真如妙用，还是佛智的不完全状态。理事无碍法界把理、事、共性、个性（即分）联系起来观察，结果是理事相互彻入。但这也不算佛智的最高认识。至事事无碍法界，成为佛智达到的最高境界，虽具共性义与个性义，性融于事，重重无尽。事本相碍，大小等殊，各有自体，其所以无碍，全在于理有包遍，如空无碍的性质，保证了事与事之间溶融无间，相入而互相反映，互相包含，以至于无穷无尽。中国华严宗以《华严经》为最高经典，此处所引《华严经》法界，即包含了华严宗的根据。另外，天台宗有观门十法界，密宗也有密教十法界。

⑩**待义：**义相。

⑪**文殊：**即文殊师利，梵文 Mañjuśrī 的音译，略称文殊，中国佛教四大菩萨之一，相传其显灵说法之道场在山西五台山。位于释迦的左胁侧，专司智慧，常与司理，立于释迦右胁侧的普贤并称。顶结五髻，手持宝剑，表示智慧锐利。塑像多骑狮子，表示智慧威猛。

⑫**一念普观：**一念为极短促的时刻。一昼夜为三十须臾，一须臾二十分为一罗豫，一罗豫二十分为一弹指，一弹指二十分为一瞬，一瞬二十分为一念。普观,《观

无量寿经》十六观中第十二观之一，普观想无量寿佛与极乐世界之禅定也。

⑬**无量劫：**经劫无量。劫指世界成败的一期。无量，多大而不可计量。梵文Amitabha，音译阿弥陀佛，意译即无量寿佛。

⑭**十力：**佛及菩萨所具十种力用，指佛具有十种智力。根据《俱舍论》卷二十九、《大智度论》卷二十五，佛的十智力为：（一）知觉处非处智力，处指道理，即知道事物理与非理的道理之智力；（二）知三世业报智力，即知一切众生三世因果业报的智力；（三）知诸禅解脱三昧智力，即知诸禅定及八解脱、三三昧的智力；（四）知众生上下根智力，即知众生能力和性质优劣的智力；（五）知种种解智力，即知众生的种种知解的智力；（六）知种种界智力，知众生素质和境界的智力；（七）知一切至处道智力，即知转生人、天和达到涅槃等因果的智力；（八）知天眼无碍智力，即以天眼见知众生的生死及善恶业缘的智力；（九）知宿命无漏智力，即知众生宿命和无漏涅槃的智力；（十）知永断习气智力，即知永断烦恼惑业不再流转生死的智力。又据《华严经》《首楞严三昧经》载，菩萨也具有深心力、增上深心力、方便力、智力、愿力、行力、乘力、神变力、菩提力、转法轮力之十力。

⑮**三藏、五乘各有宗旨**：三藏，梵文Tri-piṭaka，佛教典籍的总称，藏本指盛放东西的竹箧，佛教用以概括全部佛教典籍，义近全书，共有三个部分，即（一）素怛缆藏（Sūtra-piṭaka），原译修多罗藏，意为经藏；（二）毗奈耶藏（Vinaya-piṭaka），旧译毗尼藏，意为律藏；（三）阿毗达磨藏（Abhidharma-piṭaka），旧译阿毗昙藏，意为论藏。经、律、论三藏皆分大小乘，即有大乘经、律、论和小乘经、律、论。佛教史上，把通晓三藏的僧人称为三藏法师。五乘指五种修行道路，即（一）人乘，即修三归五戒，来生可免轮回于畜生、饿鬼、地狱，而生于人间；（二）天乘，即修十善、四禅、八定（四有色定和四无色定），来生可转生天界；（三）声闻乘，修四谛法门；（四）缘觉乘，修十二因缘；（五）菩萨乘，修六度法门，超越三界，达到无上觉悟的大涅槃法界而成佛。而声闻乘和缘觉乘也可超越三界，达到有余和无余涅槃，成阿罗汉或辟支佛。

译文

佛法藏带

佛法藏带又名如来藏，法性含藏无量之性德。引导教化众生达到解脱，有声闻、缘觉、菩萨三种途径，这三种方法称为三乘。三乘教义之外，诸祖另有别传；在世界森罗万象之中，佛法迥然突出，而独树一帜。如果你心中有纤细之尘缘，而未能泯绝，要实现正果佛身，就譬如阻隔着关山万重一样困难；如果领会有区别差异，便会有千千万万生劫。大乘十住、十行、十回向菩萨三贤，以及初地至十地菩萨十圣都未知晓。如果截断众流，又如何集中凝聚？圣人曲成万物不知疲倦，刻雕众形而不居功，更何况含藏无量性德的如来藏呢？所谓藏，便是包括三种世界，即过去、现在、未来，又称前世、现世、来世，前生、现生、来生，前际、中际、后际诸种佛法藏。其中包括大乘、小乘，小乘指的是声闻、缘觉，大乘指的是菩萨。而其中又再分支，共有八种，称为三藏五乘。三藏指的是经藏、律藏、论藏；五乘指的是声闻、缘觉、菩萨，再加上人与天乘。不过，教分为不同名不同数，依究其根本所立，则不脱离引导教化一切众生成佛的唯一途径，即一佛乘。

《法华经》指出：“于一佛乘道而分别，成为三乘。”又说：“尚且没有二乘，却出来一个三乘。”又说：“唯有此一佛乘为真正事实，其余二乘则非真实。”这是明确依据一佛乘之根本而立三乘、五乘之权变。

又《华严经》说：“如来藏以法界为本体，如来藏没有前际和后际，没有成法和坏法，没有修证之位，绝对待义。正因为如此，所以文殊菩萨有偈颂说：‘一念之极短极短的瞬间，普观无量劫没有已去，没有将来，也没有现住。这样理会就可以了知前世、今世、来世三世之事，从而超诸世俗方便而有佛及菩萨的十种力用。’”

故圣人说了义与不了之义，都是依据一佛乘的根据而树立。诸佛随意说法，其旨趣难以辨验。而三藏、五乘也各有其宗旨，在一乘论圆与顿半满，都是权宜立论。只有《华严经》一经，以法界为体量，佛与众生具有同一体性，本来没有修证，没有得失，没有烦恼可以断绝，没有菩提可以追求，人与非人，其性相互为平等之观。

理贯带

原典

夫声色不到，语路难诠，今古历然，从来无间。以言显道，曲为今时，竖拂扬眉，周遮示诲。天然上士，岂受提撕[①]？中下之机，钩头取则。投机不妙，过在何人？更或踌躇，转加钝置。理贯带者，理即正位也，其正位中，而无一法空同实际。其实际理地，不受一尘。

注释

①**提撕**：警觉。

译文

外境声与色不含真理，而语言难以诠释，自古至今，都是如此。但是现在，却要以言语来说解真如之道。竖拂扬眉，周遍遮掩以示教诲。天生智力根器上上之人，岂受他人警觉？中下之机锋，钩头而取法则。投机不妙，过错又在何人？更或犯踌躇，转而更钝。理贯带，便是以真如之理为正位，在正位中，没有一法空同实际。其实际真如之理地，不受一尘之染。至理无言，绝妙绝玄，唯真如所包含。

事贯带

原典

夫日月照临不到，天地覆载不着，劫火坏时彼常安，万法泯时全体露。随缘不变，处闹常宁。一道恩光，阿谁无分？

《华严经》云："刹说、众生说[①]、三世国土一时说。"

注释

①**刹说、众生说：**指草木国土说之众法。刹指一切法尽不可得，一切文字究竟无言说之声。众生说为五类说经之一，五类说经又叫五类说法，即佛说、菩萨说、声闻说、众生说、器界说。众生说指梵天的赞偈等。

译文

太阳和月亮昼夜循环，照临事境，但却有所照临不到。天无私覆，地无不载，但却载覆不着。劫火坏的时候它却常常很安全，万法都已泯绝，他才表露出全貌来。随机缘而不变，处于喧闹之中却常宁静。一道恩光，无分是谁。

《华严经》说："一切法尽不可得，一切文字究竟无言说之声，此刹说；刹说与梵天的赞偈等众说相表里，过去、现在、未来三世国土一时都可说。"

理事纵横带

原典

夫触目是道。佛事门中，绝迹无私，通贯实际，圆融事理，运用双行。器量堪任，随机赴感[1]。门风露布，各在当人。建立宗乘，强生枝节。出门问路，指东划西。历劫顽嚚，如何扣发?

注释

①**赴感：**应赴。

译文

眼睛所看见的，便有道存在其中。佛教之门中，要破除一切痕迹及对自己的执着，通贯而依实际，应物机而行权宜，圆融事理，运用照用两法。如果悟性良好，随机缘而可悟道。门风而显露传布，皆在于具体的人。如果建立宗乘，就会强生出枝节区别。出门问路，指东而划西。历经顽嚚之劫，又怎样叩节而发?

屈曲垂带

原典

夫垂者，圣人垂机接物也；屈曲者，脱珍御服，着弊垢衣也。

同安云："权挂垢衣云是佛，却装珍御复名谁？"珍御名不出世，垢衣名出世。

僧问石门彻和尚："云光法师为什么却作牛去？"

彻云："陋巷不骑金色马，回途却着破襕衫。"圣人成佛后，却为菩萨，导利众生[①]，是名不住无为不尽有为矣。

文殊师利问维摩诘云："菩萨云何通达佛道？"

摩诘云："菩萨行于非道，是名通达佛道。"

注释

①**导利众生：**利益众生。

译文

所谓垂，指的是圣人垂示机缘以接引万物；屈曲是说脱去珍御之服，而穿着弊垢之衣。

同安说："暂且挂上污垢的衣服，而被称为成佛，如果穿上珍贵豪华的服装又叫什么呢？"用珍贵豪华的衣服代表不出世，穿垢污之衣以代表出世。

有僧人曾经问过石门彻和尚说："云光法师为什么却去做牛了？"

石门彻和尚回答说："身在僻陋的穷巷不骑金色骏

马，返回途中却穿了件破烂衫。”圣人成佛以后，却变成菩萨，以导利众生入佛道，这是称为不住无为而不尽有为了。

文殊师利菩萨问维摩诘说：“菩萨说什么通达佛道？”

维摩诘回答说：“菩萨所行为非道，所以称为通达佛道。”

妙叶兼带

原典

汝州[①]风穴和尚示众云：“夫参学眼目[②]，临机直须大用现前，莫自拘于小节。设使言前荐得，犹是滞壳迷封，纵饶句下精通，未免触途狂见。劝汝诸人，应是从前依他作解，明昧两岐，凡圣疑情，一时扫却，直教个个如师子儿哮吼一声。壁立万仞，谁敢正眼觑着？觑着则瞎却渠眼。”

注释

①**汝州：**州名，隋大业二年（公元六〇六年）改伊州而置，因在汝水而得名。唐贞观时治所在梁县（今河南临汝）。辖今河南北汝河、沙河流域各县。

②**参学眼目：**指参学关键。

译文

汝州风穴禅师对众人说法说："参学的关键，在于临机之时，用出天然，无滞无碍，大用于现前的机缘，不要自己拘泥于小节问题。如果仅仅是从语言说法中了解，那还停留在表面迷雾之中，即使对语句如何地精通，仍然不免于触途而发狂妄之见解。我劝你们大家，应是从前依他人作解，明白或黑暗及犹豫不决，凡夫与圣人所疑情，一时通通扫完，要让每人像狮子一般咆哮一声。峭壁高耸有万里，谁敢正眼看？如果看了，便瞎了他的眼睛。"

金针双锁带

原典

金针双锁[1]带

夫鸡足分灯之后，少林[2]传芳以来，各阐玄风，互兴佛事。若凭言诠为据，断灭法门，更成造作修功[3]，平沉先圣。头头显露，物物明真，不用踌躇，直截便道。

注释

①**金针双锁：**曼陀罗中的金刚针与金刚锁二菩萨。金刚针与金刚锁二菩萨在《大日经》中为一对。

②**少林：**少林寺。位于河南嵩山的少室山。后魏孝文帝为天竺佛陀禅师所建，禅宗初祖菩提达磨曾于此面壁九年，而传禅旨。

③**更成造作修功：**成，或也。一作更或功行修持。

译文

金针双锁带

自鸡足山一灯分焰而有各种宗派，菩提达磨在少林寺面壁而立，传下禅学宗旨，一时之间，玄风阐发，佛事兴旺。如果仅凭言诠为修佛根据，便背离了禅宗以心传心、不立文字的法门，而成了虚伪的修证功夫。金针双锁，便是直呈大道，突出全机，先圣显露，机缘无滞，理事不二，物物圆通，不用踌躇，而是直截了当便见真。

平怀常实带

原典

洛浦和尚示众云："末后一句，始到牢关，把断要津，不通凡圣。寻常向汝诸人道：任从天下乐忻忻，我独不肯，何故？灵龟负图，自取丧身之兆；凤萦金网，拟趣霄汉，以何期？寻常向汝诸人道：须于旨外明宗，莫向言中取则。所以道：石人机似汝也，解唱巴歌[①]；汝若似石人，雪曲也应和。"

僧问南泉[②]："如何是道？"

泉云："平常心是道。"

如达平常，道也，见山即是山，见水即是水，信手拈来，草无可无不可。设使风来树动，浪起船高，春生夏长，秋收冬藏，有何差异？但得风调雨顺，国泰民安，边方宁静，君臣道合，岂在麒麟出现，凤凰来仪，方显祥瑞哉？但得理归其道，事乃平实，无圣可求，无凡可舍，内外平怀，泯然自尽。所以诸圣语言，不离世谛[③]，随顺世间。会则途中受用，不会则世谛流布。

注释

①**巴歌**：指下里巴人之歌。宋玉《对楚王问》以下里巴人为俗曲，以阳春白雪为雅曲，曲高和寡，下里巴人和者数千人，阳春白雪和者数十人。下句雪曲，即指阳春白雪。

②**南泉**：人名。唐池州南泉山普愿禅师，马祖法嗣。初习律，于教观究精要，后入马祖之门，顿忘筌蹄，心地悟明。德宗贞元十一年（公元七九五年）留锡池州不下南泉竟达三十余年。文宗太和初，宣城陆亘请下山，伸弟子礼，令说法要。太和八年（公元八三四年）十一月圆寂，寿八十七岁，生当为公元七四八年，即天宝七年。

③**世谛**：真谛之对称。世指世间、世俗；谛指事实、道理。世间之事实，世俗人所知之道理即世谛，也即俗谛。

译文

洛浦和尚对众僧宣说佛法道："说到最后一句，才到了牢门的关键处，要把守住重要的渡口，不通于凡俗圣情。我平常对你们说起：任从天下的人乐哈哈，而我独不肯同乐，这是为什么呢？就如千年灵龟，背负龟图，就意味着行将丧身；如果凤凰缠构一个金色的网罟，若想直上九霄云外随意飞翔，那要等到什么时候呢？我平常对你们说：要你们在宗旨之外探寻立宗的根本，不要落入言诠，在言语之中追求正解。所以说：没有感觉的石人的机锋就像你们的机锋一般，能理解巴人之歌；你们如果如石人一般，也能领会应和阳春白雪的高雅乐曲。”

又有僧人问南泉禅师说："道指的是什么？”

南泉禅师回答说："平常之心便是道。”

如果能通达平常心平常道，见到山便知是山，见到水便知是水，信手拈来，草无可无不可。假设风来而吹动树，浪起而船飘摇升高，春天生芽而夏天长成，秋天收割而冬天储藏，又有什么差异？只要风调雨顺，国泰民安，边疆安宁，君臣合道，又何必一定要出现麒麟，以及求得凤凰来仪，才可以称为祥瑞之征兆呢？只要理归于其道，事便见平实，没有圣人可以渴求，没有凡俗可以舍弃，内外平怀，静泯而自尽。所以诸圣人语言，不离世俗的道理，随顺世间。如果具有会心的人读了，则可以寻得正道；如果缺乏慧根，那么世俗的道理将要流传下去了。

原典

浮山云："据圆极[①]法门，本具十数。今此九带，已为诸人说了也，更有一带，诸人还见么？若也见得亲切分明，却请出来说看。说得相应，则通前九带，圆明道眼。若也见不亲切，说不相应，但依吾语言。以为己解，则名谤法[②]，无有是处。诸人到此合作么生？"众皆罔措，师遂叱散。

注释

①**圆极**：圆满至极。《五教章》上曰："果海圆极。"

②**谤法**：诽谤正法，正法指佛法。诽谤佛法，其罪最重，永不可成佛。也称为谤法阐提。

译文

浮山禅师说了九带之后，又对众僧人说："按照圆极法门，应该以十为圆满。今天已为大家说完了九带，还有一带，大家还要见吗？如果了解得亲切分明，便请说出来让大家看看。如果说得和前九带相呼应，便成为十之数，可圆明道门。如果说见不相呼应，不切合，便只好依我所说的语言。如果各依自己所见，以此说解，便是诽谤正法，没有对的地方。你们到现在是怎么想的？”众僧人都没有异议，浮山禅师便喝令大家解散。

黄龙禅师三关

原典

黄龙三关[①]

南禅师问隆庆闲禅师云：“人人有个生缘，上座生缘在什么处？”

闲云：“早晨吃白粥，至晚又觉饥。”

又问：“我手何似佛手？”

闲云：“月下弄琵琶。”

又问：“我脚何似驴脚？”

闲云：“鹭鸶立雪非同色。”

黄龙每以此三转语，垂问学者，多不契其旨。而南州居士潘兴嗣延之，常问其故，龙云：“已过关者，掉臂径去，安知有关吏？从关吏问可否，此未过关者。”

复自颂云：

我手何似佛手？禅人直下荐取。

不动干戈道出，当处超佛越祖。

我脚驴脚并行，步步踏着无生。

会得云收月皎，方知此道纵横。

生缘有路人皆委，水母[②]何曾离得虾？

但得日头东畔出，谁能更吃赵州茶？

注释

①**黄龙三关**：北宋慧南受法于临济七世石霜楚圆（公元九八六年—公元一〇三九年），住隆兴府（今江西南昌）黄龙寺，创临济宗黄龙派。《指月录》卷三十五曰："师室中常问僧曰：'人人尽有生缘，上座生缘在何处？'正当问答交锋，却复伸手曰：'我手何似佛手？'又问诸方参请宗师所得，却复垂脚曰：'我脚何似驴脚？'三十余年，示此三问，学者莫能契旨，天下丛林目为三关。"第一问大意说人人皆因前世因缘转生而来，谁也摆脱不了业报轮回；第二问谓人的心性与佛相同，都有成佛可能；第三问认为人与其他众生，也无本质区别。表示既能共同轮回六道，也能觉悟成佛。

②**水母**：腔肠动物门中的一类水面浮游动物，形似伞，伞缘有很多触手，下面中央为口，有时有长口管，或更有长口腕。可分水螅水母和钵水母两大类，如桃花

水母、海月水母。

译文

黄龙三关

北宋慧南禅师是临济宗黄龙派的创始人，他有一次问隆庆闲禅师说："每人都有一生缘，上座您的生缘在什么地方呢？"

隆庆闲禅师说："早晨起床吃白粥，到了晚上又觉饿。"

慧南禅师又问："我的手如何像佛的手？"

隆庆闲禅师说："月下弹琵琶。"

慧南禅师又问："我的脚如何像驴脚？"

隆庆闲禅师说："鹭鸶站在雪中，颜色并不一致。"

黄龙禅师经常用上面问隆庆闲禅师的话向参禅的学者提问，但大家多不明白这三种转语的意思。南州居士潘兴嗣延之，曾为原因，黄龙禅师说："若真明白了三关的意思，甩着胳膊转身便走了，哪里知道有守关之吏存在？如果跟着关吏问是否可以过关，那便一定是没有过关的人。"

黄龙禅师说完，又颂了三个颂偈，第一偈说：

我的手如何才能像佛手，若有这类问题并不难解，
参禅之人不必左顾右盼，直截而下便可寻得正道。
就譬如打仗有不战而胜，你也可以不动干戈说出，
如果真做到了恰当之处，你就可以自夸超佛越祖。

黄龙禅师所颂第二偈说道：

我脚何似如驴脚？驴脚我脚同行进，
一步一步往前走，步步所踏皆无生。
会心深远入正道，雨过云收月儿皎，
无限禅机在眼前，便知佛道无阻隔。

黄龙禅师所颂第三偈说：

生缘本来有一路，人皆委托是生缘，
海中水母轻轻浮，几时曾能离得虾？
清晨太阳红灿烂，冉冉升起在东方，
赵州茶香飘万里，谁能再吃赵州茶？

南堂辨验十问

原典

南堂示众云："夫参学至要，不出个最初与末后句。

透得过者，平生事毕。其或未然，更与尔分作十门，各用印证自心，看得稳当也未？一、须信有教外别传；二、须知有教外别传；三、须会无情说法与有情说法无二；四、须见性[①]如观掌上，了了分明，一一田地稳密；五、须具择法眼；六、须行鸟道玄路；七、须文武兼济；八、须摧邪显正；九、须大机大用；十、须向异类中行。此十门，诸人还一一得稳当也未？若只是闭门作活，独了自身，不在此限。若要荷负正宗，绍隆圣种，须尽此纲要十门，方坐得曲录[②]木床，当得天下人礼拜，可与佛祖为师。若不到与么田地，一向虚头，他时异日，阎家[③]老子，未放尔在。有么？大家出来证据；若无，不用久立。”

注释

①**见性**：彻见自心的佛性。

②**曲录**：又作曲禄、曲颖，僧家所用椅子，刻本而造，其形屈曲，故称曲录。

③**阎家**：阎罗，梵文 Yamarājā 的意译，亦译为焰摩罗王、阎魔、阎罗王、阎王。原为古印度神话中管理阴间之王，佛教沿用为管理地狱的魔王，传说他属下有十八判官，分管十八地狱。据《翻译名义集》卷二，阎

魔兄妹俩都是管理地狱之王，兄治男犯，妹治女犯，故称双王。慧琳《一切经音义》卷五曰："梵音阎魔，义翻为平等王，此司典生死罪福之业，主守地狱八热八寒以及眷属诸小狱等，役使鬼卒于五趣之中，追摄罪人，捶拷治罪，决断善恶，更无休息。"

译文

南堂禅师对众人说法道："参禅学道最重要的一条，不出最初与最末一句。如果参透了，平生无事。如果参不透，我为你们分为十门，你们各自用此十门印证你们的心智，看是否已得正道了吗？这十门即：第一要相信有教外别传；第二要了解有教外别传；第三要理解有情说法和无情说法没有什么区别；第四要见自身佛性如看手掌，个个分明清楚，准确细致；第五应具有全面了解正法眼藏；第六应走鸟路玄道，开辟新道路；第七要文武兼济；第八应摧邪而显正；第九要大机大用；第十应向异类中行。这十门，你们是否已一一了解清楚了？如果只是闭门作活，独独洞了自身，便不在此限内。如果想继承正宗正道，发扬光大圣人传统，一定要尽行此十门纲领，才能坐僧家的椅子和木床，承受天下人的参拜，可与佛祖为师。如果不能达到这个程度，一向虚诞，等到他日，阎罗老子便要收走你了。有什么大家出来证据；如果没有，不用久站着，就回去吧。”

原典

临济宗门庭

临济宗[①]者，大机大用，脱罗笼，出窠臼，虎骤龙奔，星驰电激。转天关，斡地轴，负冲天意气，用格外提持，卷舒擒纵，杀活自在。是故示三玄三要、四宾主、四料拣、金刚王宝剑、踞地师子、探竿影草、一喝不作一喝用、一喝分宾主、照用一时行。

四料拣者，中下根人来，夺境不夺法；中上根人来，夺境夺法不夺人；上上根人来，人境两俱夺；出格人来，人境俱不夺。

四宾主者，师家有鼻孔[②]，名主中主；学人有鼻孔，名宾中主；师家无鼻孔，名主中宾；学人无鼻孔，名宾中宾；与曹洞宾主不同。

三玄者，玄中玄、体中玄、句中玄。

三要者，一玄中具三要。自是一喝中，体摄三玄三要也。

金刚王宝剑者，一刀挥尽一切情解。

踞地师子者，发言吐气，威势振立，百兽恐悚，众魔脑裂。

探竿者，探尔有师承无师承，有鼻孔无鼻孔。

影草者，欺瞒做贼，看尔见也不见。

一喝分宾主者，一喝中，自有宾有主也。

照用一时行者，一喝中，自有照有用。

一喝不作一喝用者，一喝中具如是三玄三要、四宾主、四料拣之類。大约临济宗风，不过如此。要识临济么？青天轰霹雳，陆地起波涛。

临济宗要诀

大雄正续临济纲宗，因问黄檗西来[3]，痛与乌藤三顿，遂往大愚打发，亲挥肋下三拳，言下便见老婆心，悬知佛法无多子。奋奔雷喝，捋猛虎须，迸开于赤肉团[4]边。到处用白拈[5]手段。飞星爆竹，裂石崩崖，冰棱上行，剑刃上走。全机电卷，大用天旋，赤手杀人，单刀直入，人境俱夺，照用并行。明头来，暗头来，佛也杀，祖也杀。辨古今于三玄三要，验龙蛇于一主一宾。透脱罗笼，不存玄解。操金刚王剑，扫除竹木精灵。奋师子全威，振群狐心胆。下梢正法眼藏，灭却这瞎驴边。彻骨彻髓，而血脉贯通；透顶透底，而乾坤独露。绵绵不漏，器器相传，盖其宗祖高明，子孙光大，此临济宗也。

注释

①**临济宗：**佛教禅宗五家之一，唐义玄所创立，因住镇州临济院，义玄便被称为临济，因而有临济宗。属南宗南岳法系。中唐以后此宗最盛。至北宋又分为黄龙、杨岐二派。四宾主、四料简、四照用是该宗经常使用的传教方法。四宾主是通过师生问答的方法衡量双方悟境的深浅，四料简、四照用则是针对悟境程度不同的参学者进行说教的方式。接引学人的方法，单刀直入，机锋峻烈。自从义玄用棒喝，至宗杲提倡看公案，即看禅祖语录，皆用迅速手段或警句使学人省悟。十二世纪末，日僧荣西入宋，将临济宗黄龙派禅法传入日本，创立圣福寺、建仁寺，兼修禅、密二宗，后称千光派。俊芿在宋受杨岐派禅法，回国后在泉涌寺弘传戒律和禅宗。

②**鼻孔：**佛家十二入之一有鼻入，鼻生鼻识，其依据为鼻根，乃六根之一。鼻息又为二十五圆通之一。

③**因问黄檗西来：**据《景德传灯录》卷十二，义玄初到黄檗，问祖师西来之意，三问而三遭黄檗打。后黄檗命义玄谒大愚，在大愚处悟道，而向大愚肋下筑三拳。

④**赤肉团：**指人之肉身。临济尝说：“赤肉团上，有

一无为真人。”此处则指人的肉团心。

⑤**白拈：**白拈贼之略。白者空也，拈指以指取物，手不持一物，指尖盗拈人物，更不留盗之形迹，称不拈贼，是贼手中最灵巧的。

译文

临济宗门庭

临济宗引接参禅之人时，大机大用，以脱牢笼，出窠臼为目的，如虎之骤，如龙之奔，如星之驰，如电之激。旋转天关地轴，有冲天的意气。提持之法，也与他人不同，曲卷、伸舒、擒拿、放纵，或杀或活一依自在。所以，临济宗有所谓三玄、三要、四种宾主、四种料简语、金刚王宝剑、蹲地金狮子、探竿影草、一喝不作一喝之用、一喝分宾主、照用同时并行等说法。

四种料度简别的方法是说，中下根器的学人来参禅，夺其对境的执着，而不夺其对法的执着；中上根器的人来参禅，破除他对外境与法的执着，而不破除他对人我的执着；若果是上上根器的人才参禅，人我与外境的执着都要破除；如果碰见了超常的人，便用不着破除他的执着了。

四种宾主，如果禅师是有鼻孔识见的人，那便是主中主；如果参学之人有鼻孔，那便是宾中主；禅师无鼻孔，称为主中宾；参禅之人没有鼻孔，便是宾中宾。这与曹洞宗所说的宾主有所不同。

三玄，指的是玄中玄、体中玄、句中玄。

三要，指一玄之中有三种要妙。即在一喝之中，体摄三玄三要。

金刚王宝剑，即在一刀之中，斩尽一切情缘。

蹲地金狮子，是说发言吐气，威势振立，百兽恐怖，众魔脑裂。

探竿者，试探参学之人有无师承，有鼻孔见识还是没有鼻孔见识。

影草指欺瞒做贼，看你见还是未见。

一喝而分宾主，是说一喝之中，自然有主人或宾客。

照用同时行，是说一喝中，必然有照有用。

一喝不作一喝用，是说一喝之中，具备如此三玄三要、四宾主、四料简之类的内容。大概说来，临济宗的宗风，就是如此而已。要认识临济宗吗？就譬如青天白日忽然有霹雳轰鸣，就譬如陆地忽然有万顷波涛，如此急骤，如此威猛。

临济宗要诀

大雄正续临济纲宗，说临济义玄出家之后，先到黄檗寺参黄檗禅师，问黄檗禅师菩提达磨祖师为何从西来中土，问了三次，遭到黄檗禅师用乌藤棒的三顿打。后来义玄离开，黄檗禅师让他去参拜大愚禅师，被大愚点拨，一言悟道，亲自挥手在大愚肋下打了三拳，言下便见黄檗如老婆之心，顿悟黄檗禅法无多子。因而奋扬奔腾，如雷喝鸣，敢捋猛虎之须毛，把自己迸开于肉团心边，到处用白拈贼的空手道手法。如飞星如爆竹，如裂石如崩崖，在冰棱上行走，在剑刃上散步。全机如电卷，大用如天旋，赤手空拳便可杀人，单刀直入不加掩饰，人境的执着都要夺，言照棒喝之用文武兼济。明头也来，暗头也来，佛也可杀，祖也可杀。辨别古今在于三玄三要，验龙与蛇在于一主一宾。解脱牢笼束缚，不存玄妙之解。手操锋利的金刚王剑，扫除竹木的精灵。敢奋狮子全威，敢振群狐心胆。下梢为正法眼藏，灭却这瞎驴边。彻骨彻髓，而见血脉通贯；透顶透底，而乾坤独露。临济宗法门绵绵不漏，法器世世相传，大概是由于他们的宗祖识见高明，子孙繁衍光大，这便是临济宗。

4 云门宗

原典

师讳文偃[①]，嘉兴[②]张氏子。受具游方，初参睦州陈尊宿[③]，发明心要[④]。州指见雪峰存禅师[⑤]，再蒙印可。初至灵树，开法嗣雪峰。后迁云门光泰寺。其道大振，天下学者，望风而至，号云门宗[⑥]。

注释

①**文偃：**五代时僧人，云门宗创始人，生于公元八六四年，卒于公元九四九年。据《景德传灯录》卷十九、《传法正宗记》卷八载，俗姓张，姑苏嘉兴（今属浙江省）人，出家后各地参学，初参睦州（治所在今浙

江建德）道踪（世称陈尊宿），后参义存，获其印可。住韶州（今广东韶关）云门山，自成一系，因称云门文偃，其禅风被称为云门三句，“函盖乾坤，截断众流，随波逐浪”。往来学徒不下千人，嗣法者六十一人。南汉主晟曾赐匡真禅师之号，圆寂后，宋太祖又赐谥大慈云匡真弘明禅师。《五灯会元》卷十五、《稽古略》卷三也有记载。

②**嘉兴：**宋庆元元年（公元一一九五年）升秀州为嘉兴府，治所在嘉兴（今属浙江），辖境相当于今杭州湾以北（海宁市除外）、桐乡市以东地区及上海市所辖吴淞江以南诸县地。

③**睦州陈尊宿：**睦州为州名，隋仁寿三年（公元六〇三年）置，治所在雉山（今浙江淳安西南），唐时移治建德（今属浙江），辖境相当于浙江桐庐、建德、淳安三县地。北宋时改名严州。陈尊宿因居睦州龙兴寺，故也称睦州。陈尊宿大约生活在公元七八〇年至八七七年间。

④**心要：**心为心髓，要为精要，谓法门之至极也，又心性上精要之法义。

⑤**雪峰存禅师：**福州雪峰禅师，名义存，生于公元八二二年，公元九〇八年圆寂。唐僧人。据《宋高僧传》卷十二、《景德传灯录》卷十六、《佛祖历代通载》卷十七记载，俗姓曾，泉州南安（今属福建）人，九岁

请出家未准，十二岁从父游莆田玉润寺，拜庆玄律师为师，留为童侍，十七岁落发，谒芙蓉山（在今福建闽侯境内）恒照大师。唐宣宗中兴佛教后，游吴、楚、梁、宋、燕、秦，在幽州（今北京一带）宝刹寺受具足戒，后到武陵德山（今湖南常德）参宣鉴。宣鉴禅师生于公元七八二年，公元八六五年圆寂，义存承其法系。唐懿宗咸通六年（公元八六五年）归芙蓉山。后在福州雪峰山创禅院，名广福院，因而称雪峰义存。四方僧人，云集法席，门徒常有一千五百，声誉颇高。八十七岁时圆寂，唐僖宗赐号真觉大师，并赐紫袈裟。弟子除云门文偃外，玄沙师备也是其中著名的禅师。

⑥**云门宗：**佛教禅宗五家之一，五代文偃创立。因文偃住韶州云门山（今广东乳源县北）光泰禅院，所以称为云门宗。认为万事万物，皆体现真如，皆有佛性。其说教方式云门三句，是说佛性普现万有，真理不可名说，应随机教化学人。宗风孤危耸峻，人难凑泊。北宋时与临济宗并盛，至南宋时衰微不传。

译文

云门宗的创始人是五代时僧人文偃禅师。文偃是浙江嘉兴人，俗姓张。出家之后，受过具足戒，便开始了云游生涯，最先是到睦州，即今天浙江建德县参谒陈尊宿。陈尊宿当时住在龙兴寺。文偃在陈尊宿这里，明白了以心传心的禅门法要。后来，睦州禅师陈尊宿又指点他去见福州雪峰禅师义存，义存当时住在他所创建的福州雪峰山广福禅院。义存当时声名很显赫，文偃在义存这里承蒙传法，并印可悟道。文偃悟道以后，先到灵树住持，开法门继承和宣传雪峰义存的理论。后来，把法坛迁移到韶州，即今天的广东省韶关，在云门山光泰寺说法。其学说受到广泛的欢迎，一时之间，天下参禅之人，纷纷望风而来，投入门下，号称为云门宗。文偃也被称为云门文偃。

云门禅师三句语

原典

三句[①]

师示众云："函盖乾坤，目机铢两[②]，不涉万缘，作么生承当？"众无对。

自代云："一镞破三关。"

后来德山[③]圆明密禅师，遂离其语为三句，曰"函盖乾坤”句，“截断众流”句，“随波逐浪”句。

归宗通、三祖会、云居庆、首山念、天柱静。

“如何是函盖乾坤句？”

宗云：“日出东方夜落西。”

祖云：“海晏河清。”

居云：“合。”

山云：“大地黑漫漫。”又云：“普天匝地。”又云：“海底红尘起。”

柱云：“只闻风击响，知是几千竿？”

“如何是截断众流句？”

宗云：“铁蛇横古路。”

祖云：“水泄不通。”

居云：“窄。”

山云：“不通凡圣。”又云：“洎合放过。”又曰：“横身三界[④]外。”

柱云：“昨日寒风起，今朝括地霜。”

“如何是随波逐浪句？”

宗云：“船子下杨州。”

祖云：“波斯吒[⑤]落水。”

居云：“阔。”

山云：“要道便道。”又云：“有问有答。”又云：“此去西天十万八千。”

柱云：“春煦阳和花织地，满林初啭野莺声。”

注释

①**三句：**云门三句。《五灯会元》卷十五，云门宗祖文偃曰：“我有三句语，示汝诸人。一句‘函盖乾坤’，一句‘截断众流’，一句‘随波逐浪’。若辩得出，有参学分；若辩不出，长安路上辊辊地。”函盖乾坤是说天地万物皆真如所显；截断众流是说不应用语言文字掌握真如，而应于内心顿悟；随波逐浪是指对参学者应因机说法。云门宗将此三句比作云门剑、吹毛剑，意指掌握其含义，便可求得解脱。

②**目机铢两：**一见而分铢两之微。言人之机敏，举一明三,一见即知轻重。

③**德山：**本指唐朗州德山院禅师宣鉴，为义存禅师之师，文偃祖师。德山姓周氏，剑南人，幼年出家，深明经律，尤其对《金刚经》心得最深，时称为周金刚。可参看“雪峰存禅师”注。据《宋高僧传》卷十二、《景德传灯录》卷十五、《五灯会元》卷七，德山和尚不信南方禅宗之道，负《金刚经疏钞》到澧州，见一婆子卖油糍，欲买之作点心，婆子指着和尚的担子说：“这个是什么东西？”和尚说：“这是《金刚经疏钞》。”婆子说：“我

有一个问题，你如果回答得出，我便供你油糍；如果回答不出，便请你到其他地方去买。”和尚请婆子提问，婆子说：“经中说过去心不可得，未来心不可得，现在心不可得，你想点哪一个心？”和尚无言以对。婆子便指示和尚去参龙潭。和尚到澧州龙潭寺法堂，说：“早就听说过龙潭，到龙潭来既不见潭，也不见龙。”龙潭和尚引身屏风后说：“你亲自到龙潭了。”德山无语。一天夜里，侍立久，龙潭和尚说：“更深了为什么不下去？”德山便走出，却又回来说：“外面黑。”龙潭点了纸灯交给德山，师拟取，龙潭却吹灭了纸灯，德山当下大悟，第二天把经疏讲义全部烧掉，辞抵沩山，又还住澧阳三十年。武宗废佛教，隐独浮山石室。宣宗大中初，武陵刺史薛延望坚请居德山。其道峻险，棒杀天下衲僧，于咸通六年（公元八六五年）圆寂，享年八十四岁。此处圆明禅师当为德山和尚在德山的嗣法人。

④**三界：**即欲界、色界、无色界。

⑤**吒：**梵文Ta，悉昙五十字门之一，言一切法漫不可得。《文殊问经》说：“称吒字时，是断结声。”《涅槃经》说：“吒者于阎浮提示现半身而演说法，喻如半月是名吒。”

译文

关于云门三句语的问答

云门禅师对众人说法道："函盖乾坤，目机铢两，不涉万缘，应该怎样来领会？"众僧人见云门禅师这样问，皆不知应怎样回答。

于是，云门禅师自己回答说："一个箭头可以连破三关。"

后来德山圆明密禅师把云门禅师的话分解为三句语，即"函盖乾坤""截断众流""随波逐浪"三句。

参加回答云门三句语意的禅师包括归宗通禅师、三祖会禅师、云居庆禅师、首山念禅师、天柱静禅师。

有僧人问道："函盖乾坤的意思是什么呢？"

归宗通禅师说："早晨太阳从东方升起，傍晚在西边落下。"

三祖会禅师说："海波平静，黄河清澈。"

云居庆禅师说："天地相合。"

首山念禅师说："大地黑漫漫。"又说道："普天而盖地皆是。"又说道："海底起红尘。"

天柱静禅师说道："只听风吹天地响，不知已是几千竿？"

僧人问道："截断众流说的是什么呢？"

归宗通禅师说："铁蛇横截古时道。"

三祖会禅师说："截断众流水泄不通。"

云居庆禅师说道："众流窄截。"

首山念禅师说："不与凡俗圣人通。"又说道："浸润渐合放过了。"又说道："横身当出欲界、色界、无色界。"

天柱静禅师说："昨日寒风起，今朝遍地霜。"

有僧人问道："随波逐浪说的是什么意思？"

归宗通禅师说："船夫驾船沿江下扬州。"

三祖会禅师说："波斯人吒落水。"

云居庆禅师说："随波逐浪江水阔。"

首山念禅师说："要说便说，不要拐弯抹角。"又说道："有问必有答。"又说道："此去西天十万八千里。"

天柱静禅师说："春暖花开，阳气和煦，五彩缤纷的花卉好像在地上织了一层锦绣地毯，满林的野莺发出春天的第一声鸣叫，婉转而动听。"

云门抽顾

原典

师每见僧，以目顾之，即曰鉴，或曰咦，而录者曰顾鉴咦。后来德山圆明密禅师，删去顾字，但曰鉴咦，故丛林目之曰抽顾。因作偈通之，又谓之抬荐商量。偈曰：

相见不扬眉，君东我亦西。
红霞穿碧落，白日绕须弥。

一字关[①]

僧问师："如何是云门剑？"

师云："祖。"

"如何是玄中的？"

师云："坙[②]。"

"如何是吹毛剑[③]？"

师云："骼[④]。"又云："胔[⑤]。"

"如何是正法眼？"

师云："普。"

"三身[⑥]中那身说法？"

师云："要。"

"如何是啐啄[⑦]之机？"

师云："响。"

"杀父杀母，佛前忏悔，杀佛杀祖，甚处忏悔？"

师云："露。"

"如何是祖师西来意?"

师云:"师。"

"灵树一默处如何上碑?"

师云:"师。"

"久雨不晴时如何?"

师云:"札。"

"凿壁偷光时如何?"

师云:"恰。"

"承古有言:'了即业障[8]本来空,未了应须还宿债[9]。'未审二祖[10]是了?是未了?"

师云:"确。"

一日,示众:"会佛法者,如恒河[11]沙,百草头上,代将一句来。"

自代云:"俱。"师凡对机,往往多用此酬应,故丛林目之,曰一字关云。

注释

①**一字关:** 即一字禅。云门回答参禅人的提问,往往以一字回答。有人颂一字禅,以为"一字关,一字关,何不成双独成单?单单一字诚难测,一字诚难测也难。难难,目前隔个须弥山"。(见清三山来《五家宗旨纂要》)

②**堙**：塞也。

③**吹毛剑**：此剑锋利，以发试剑，吹气自断。

④**骼**：《礼记·月令》曰："掩骼埋胔。"郑玄注曰："骨枯曰骼，肉腐曰胔。"

⑤**胔**：肉还没有烂尽的骨殖。参见"骼"注。

⑥**三身**：也称三佛，指三种佛身，有种种说法：（一）指法身、报身、应身，《大乘义章》卷十九曰："法者所谓无始法性。""后息妄想，彼法显了，便为佛体；显法成身，名为法身。"此处所言法性或法，便是人先天具有的如来藏、真心、本觉，这是成就佛身的因，所以又称为法身佛或法佛。报身即报身佛、报佛，《大乘义章》说："此真心体，为缘薰发，诸功德主，方名报佛。"此指以法身为因，经过修习而获佛身之果，分为证知和享受所谓佛境的报身，以及为适应十地菩萨需要而呈现出来的报身。应身也称应身佛，《大乘义章》说："众生机感，义如呼唤，如来示化，事同响应，故名为应。"指佛为度脱世间众生，随三界六道之不同状况和需要而现之身。此或指释迦牟尼之生身，或指变现混迹于世间的天、人、鬼、龙等。

（二）指自性身、受用身、变化身。据《成唯识论》卷十，自性身指法界、法性，也即法身。受用身有二种，一自受用，指佛累劫积德所得之永恒不灭、能使自己受用广大法乐的色身；二他受用，指佛为住十地诸菩萨显大神通，令其受用大乘法乐之功德身，此即上言之报身。变化身，即上言之应身。

（三）法身、应身、化身。据《最胜王经·分品之身品》载，法身为上言自性身及受用身中的自受用身；应身为受用身中的他受用身；化身即变化身。一切三身可归为四类，一法性、法界，为成佛根据；二修习佛法所得之佛果，为佛之本身；三佛为大乘菩萨说法而变现之身；四佛为利乐世间众生而变现之色身或其他种类之幻化身。由此也有法身、报身、应身、化身等所谓四分法。

⑦**啐啄：**鸡子将孵化时，小鸡在卵中的吮声称为啐；母鸡为使小鸡出世，而啮蛋壳，称为啄。比喻禅人机锋相据，相投而解。

⑧**业障：**恶业之障碍，恶业妨正道者。《涅槃经》卷十一曰："业障者，五无间罪重恶之病。"《俱舍论》卷十七曰："一者害母，二者害父，三者害阿罗汉，四者破和合僧，五者恶心出佛身血。如是五种名为业障。"《华严经·世主妙严品》曰："若有众生一见佛，必使净除诸业障。"

⑨**宿债：**宿昔之负债，宿世所作恶业，未赎苦果也。

⑩**二祖：**禅宗东土第二祖慧可禅师。见慧可条注。

⑪**恒河**：Ganges River，南亚大河，发源于喜马拉雅山脉南坡，流经印度和孟加拉国，注入孟加拉湾，全长二千五百多公里，流域面积九十点五万平方公里。左岸一些支流的最上游在中国境内。

译文

云门禅师每每见了众僧人，用眼睛回顾而视，或者说一声“鉴”，或者说一声“咦”，而记录者称之为“顾鉴咦”。后来德山圆明密禅师，删去其中的“顾”字，只说“鉴咦”二字，所以禅林的人们称为“抽顾”，即抽去顾字。因而作偈语以诠解，又被称为“抬荐商量”。偈语说：

相见今日如不见，不抬头来不扬眉，
今日君向东边走，我也西行不踌躇。
红霞万丈光辉多，穿过碧海落西隅，
白天自有另一景，须弥山上照白日。

云门一字关

有僧人问云门禅师道：“云门剑说的是什么？”

云门禅师说：“祖。”

僧人又问道：“玄中的说的是什么？”

云门禅师说：“塞。”

僧人又问道：“吹毛剑说的是什么？”

云门禅师说：“枯。”又说道：“腐。”

僧人又问：“正法眼说的是什么呢？”

云门禅师说：“普。”

僧人又问：“法身、报身、应身三身之中哪一身说法？”

云门禅师说：“要。”

僧人又问：“小鸡之啐，母鸡之啄，机锋相据，相投而解，此机锋说的是什么呢？”

云门禅师说：“响。”

僧人又问：“假若一个人杀了父母，可以在佛前忏悔，可是假若杀了佛祖，又该到什么地方去忏悔呢？”

云门禅师说：“露。”

僧人又问：“菩提达磨祖师从西天竺千山万水到中土来，为的是什么呢？”

云门禅师说：“师。”

僧人又问：“灵树一默之处又如何上碑呢？”

云门禅师又说：“师。”

僧人又问：“久雨不晴，应该怎么办？”

云门禅师说：“札。”

僧人又问：“凿壁而偷光亮时，应该怎么办？”

云门禅师说："恰。"

僧人又问："自古就有说：'若了却，则恶业之障碍本来为空有；若未了却轮回之苦，便要轮回还报宿世债孽。'不知道二祖慧可是了？还是未了？"

云门禅师说："确。"

云门禅师有一天对众僧说法道："会悟佛法的人，如恒河之沙，百草头上，请代将一句来。"

云门禅师说完，自己代说："俱。"云门禅师对答机问，常常用一个字以为回答，所以禅门称之为"一字关"。

云门机缘

原典

机缘[①]

僧问："十二时中，如何得不空过？"

师云："尔向甚处着此一问？"

僧云："学人不会，请师举。"

师索笔成偈云：

举不顾，即差互。

拟思量，何劫悟？

问雪峰："如何是学人自己？"

峰云："筑着鼻孔。"

僧举似师，师云："尔作么生会？"其僧方思维，师亦以前颂示之。

福朗上座因僧问："如何是透法身句？"

师云："北斗里藏身。"朗罔测其旨，遂造焉。

师一见便把住云："道！道！"

朗拟议，师托开，有偈云：

云门[②]耸剔白云低，水急游鱼不敢栖。

入户已知来见解，何劳再举轹[③]中泥。

朗大悟。

注释

①**机缘：**机指根机，缘指因缘。言众生有善根之机，而为受教法之缘者。

②**云门：**此处指云门山，在广东韶州曲江县治，五代后晋末，文偃徙居此山，再兴废址，新建堂宇，两年半竣工，是为光泰禅寺，云门宗即以此山得名。

③**轹**：车轮碾过。《文选》张衡《西京赋》曰："当足见蹍，值轮被轹。"薛综注曰："足所蹈为蹍，车所加为轹。"

译文

机缘

有僧人问云门禅师说："每一天有十二个时辰，这十二个时辰，如何才能不空空度过？"

云门禅师说道："你从什么地方体会到这个问题？"

僧人回答说："学生不理解，请禅师给予提举。"

云门禅师于是拿笔，写成一偈颂说：

举解不回顾，便有互差。
打算思量，便会生劫而难悟。

云门曾问雪峰禅师："怎样才是学人自己？"

雪峰禅师回答说："堵着你的鼻孔不出气。"

僧人提举此问云门禅师，云门禅师说："你是怎样理解的？"僧人正在想，云门禅师便说了前面的颂偈以提示僧人。

有僧人问道："透法身说的是什么？"

云门禅师说："在北斗星中藏自身。"福朗禅师听了云门与僧人的问答，不能领会云门禅师的意思，于是来拜访云门禅师。

云门禅师一见到福朗禅师，便抓住福朗禅师说："说呀！说呀！"

福朗禅师还正在拟议，云门禅师便托开，而颂出一偈道：

云门山高入九霄，似剑穿剔白云低，
河水流急不自由，可怜游鱼不敢栖。
今日亲临敝茅屋，进门已知有见解，
但得心悟传心旨，何必再举轹中泥？

福朗上座听了云门禅师的偈语，立即便有大觉悟。

巴陵禅师三句转语

原典

巴陵三句[①]

僧问巴陵："如何是提婆宗[②]？"

陵云："银碗里盛雪。"

问:“如何是吹毛剑?”

陵云:“珊瑚枝枝撑着月。”

问:“祖意教意③,是同是别?”

陵云:“鸡寒上机,鸭寒下水。”

注释

①**巴陵三句:**即巴陵三转语。巴陵禅师为云门文偃禅师法嗣,岳州巴陵人,名颢鉴。三转语即机转之语三番,转为婉转、投合之意。颢鉴禅师所说三转语,亦见《碧岩》第十三则评唱,曰:“师常缝坐具行脚,深得他云门脚跟下之大事,所以奇特,后出世为云门法嗣,先住岳州巴陵,不更作法嗣之书,只得三转语上云门:‘如何是道?明眼人落井。如何是吹毛剑?珊瑚枝枝撑着月。如何是提婆宗?银碗里盛雪。’云门云:‘他日老僧忌辰,只举此三转语报恩足矣。’自后果不作忌辰之斋,依云门之嘱,只举此三转语。”

②**提婆宗:**即龙树宗,三论之空宗,以是为龙树、提婆二大士所显扬者也。提婆,梵文Deva,约三世纪人,意为天,又称圣天(Āryadeva),古印度大乘佛教中观学派之创始人之一,龙树弟子。据《提婆菩萨传》,为古南印度人,属婆罗门种姓,博识渊览,以智辩著称,常与

外道辩论，后被一婆罗门杀死。发挥龙树的中观学派理论，著有《百论》《四百论》等书。

其师龙树（Nāgārjuna），也生活在三世纪，又译为龙胜、龙猛，为中观学派的创始人。据《龙树菩萨传》，为南印度人，属婆罗门种姓，自幼诵四吠陀典各四万偈，偈有四十二字，都领会其义，青年时为著名婆罗门教学者，多才多艺，天文地理、图纬秘谶及诸道术无所不通，后皈依佛教，精通三藏，入雪山佛塔，遇一老比丘授以大乘佛经。后因游诸国，更求他经，与外道辩论，皆获胜利。传说曾入海受大龙菩萨赠方等深奥精典，无上妙法，南天竺王信奉婆罗门教，攻击佛法，龙树前往教化，使南天竺王放弃婆罗门教信仰，而改依佛教。此后大力传教，使大乘般若性空学说风靡全印度。著作颇多，主要为《中论》《十二门论》《大智度论》《十住毗婆沙论》《七十空性论》《菩提资粮论》《宝行王正论》等。

中观学派发挥般若经类思想，提出三是偈、八不中道和实相涅槃等说法，认为由世俗的名言概念所获得的认识，都属于戏论范围，被称为俗谛，只有按照佛理去直觉现观才能证得之诸法实相，被称为真谛。从俗谛说，因缘所生法，一切皆有；从真谛看，这一切皆无自性，都毕竟空。但世俗有即是毕竟空，毕竟空即存在于世俗有中。《中论·观四谛品》说："若不依俗谛，不得第一义；

不得第一义，则不得涅槃。”这种在理论上把性空和方便统一起来，在宗教实践中把世间和出世间、烦恼和涅槃统一起来，在认识上和方法上把名言同实相、俗谛同真谛统一起来，即所谓假有性空、不着有无二边的观点，即为中观。此学说由鸠摩罗什系统地介绍入东土，到隋唐，对三论宗、天台宗、华严宗以及禅宗发生了根本性影响。

③**祖意教意：**祖意指祖师之意，各就自宗而言。而教禅相对，天台真言等诸家之意曰教意，教外别传之禅曰祖意，是以祖祖直指之心印故也。

译文

巴陵三句

有僧人问云门禅师法嗣巴陵禅师说：“提婆宗说的是什么？”

巴陵禅师回答说：“在银制的碗中盛白雪。”

僧人又问：“吹毛剑说的是什么？”

巴陵禅师说：“枝枝海底珊瑚撑着月。”

僧人又问：“天台真言等诸家所传之教意，与教外别传之禅祖意是相同还是有区别？”

巴陵禅师说："鸡感觉冷了上机架，鸭感觉冷了下河水。"

云门宗门庭

原典

云门宗旨，绝断众流，不容拟议，凡圣无路，情解不通。

僧问："如何是雪岭泥牛吼？"

师云："天地黑。"

"如何是云门木马[①]嘶？"

云："山河走。"

"如何是学人自己？"

云："游山玩水。"

问："机缘尽时如何？"

云："与我拈却佛殿来，与汝商量。"

"如何是透法身句？"

云："北斗里藏身。"

"如何是教外别传？"

云："对众问将来。"

大约云门宗风，孤危耸峻，人难凑泊，非上上根，孰能窥其仿佛哉？详云门语句，虽有截流之机，且无随波之意。法门虽殊，理归一致。要见云门么？拄杖子踍跳上天，盏子里诸佛说法。

注释

①**木马**：木制之马，以名解脱之当相也。与“泥牛”之喻同。

译文

云门宗的宗旨，主要是堵绝众流，不容许拟议，凡俗圣见无道路，情解不相通。

有僧人问云门禅师：“雪岭泥牛吼说的是什么？”

云门禅师说：“天地黑。”

又问道：“云门木马嘶说的是什么？”

云门禅师回答说：“山河在走。”

又问道：“学人自己说的是什么？”

云门禅师说：“游山玩水。”

僧人又问：“机缘已尽怎么办？”

云门禅师说：“你帮我弄到佛殿中来，我和你讨论。”

僧人又问：“透法身说的是什么？”

云门禅师回答说：“在北斗星里藏自身。”

僧人又问:“教外别传说的是什么?”

云门禅师说:“对着众人问将来。”

以上这些话语,都表现出云门禅师开辟的云门宗的宗风。云门宗的宗风,孤危耸峻,使参学之人难以集聚领会,不是上上根器的人,又有谁能理解他们的意旨呢?仔细考察云门禅师的话语,虽然有截断众流的机锋,却没有临济宗随波逐流的随意。其中所说法门虽有不同,但其中的道理却归于一条。要见云门宗旨吗?拄着拐杖踌跳欲上天,灯盏之中有诸佛在说法哩!

云门宗要诀

原典

韶阳一派,出于德峤之源。初见睦州,推出秦时之钻;寄声象骨,脱却项上之枷。使南鳖鼻撺向面前,打东鲤鱼,雨倾盆下。称提三句关键,拈掇一字机锋,藏身北斗星中,独步东山水上。端明顾鉴,不犯毫芒。格外纵擒,言前定夺。直是剑锋有路,铁壁无门。打翻路布葛藤,剪却常情见解,烈焰宁容凑泊,迅雷不及思量。盖其见谛宽通,自然受用广大。花开灵树,子结香林,振佛祖权衡,开人天眼目。夫何源清流浊,根茂枝枯？妄立道眼因缘[1]，谬为声色差别，互相穿凿，滞着语言。取辱先宗，过在后学。此云门宗风也。

师逢僧必特顾之曰鉴，僧拟议则曰咦，门人录为顾鉴咦。后圆明密删去顾字，为之抽顾。儿孙失其旨，当接人之际，以怒目名为提撕，名为不认声色，名为举处便荐，相传以为道眼。北塔祚尝笑之，故作偈，有“任是张良[2]多智巧，到头于此也难施”之语。此篇中，所谓妄立道眼因缘，谬为声色差别者，指此也。

注释

①**道眼因缘**：修道而得之眼为道眼，观道之眼也称为道眼。一物之生，亲与强力者为因，疏添弱力者为缘，如种子为因，雨露、农夫等为缘，此因缘和合而生米。《楞严经》卷二曰：“彼外道等，常说自然，我说因缘。”又《大乘入楞伽经》卷二曰：“一切法因缘生。”

②**张良**：字子房，传为城父（河南襄城西南）人，祖上世为韩相，秦灭韩后，刺始皇不中，逃到下邳（今江苏睢宁北），遇黄石公，得《太公兵法》，以足智多谋助刘邦得天下。公元前一八九年去世。

译文

韶关云门宗一派，其源出于德峤。云门禅师初见睦州陈尊宿，推出秦时之钻；寄身于象王之骨，脱去脖子上的枷锁。使南海之鳖鼻孔擀向面前，打东海之鲤鱼，雨倾盆而下。云门称提三句关键语，拈掇一字之机锋，藏身于北斗星中，独步于东山水上。端正明了回顾说鉴，不犯毫芒。格外地纵擒，言前定夺。直是剑锋有路，铁壁无门，打翻路途布置葛藤，剪去常情之见解，烈焰难道容易集聚，迅雷岂可细思量？大概云门禅师见解宽通，自然受用广大。花开于灵树，子结在香林，振佛祖之权衡标准，开辟人与天趣之关键。但为什么黄河的源头清澈而其流混浊，树根繁茂而枝叶干枯？云门宗头清而流浊，祖茂而嗣枯，大概是因为云门宗虚妄地设立了许多道眼因缘，谬误了区别声色差别，互相穿凿附会，为语言之筌所滞碍。使祖师开创的门派受到侮辱，其罪过当然在于后学弟子。这便是云门宗的宗风。

云门禅师碰见参学僧徒，一定特意回顾，这是所谓的顾，顾之时一定说“鉴”，僧众拟议则说一个“咦”字，门人弟子记录则称为“顾鉴咦”。后来圆明密禅师删去了“顾”字，便称为抽“顾”，即抽走“顾”字。后辈儿孙失其本旨，在接引学人之际，以怒目称为提撕警觉，称为不认声色，称为举处便荐，相传习以为道眼，北塔祚禅师尝耻笑，曾作一偈颂，其中有这样的话：

纵然智慧像张良，运筹帷幄尽巧谋，
遇见云门怒目视，不知究竟是哪般？

我们说云门宗妄立道眼因缘，谬为声色差别，便指的是这些问题。

5　曹洞宗

原典

洞山和尚[①]，讳良价，生会稽[②]俞氏。礼五泄山默禅师披剃[③]，得法云岩昙晟禅师[④]。初住筠州[⑤]洞山，权开五位[⑥]，善接三根[⑦]，大阐一音[⑧]，广弘万品。横抽宝剑，剪诸见之稠林[⑨]，妙叶弘通，截异端之穿凿。晚得曹山耽章禅师[⑩]，深明的旨，妙唱嘉猷，道合君臣，偏正回互，繇是洞上玄风播于天下。故诸方宗匠咸共推尊之，曰曹洞宗[⑪]。

注释

①**洞山和尚**：生于公元八〇七年，唐代僧人，禅宗

曹洞宗的创始人。据《宋高僧传》卷十二、《景德传灯录》卷十五记载，俗姓俞，会稽诸暨（今属浙江）人。幼年出家，二十一岁在嵩山受具足戒，游方见南泉禅师，深会玄旨，后到云岩参昙晟（公元七八二—八四一年），受心印。唐宣宗大中末在新丰山大行禅法。后住豫章高安洞山（在今江西宜丰县），世称洞山良价。倡五位君臣说，门风颇振。卒后谥悟本禅师，有《宝镜三昧歌》等，弟子有本寂等人。

②**会稽：**郡名，因境内有会稽山而得名。公元前二二二年，秦始皇在古吴越地置会稽郡，治所在今江苏省苏州市，秦时为吴县。汉顺帝时移治山阴县（今绍兴），辖境汉时最大，秦相当于今江苏省长江以南，浙江省仙霞岭、牛头山、天目山以北和安徽水阳江流域以东及新安江、率水流域地，汉时相当于今江苏省江南地区，茅山以东，浙江省除天目山、淳安县以西小部分地区以外的全部，福建全省。隋时辖境已缩小。后改为越州。

③**披剃：**剃发披僧衣，指初出家为僧尼。

④**云岩昙晟禅师：**潭州云岩昙晟，钟陵建昌人，姓王氏，少出家，初参百丈海禅师，侍左右者二十年，未悟玄旨，百丈圆寂后，谒药山，言下契会。唐会昌元年（公元八四一年）圆寂，终年六十岁。生当为公元七八二年，即唐建中三年。事迹见《宋高僧传》卷十一、

《传灯录》卷十四、《五灯会元》卷五。

⑤**筠州**：州名，唐武德七年（公元六二四年）改米州置，以地产筠篁得名，治所在高安(今属江西)。旋废。五代南唐保大十年（公元九五二年）复置，辖今江西高安、宜丰、上高、万载、清江五县地。南宋时改为瑞州。又唐在今四川筠连南亦设筠州，元改为筠连州。

⑥**五位**：此指曹洞宗之五位君臣。以真理立为正位，以事物立为偏位，其偏正二位作交互，以质学者之修证。曹山嗣洞山譬之于君正位、臣偏位之二位，而阐明其理。详见“五位君臣”注。

⑦**三根**：此就众生善根之强弱而言，有上、中、下三根。

⑧**一音**：一音声，指如来之说法而言。《维摩经·佛国品》曰：“佛以一音演说法，众生随类各得解。”

⑨**稠林**：指烦恼。种种烦恼，交络繁茂，如稠林也。《法华经·方便品》曰：“入邪见稠林。”稠林也说稠烦恼林。

⑩**曹山耽章禅师**：洞山良价和尚法嗣，又称本寂禅师，别号曹山。曹山在宜兴县(今属江苏省)西北三十里，旧名荷玉山，山顶有罗汉峰，本寂禅师因礼曹溪六祖而回此地，遂易山名为曹山，本寂也因地而得名。

⑪**曹洞宗**：佛教禅宗五家之一，开创人为唐代洞山良价和他的弟子曹山本寂。关于宗名，一说取禅宗六祖

惠能及该宗创立者洞山良价之号，惠能即曹溪禅师。一说该宗取初祖洞山、二祖曹山之号，曹前而洞后，是为了语言方便。《祖庭事苑》卷七曰：“曹山即洞山之嗣子，今不言洞曹言曹洞者，亦犹慧远即慧持之兄，只言持远而不言远持，盖由语便而无他。丛林或指曹为曹溪，盖不知世裔来历之远近，妄自牵合。”

案曹洞宗源出六祖曹溪弟子行思，传希迁、药山、云岩、良价几代，良价住瑞州洞山，洞山传本寂，本寂住抚州曹山。曹洞宗教法上承石头希迁“即事而真”，意谓个别事物显现世界本体，即事显现真、理或佛性、理事互回，即相应互涉，进而扩充为五位君臣，从理事、体用关系上说明事理不二、体用无碍的道理。家风细密，言行相应，随机利物，就语接人。南宋嘉定十六年（公元一二二三年）日僧道元入宋，在天童山从洞山第十三代如净禅师受法，向日本传入曹洞宗，以永平寺（在今福井县）为中心传教，至莹山绍瑾禅师（公元一二六八至一三二五年之间）有很大发展。绍瑾被尊为日本曹洞宗太祖。

译文

唐代僧人洞山和尚，名字叫良价，出生在唐会稽郡诸暨县，即今天的浙江省诸暨县。俗家本姓俞。洞山于幼年出家，二十一岁时在嵩山披剃出家，受具足戒，追随五泄山之默禅师，深会玄旨。后来到云岩参昙晟禅师。洞山得道之后，最初在筠州洞山住持，筠州治所在今天的江西省高安县。在宣法之时，权开五位君臣，善于接引众生的上、中、下不同根器，大阐如来佛的一音声，广泛地弘扬万种佛法。横抽宝剑，剪断诸情见的密林烦恼；妙叶弘通，截断异端邪说的穿凿附会。晚年遇到曹山耽章禅师，深明洞山禅师的意旨，妙唱嘉图，道合于君臣之位，偏正互回。由此，而洞山和尚的妙微玄旨得以发扬广大。所以各方的禅僧高士，把洞山禅师开创，而得到曹山和尚弘扬的这一禅宗宗派称为曹洞宗。

曹洞宗五位君臣

原典

五位君臣[①]

僧问曹山五位君臣旨诀，山云："正位即属空界[②]，本来无物；偏位即色界[③]，有万形像；偏中正者，舍事入理；正中来者，背理就事；兼带者，冥应众缘，不随诸有，非染非净，非正非偏，故曰'虚玄大道无着[④]真宗'。

从上先德，推此一位，最妙最玄，要当详审辨明。君为正位，臣为偏位；臣向君是偏中正，君视臣是正中偏；君臣道合，是兼带语。”

时有僧出问：“如何是君？”

云：“妙德尊寰宇，高明朗太虚。”

“如何是臣？”

云：“灵机弘圣道，真智利群生。”

“如何是臣向君？”

云：“不堕诸异趣，凝情望圣容。”

“如何是君视臣？”

云：“妙容虽不动，光烛本无偏。”

“如何是君臣道合？”

云：“混然无内外，和融上下平。”

又曰：“以君、臣、偏、正言者，不欲犯中，故臣称君不敢斥言是也，此吾法之宗要也。”

因作偈曰：

学者先须识自宗，莫将真际杂顽空。
妙明体尽知伤触，力在逢缘不借中。
出语直教烧不着，潜行须与古人同。
无身有事超岐路，无事无身落始终。

注释

①**五位君臣：**洞山良价禅师为广接上、中、下三根而明五位，其法借《易经》卦爻而来，先以阴阳之爻相对，以阳（—）为正也、体也、君也、空也、真也、理也、黑也，以阴（--）为偏也、用也、臣也、色也、俗也、事也、白也。取离卦回互叠变之而为五位，先言变叠之次第，则离卦为☲，第一重之，则为䷝，重离卦；第二取重离卦之中二爻，加于上下，则为䷼，中孚卦；第三取中孚卦中之二爻，加于上下，则为䷛，大过卦，再取其中二爻，加于上下，则还为重离卦，三变而止。《宝镜三昧》称“叠而为三”。次取单离，其中爻回于下，则为☴巽卦，以中爻回于上，则为☱兑卦，依之而成前后之五卦，《宝镜三昧》称为“变尽成五”。以此五卦判证修深浅，名为功勋五位；示理事之交涉，名为君臣五位。功勋五位，为洞山本意，君臣五位，为曹山发明，又由卦爻之形而图黑白五位，也是洞山发明：

☴	巽卦	◓	君位	正中偏
☱	兑卦	◒	臣位	偏中正
䷛	大过卦	⦿	君视臣	正中来
䷼	中孚卦	◉	臣向君	偏中至

☲ 重离卦 ◐ 君臣合 兼中到

曹洞宗用正即体、空、真、理、净，偏即用、有、俗、事、染，兼即中道、非正、非偏三个概念，配以君、臣之位，用以分析真如与其派生之世界万有的关系，也用作教授不同对象的方法。正位即君位，指真如本体，本来无物；偏位即臣位，指万有事相；偏中正，即臣向君，指唯见真如，不见事相，舍事入理；正中偏，即君视臣，指唯见事相，不见真如，背理就事；兼带，指君臣合道，指将体用、真俗、理事、净染等统一起来，不要偏于一边。

②**空界：**六界之一，指无边之虚空也。空，梵文Śūnya，音译舜若，指事物虚幻不实或理体之空寂明净。世界一切现象皆是因缘所生，刹那生灭，没有质的规定性和独立实体，假而不实，故谓之空。但空非虚无，因缘幻化名为假有，否认假有，即是恶取空。

空，在小乘，主张人我空，也名无我、人无我，从使用方法说，称分析空，即从统一物之可分解为若干部分或因素上，从物之生灭变化上，说明物之不实在和不自在，据此认为人我是色蕴、受蕴、想蕴、行蕴、识蕴五蕴假和合而成，处于十二因缘的流转之中，故人我为空。

大乘一般主张二空，即人我空之外，还讲法我空，或称法空、法无我。从使用方法称为当体空，即无须经过分解，现象自身即是空，《般若心经》曰："色不异空，空不异色，色即是空，空即是色。"中观学派等着重就因缘法自身讲空，故《中论·观四谛品》称："因缘所生法，我说即是空。"瑜伽行派着重就万法唯识讲空，故《成唯识论》卷七"依识所变，非为实有"。《大乘起信论》等唯以真心派生之妄心为空，依一切众生以有妄心，念念分别，皆不相应，故说为空。大乘各派从我法二空又推衍出三空、四空、六空以至十空、十八空、二十空等。

③**色界：**三界之一，谓身体与宫殿、国土、物质的物，总为殊妙精好，故云色界。色界四禅有十八天。又十八界之一，青、黄、赤、白等眼根所对之色境，自持体与他法差别，故名色界。色，梵文Rūpa，相当于物质，但并非全指物质现象。《俱舍论》卷一曰："变碍故名为色。"指一切能变坏、并且有质碍之事物。《百法明门论忠疏》曰："质碍名色。"指具有不可入性之事物。五蕴有色蕴，或与心法相对，称为色法，泛指十二处、十八界中的眼、耳、鼻、舌、身等五根，色、声、香、味、触等五境以及所谓无表色。无表色是一种精神现象。色作为六境、十二处、十八界之一的色境，则仅仅指眼所识别的对象，如颜色、明暗等显色，形色的长短、高下，表色之人体伸屈坐卧。

④**无着：**无执着于事物之念也。

译文

五位君臣

有僧人请问曹山禅师五位君臣的旨诀，曹山禅师说道："五位君臣的正位便属于空界，即本来无一物；偏位即现象色界，有千万个形象；偏中正指舍事而入于理；正中来指背理而就事；兼带指冥冥之中，适应众缘，不随诸有，不是污染，不是清净，不是本无，也不是有色，所以称为'虚玄大道无着真宗'。自古而来有道高僧，都推崇这一兼带之位，最要妙最玄虚，一定要详审明辨。君位为正位，臣位为偏位；臣位向君位为偏中正，君位视臣位为正中偏；君臣道合，便是所谓的兼带语。"

曹山说完，这时有位僧人出来问道："怎样才是君位呢？"

曹山禅师说："高妙的品德在寰宇之内为最尊贵，高明而清静的旨趣比太虚更加清朗。"

僧人又问："臣位说的是什么？"

曹山禅师说："灵活的机锋可以弘扬圣明道统，真正的智慧可以利益众生。"

僧人又问:“臣位向君位说的是什么?”

曹山禅师说:“不堕入诸种异趣，凝情而望圣容。”

有僧人问:“君视臣说的是什么?”

曹山禅师说：“妙微之容虽不曾动，而光烛之照却无偏袒。”

僧人又问:“君位与臣位道合说的是什么呢?”

曹山禅师说：“浑然一体不分内外，和融安详上下太平。”

又说道：“以君位、臣位、偏位、正位为喻，是不欲犯中道，所以臣称呼君，不敢直呼其名称，这是我所言佛法的宗要。”

于是，曹山禅师作了一个关于五位君臣大意的偈颂，以为说明：

参学之人心仔细，最初先得识自宗，
真如之理尽玄妙，顽劣空洞不可杂。
妙悟辨明真如体，洞悉参道有伤触，
若能逢得机缘在，何必再思借其中。
出语高明无痕迹，野火烈焰烧不着，
潜心自证释迦道，修证佛果同古人。
本来身体无实有，有事须知超歧路，
今日追求涅槃境，无事无身落始终。

五位君臣答问

原典

僧问："如何是正中偏？"

汾阳昭云："玉兔[1]既明初夜后，金鸡[2]须唱五更前。"

道吾真云："诸子投来见大仙[3]。"

宏智觉云："云散长空后，虚堂夜月明。"

翠岩宗云："菱花未照前。"

华严觉云："更深垂却夜明帘。"

"如何是偏中正？"

汾云："毫末成大树，滴水作江湖。"

吾云："万水千山明似镜。"

智云："白发老婆羞看镜。"

岩云："团栾[4]无少剩。"

觉云："天晓贼人投古井。"

"如何是正中来？"

汾云："旱地莲华朵朵开。"

僧云："开后如何？"

汾云："金蕊银丝承玉露，高僧不坐凤凰台。"

吾云："皎洁乾坤震地雷。"

智云:“霜眉雪鬓火中出，堂堂终不落今时。”

岩云:“遍界绝尘埃。”

觉云:“百卉承春在处开。”

“如何是兼中至⑤?”

汾云:“意气不从天地得，英雄岂借四时催?”

吾云:“施设纵横无所畏。”

智云:“大用现前，不存轨则。”

岩云:“啮镞功前戏。”

严云⑥:“雨雪交加无处避。”

“如何是兼中到?”

汾云:“玉女抛梭机轧轧，石人打鼓韵冬冬。”

吾云:“黑白未分前已过。”

智云:“夜明帘外排班早，空王⑦殿上绝知音。”

岩云:“十道⑧不通耗。”

严云:“两头截断无依倚，心法⑨双忘始得玄。”

注释

①**玉兔:** 传说中月中有白兔，故以代月。傅咸《拟天问》曰:“月中何有?玉兔捣药。”月亮有时也称金兔，因月光似金而言。

②**金鸡:** 古人以为天鸡星动，就要有大赦，故大

赦时，竖长杆，顶立金鸡，然后集罪犯，击鼓，宣读赦令。此处金鸡指报晓之公鸡。

③**大仙**：梵文Maharsi，行道而求长生之人名为仙，佛子为仙中之极尊，故称大仙。

④**团栾**：圆貌，喻团聚。

⑤**兼中至**：寂音和尚以为当作偏中至。

⑥严云，当为“觉云”。

⑦**空王**：佛之异名，法曰空法，佛曰空王，以空无一切邪执，为入涅槃城之要门故也。《圆觉经》曰：“佛为万法之王，又曰空王。”

⑧**十道**：《守护国界主陀罗尼经》复有十道，是解脱道，谓不杀生、不偷盗、不邪行、不妄语、不两舌、不恶口、不绮语、不贪、不嗔、不邪见。

⑨**心法**：一切诸法，分色心二法，有质碍为色法，无质碍而有缘虑之用，或为缘起诸法之根本者为心法。此心法，显密二教不同，显教以心法为无色无形，密教以为有色有形。心，梵文Citta，为一切精神现象之总称，与识、意等概念相通，一切属心之现象，称为心法。法，梵文Dharma，指轨持，轨指轨持，可生物解，持为任持，不舍自相，前者谓有一定的规范或规律，人可以认识；后者谓自性或质的规定性。

译文

有僧人问："正中偏说的是什么呢？"

汾阳昭禅师说："月亮已明正当初夜之后，金鸡报晓当在五更之前。"

道吾真禅师说："诸子投来而遇佛子大仙。"

宏智觉禅师说："万里长空雨过天晴云散尽，空虚寂静之庭堂明月夜成辉。"

翠岩宗禅师说："菱花前未照。"

华严觉禅师说："更深夜阑帘中明。"

有僧人问道："偏中正说的是什么呢？"

汾阳昭禅师说："毫末细枝可以长成大树，滴水汇聚可以成为江湖。"

道吾真禅师说："万水千山似镜明媚。"

宏智觉禅师说："满头白发的老太婆不好意思看自己那布满沟壑的尊容。"

翠岩宗禅师说："团栾之像无有剩。"

华严觉禅师说："天明盗贼投古井。"

有僧人问："正中来说的是什么呢？"

汾阳昭禅师说："旱地莲花朵朵盛开。"

僧人又问："旱地莲花朵朵盛开以后又怎么样呢？"

汾阳昭禅师说："花蕾上的金色花蕊银色花丝承受玉

露滋润，高明僧人不孤坐于凤凰台上。”

道吾真禅师说：“天地皎洁而雷声震地。”

宏智觉禅师说：“如霜之眉，如雪之鬓经过火炼而形成，堂堂之容终不在今时落。”

翠岩宗禅师说：“遍普世界无尘埃。”

华严觉禅师说：“百花在春天来临时开放。”

有僧人问道：“兼中至说的是什么？”

汾阳昭禅师说：“意气不能从天地之中求得，英雄难道能靠着四季变化来催促吗？”

道吾真禅师说：“施设纵横无所畏惧。”

宏智觉禅师说：“大用在现前，不存任何规则。”

翠岩宗禅师说：“口啮箭镞戏前功。”

华严觉禅师说：“雨雪交加无处躲藏。”

僧人问道：“兼中到说的是什么呢？”

汾阳昭禅师说：“玉女抛梭织布机轧轧响，石人打鼓鼓声咚咚有韵律。”

道吾真禅师说：“黑白尚未分时已过去。”

宏智觉禅师说：“夜刚黎明，朝廷寝宫帘外大臣早早排班欲上朝，而佛王之殿却渺而无知音之人。”

翠岩宗禅师说：“十解脱道不空耗。”

华严觉禅师说：“两头截断无所依赖，心法双忘才可得玄旨。”

寂音禅师正五位君臣之讹

原典

寂音[1]正五位之讹

寂音曰："道愈陵迟，至于列位之名件，亦讹乱不次。如正中偏、偏中正，又正中来、偏中至，然后以兼中到总成五位。今乃易偏中至为兼中至，不晓其何义耶？而老师大衲，亦恬然不知，怪为可笑也。"

夫黑白[2]未分，难为彼此，玄黄[3]之后，方位自他。于是借黑权正，假白示偏。正不坐正，夜半虚明；偏不坐偏，天晓阴晦。全体即用，枯木华开；全用即真，芳丛不艳。摧残兼带，及尽玄微；玉凤金鸾，分疏不下。是故威音那畔[4]，休话如何，曲为今时由人施设。略陈管见，以示方隅，冀诸同心，幸毋抚掌。

安曰："正中偏，乃垂慈接物，即主中宾，第一句夺人也；偏中正，有照有用，即宾中主，第二句夺境也；正中来，乃奇特受用，即主中主，第三句人境俱夺也；兼中至，乃非有非无，即宾中宾，第四句人境俱不夺也；兼中到，出格自在，离四句[5]绝百非[6]，妙尽本无之妙也。”

注释

①**寂音：**即寂音尊者，唐大庄严寺慧龄之弟子。《续高僧传》卷二十八附传。

②**黑白：**善恶之异名。《俱舍论》卷十六曰：“诸不善业一向名黑，染污性故。色界善业一向名白，不杂恶故。”即黑白二业也。

③**玄黄：**天玄地黄。

④**威音那畔：**威音王佛以前，指向下之实际理地，威音以后，即向下之佛事门也。

⑤**四句：**如四句偈文、四句分别、四句推检是也。四句偈文如诸行无常等偈；四句分别指以有空分别诸法，谓为有而非空，是第一句有门也。反之而谓为空而非有，是第二句空门也。反之而谓为亦有亦空，是第三句亦有亦空门也。反之而谓为非有非空，是第四句非有非空门也。有无之法门尽于此，更无第五句。就一异有无等义而分别，也如此称为四句门，又称为四句分别；四句推检是以自因、他因、共因、无因之四句，推检有为法，以证诸法之不生不可得也。《中论》曰：“诸法不自生，亦不从他生，不共不无因，是故知无生。”此当指四

宾主而言。

⑥**百非：**百者，举大数。非者，非有非无等，为非认也。《涅槃经》卷二十一曰："如来涅槃非有非无，非有为非无为……非十二因缘，非不十二因缘。"《三论玄义》曰："牟尼之道，道为真谛，体绝百非。"又曰："若论涅槃，体绝百非，理超四句。"《演密钞》卷二曰："离诸过罪者，离四句、百非也。"《涅槃经·金刚身品》就如来之金刚身出实数百非。孤山和尚著有《百非钞》一卷。

译文

寂音禅师说："现在佛道不振，凋敝陵迟，甚至连五位君臣的名称也混乱不堪。譬如说有正中偏、偏中正，又有正中来、偏中至，然后以兼中到总成五位君臣。现在却以偏中至为兼中至，不知道是什么意思？而著名禅师高僧，也恬然不知，这实在是件十分好笑的事情。"

如果没有分别黑白，黑白混为一体，难以分别彼此，就无所谓区别了。但天玄地黄，天地产生之后，便有了上下左右的方位概念。所以，人们便设立了各种对立区别的概念，如以黑来衡量正位，以白来代表偏位。如果正位不坐于正位，就譬如到了夜晚，天本应以黑为正位，却显出不正常的面貌，而光明灿烂；如果偏位不处于偏的位置，就譬如光天化日的白天，却是一片黑沉沉的景象。全体便是用，枯树也开花；全用即是真，丛草花芳不鲜艳。摧残兼带，及尽其至玄至微；玉凤金鸾，分疏不下。所以威音王佛之前，不说怎么样，到了今天由人施设。我略陈狭隘见解，以就教于大方，期望各位禅门同仁，不要耻笑。

明安禅师说："正中偏，乃是垂下慈悲之怀，接引有利万物，这是主位中之宾客，是第一句是破除对人我的执着；偏中正，有照有用，是宾中之主，是第二句为破除对外境的执着；正中来，是一种奇特的受用，是主中之主，是第三句人与外境皆不破除；兼中至，是一种非有非无的境界，即宾中之宾，是第四句人境俱不破除；兼中到，超出常格，自在觉悟，不在四句宾主之言中，堵绝百种非有非无，而妙尽本即是空无的妙旨。"

洞山禅师功勋五位

原典

向、奉、功、共功、功功。

僧问师："如何是向[1]？"

师曰："吃饭时作么生[2]？"又云："得力须忘饱，休粮更不饥。"

"如何是奉[3]？"

师曰："背时作么生[4]？"又曰："只知朱紫贵[5]，辜负本来人。"

"如何是功[6]？"

师曰："放下锄头时作么生[7]？"又曰："撒手端然坐，白云深处闲。"

"如何是共功[8]？"

师曰："不得色[9]。"又曰："素粉难沉迹，长安不久居。"

"如何是功功[10]？"

师曰："不共[11]。"又曰："混然无讳处，此外更何求。"

注释

①**向**：指趣向此事。

②**吃饭时作么生**：指此事不可吃饭时无功勋而有间断。

③**奉**：承奉，如人奉事长上，先致敬而后承奉，向乃功勋所立，才向即有承奉之意。

④**背时作么生**：指此事无间断，奉时既如此，背时亦如之。言背即奉之意，盖奉背皆为功勋之故。

⑤**朱紫贵**：朱为正色，紫为间色之好者。唐官员服装，三品以上衣紫色，五品以上衣朱色，六品以下则衣绿，因而朱紫喻高官。

⑥**功**：即用也。

⑦**放下锄头时作么生**：把锄头是用，放下锄头是无用。此言用与无用皆功勋。

⑧**共功**：指法与境相敌。

⑨**不得色**：法与境不得成一色，正用时是显无用，无用即用。

⑩**功功**：法与境皆空，指无功用大解脱。

⑪**不共**：无法可共，即法界事事无碍，无你无我。

译文

洞山禅师功勋五位包括向、奉、功、共功、功功五种。

有僧人问洞山禅师说："向说的是什么？"

洞山禅师说："吃饭时有什么感觉？"又说："得到力应忘记饱的问题，绝食不吃粮应不觉得饥饿。"

僧人又问："奉指的是什么？"

洞山禅师说："背过时会怎么样？"又说："只知道穿朱紫衣服为官为宦的富贵，而不知道辜负了本来的人生。"

僧人又问："功说的是什么？"

洞山禅师说："放下锄头时怎么样？"又说："放开锄头撒手端正坐，白云冉冉，在遥远的角落自有其悠闲之态。"

僧人又问："共功说的是什么？"

洞山禅师说："法与境不得成一色。"又说："白粉之迹难掩沉，长安之地不久居。"

僧人又问："功功说的是什么？"

洞山禅师说："法界事事无碍，无你无我，无法可共。"又说："浑然一体无避讳之处，除此之外不追求。"

五位功勋之答问

原典

僧问翠岩："如何是转功就位[1]？"

岩云："撒手无依全体现，扁舟渔父宿芦花。"

"如何是转位就功？"

岩云："半夜岭头风月静，一声高树老猿啼。"

"如何是功位齐施？"

岩云："出门不踏来时路，满目飞尘绝点埃。"

"如何是功位俱隐？"

岩云："泥牛饮尽澄潭月，石马加鞭不转头。"

注释

①**转功就位**：功即用，即用与位的结合。

译文

有僧人问翠岩宗禅师说："转功就位说的是什么？"

翠岩宗禅师说："撒手无靠而现全体，渔父驾一叶扁舟宿于芦花丛中。"

僧人又问：“转位就功说的是什么？”

翠岩宗禅师说：“半夜岭头风清月明，高树传来一声老猿啼。”

僧人又问：“功位齐施说的是什么？”

翠岩宗禅师说：“出门不走来时走过的路，满眼飞尘绝点埃。”

僧人又问：“功位皆隐说的是什么呢？”

翠岩宗禅师说：“泥牛饮尽澄潭水，潭中无水不见月亮的影子，石马不走，加鞭催促仍不转头。”

曹山禅师五位君臣图

原典

夫正者，黑白未分，朕兆未生，不落诸圣位也。偏者，朕兆兴来，故有森罗万象，隐显妙门也。

◓白衣虽拜相，此事不为奇。积代簪缨者，休言落魄时。

◒子时当正位，明正在君臣。未离兜率[1]界，乌鸡雪上行。

⊙焰里寒冰结，杨花九月飞。泥牛吼水面，木马逐风嘶。

○[2]正宫初降日，玉兔不能离。未得无功旨，人天何太迟？

●[3]混然藏理事，朕兆卒难明。威音王未晓，弥勒岂惺惺？

五位功勋图[4]

◓正中偏诞生内绍　君位　向　黑白未变时。

◒偏中正朝生外绍　臣位　奉　露。

⊙正中来末生隐栖　君视臣　功　无句有句。

○兼中至化生神用　臣向君　共功　各不相触。

●兼中到内生不出　君臣合　功功　不当头。

石霜答五位王子[5]

“如何是诞生王子？”

霜云：“贵裔非常种，天生位至尊。”

“如何是朝生王子？”

霜云：“白衣为足辅，直指禁庭中。”

“如何是末生王子？”

霜云：“修途方觉贵，渐进不知尊。”

“如何是化生王子？”

霜云：“政威无比况，神用莫能俦。”

"如何是内生王子？"

霜云："重帏休胜负，金殿卧清风。"

注释

①**兜率：**界名、天名，意为上足、妙足、知足、喜足等。欲界之天处，在夜摩天与乐变化天之中间，下当第四重，分天处内处之二，其内院为弥勒菩萨之净土，外院则天众之欲乐处。

②**○：**《五灯会元》偏中至不作◉而作纯白，见"五位君臣"注。是由于把"偏中至"当作"兼中至"，寂音已辨讹。

③**●：**《五灯会元》以兼中到为纯黑，而不作◐。

④**五位功勋图：**曹山本寂所作，其中诞生、朝生、末生、化生、内生指五位王子，与内绍、外绍、隐栖、神用、不出分别相支持。五位王子及内外绍俱见后注。

⑤**五位王子：**包括诞生王子、朝生化子、末生王子、化生王子、内生王子。诞生王子喻心本是佛，不假修持，本自圆成，不劳证悟。但是，犹应知向上一路，就如皇后所生太子，虽天然尊贵，名曰诞生，也名内绍，也名王种，也名正位。要知此位，也应转却，若不转，便也堕在尊贵边。

朝生王子指修行人未能得本来尊贵，须借修证，如始觉向于本觉，葵倾藿奉，运用圣智，调和妄情，善理真性，而得圆成。就恰如世间开国元勋，有大功劳，一朝封以王位，故也称为王子。这已是在偏位中生出，不同王种，也有外绍宰相之类。有了诞生之王，振纪宗纲，一定要假手外绍，三人主掌门户，内外体隆道法方正，所以又有其他王子。

末生王子，指修行之人，虽借助功修，终无污染。犹如幻智，随流漂没，忽尔回光，幻灭觉圆，方信自心不从人得，扫除都净，不挂一丝，入尘而不染尘，得解脱智慧的，也是朝生中的庶子，群臣位也。

化生王子喻修行人，万缘具尽，自己之勋业已成，却又广运悲智，入廛垂手，旁宣正化，头头上显，物物上明，犹如庙外威权，设施不犯，不只安贴家邦，也要把定世界。这也是朝生庶子中之子、将军之位。

内生王子喻修行人，既已证修，正化已毕，复还本体，不出深宫，纵横自在，体用不彰，理事俱泯。常常居于尊贵位中，与诞生同体。此虽幼小，也可绍续，也名内绍，是诞生处之幼子。

译文

所谓正位，指黑白未分之时，无一切朕兆，不落入诸种圣位。所谓偏位，指朕兆已萌生，所以有森然罗列之万象，已隐显诸妙门。

◓为正中偏。没有官阶的书生，忽然之间被任命为宰相，这虽然很了不起，但却不必奇怪。数代达官的世家，也不要说落魄之时的不幸。

◒为偏中正。夜半子时为正当之位置，明正在于君与臣之位。不离兜率界，乌鸡行于雪地上。

⊙为正中来。火焰之中结寒冰，杨树之花九月开。泥牛声吼传水面，木马追风长嘶鸣。

○为兼中至。正宫初降时，月光不可离。没有得到无功之旨，人天为何却太迟？

●为兼中到。浑然一片藏事理，朕兆不分终难明。威音王子不知晓，弥勒佛王不相惜？

曹山五位功勋图

◓正中偏诞生王子内绍为君位，为向上，为黑白未分之时。

◒偏中正朝生王子外绍为臣位，为奉持，为露。

⊙正中来末生王子隐栖为君视臣，为功用，无用有用。

○兼中至化生王子神用为臣向君，为境法相共之用，各不相抵触。

●兼中到内生王子不出为君臣道合，为无功用之功，大解脱，不当头。

石霜禅师答五位王子

有僧人问："诞生王子说的是什么？"

石霜禅师回答说："天生贵胄子弟不是寻常的血统，因为他的母亲身居皇后尊位，所以他自从一出生，便有太子之位。"

有僧人问："朝生王子说的是什么？"

石霜禅师回答说："昨日尚是一介白衣平民，一朝拜为卿相，直入禁庭之中辅弼至尊君王。"

有僧人问："末生王子说的是什么？"

石霜禅师回答说："不是天生不顿贵，长途漫漫勤修持，贵在不松懈，而天天有进步。直到至尊之位，自己已不知为尊。"

僧人又问："化生王子说的是什么？"

石霜禅师回答说："政治之威无法比拟，神妙之用不可与俦侣。"

僧人又问："内生王子说的是什么？"

石霜禅师回答说："重幄之中不论胜与负，金殿之上卧清风。"

寂音禅师说内绍与外绍

原典

寂音说王种内绍外绍[①]

寂音曰："此如唐郭中令[②]、李西平[③]皆称王，然非有种也，以勋劳而至焉。高祖[④]之秦王[⑤]，明皇[⑥]之肃宗[⑦]，则以生帝王之家，皆有种，非以勋劳而至者也。谓之内绍者，无功之功也，先圣贵之。谓之外绍者，借功业而然，故又名曰借句。曹山章禅师偈略曰：'妙明体尽知伤触，力在逢缘不借中。'云居弘觉禅师曰：'头头上了，物物上通，只唤作了事人，终不唤作尊贵，将知，尊贵一路自别。'"

注释

①**王种内绍外绍：**绍指继续、相续、不断之义。内指正位中威音那畔，知向里许承当担荷，是为内绍。如

修行人，明心见道，于日用中，头头显现，物物分明，实无差互，左右逢源，不假修进，不假行持，当体便证无上菩提，犹如诞生，本来尊贵，故名王种，以能绍继君位也。外指偏位，今时门中，一切对境触物处也。向外绍则臣位，如修行人，不明自心，不见自性，不了正因，全未知有，且教你知道有续起之功效，所以称为外绍。

②**唐郭中令：**即唐名将郭子仪，生于公元六九七年，唐大将。华州郑县（今陕西华县）人，以武举累官至天德军使兼九原太守。安史乱起，任朔方节度使，在河北击败史思明。肃宗即位，任关内河东副元帅，配合回纥兵收复长安、洛阳，因功升中书令。后又进封汾阳郡王。代宗时仆固怀恩叛变，纠合回纥、吐蕃攻唐，他说服回纥统治者与唐联兵，以拒吐蕃。德宗即位，尊为尚父。公元七八一年去世。

③**李西平：**指李晟，唐将领。生于公元七二七年，字良器，洮州临潭(今属甘肃)人。初至西北边镇为裨将，屡立战功，后调任右神策军都将。德宗时率军讨伐藩镇田悦、朱滔、王武俊的叛乱；朱泚叛据长安，他回师讨平，收复长安。任凤翔、陇右节度等使，兼四镇、北庭行营副元帅，封西平郡王。贞元三年（公元七八七年）被解除兵权。公元七九三年去世。

④**高祖：**即唐高祖（公元五六六—公元六三五年），即李渊，唐王朝的建立者，祖籍陇西成纪（今甘肃静宁西南）人。一说陇西狄道人，一说巨鹿郡人。贵族出身，世袭唐国公，大业十三年（公元六一七年）任太原留守。后起兵，乘隋为农民义军将灭之机，立炀帝之孙杨侑为帝，次年逼杨侑让位，建立唐朝。在位九年，因李世民发动政变而逊位，为太上皇。

⑤**秦王：**即李世民（公元五九九—六四九年），为李渊次子。李渊即位后，封为秦王，任尚书令。武德九年(公元六二六年）发动玄武门之变，杀死太子及兄弟，即帝位，为太宗。在位二十余年，号为贞观之治。

⑥**明皇：**即唐玄宗（公元六八五—七六二年），谥为“至道大圣大明孝皇帝”，名李隆基。唐隆元年（公元七一〇年）与太平公主合谋发动政变，杀韦后，拥其父睿宗即位，被立为太子。延和元年（公元七一二年）逼父禅位，后又杀太平公主。有开元、天宝之盛。但因宠幸李林甫，以及原为儿子寿王之妃的杨贵妃之兄杨国忠，导致安史之乱。乱起之后，仓皇西逃。太子亨在灵武即位，尊为太上皇。后抑郁而死。

⑦**肃宗：**即唐肃宗，名李亨（公元七一一—七六二年），安史乱起，于公元七五六年即位，借回纥兵平息叛乱。即位后重用宦官，宝应元年（公元七六二年）宦官

李辅国、程元振等发动政变，拥立太子李豫，惊忧而死。

译文

寂音说王种内绍外绍

寂音禅师说："这就譬如唐代名将郭子仪中书令和西平郡王李晟，都是郡王，但都不是天生王种，而是以功劳卓著而受封为王。唐高祖李渊之子秦王李世民，唐明皇之子肃宗李亨，则是因为是生于帝王之家的龙种，而不是因为功劳而至尊位。称为内绍，指无功之功，先圣所贵。称为外绍，是指借建立功业而然，所以又称为借。曹山本寂禅师有偈语说：'妙悟辨明真如体，洞悉参道有伤触，若能逢得机缘在，何必再思借其中。'云居弘觉说：'头头上了，物物上通，只可称为了事之人，终不可称为尊贵，据此可知，尊贵一途自与其他不同。'"

曹山禅师三种堕业

原典

曹山云："凡情圣见，是金锁玄路[1]，直须回互。夫取正命食[②]者，须具三种堕：一者披毛戴角，二者不断声色，三者不受食。”

稠布衲问：“披毛戴角是什么堕？”

曰：“是类堕。”

问：“不断声色是什么堕？”

曰：“是随堕。”

问：“不受食是什么堕？”

曰：“是尊贵堕。”

乃曰：“夫冥合初心而知有，是类堕。知有而不碍六尘[③]，是随堕。《维摩》曰：‘外道六师[④]是汝之师，彼师所堕汝亦随堕，乃可取食。’食者，正命食也。食者，亦是就六根[⑤]门头见闻知觉，只是不被他污染将为堕，且不是同也。”

明安曰：“此三种须明转位始得，一作水牯牛是类堕，是沙门转身语，是异类中事。若不晓此意，即有所滞。直是要尔一念无私，即有出身之路。大珠和尚因维摩座主问：‘经云：彼外道六师是汝之师，汝师所堕，汝亦随堕。其施汝者，不名福田[⑥]；供养汝者，堕三恶道[⑦]。谤于佛，毁于法，不入众数，终不得灭度[⑧]。汝若如是，乃可取食。今请禅师明为解说。’大珠曰：‘迷循六根，号为六师；心外求佛，名为外道；有物可施，不名福田；生心受供，堕三恶道。汝若谤于佛者，是不着佛求；毁

于法者，是不着法求；不入众数者，是不着僧求；终不得灭度，是智用现前。若如是解者，便得法喜禅悦之食⑨。'

“二曰：不断声色是随堕，以不明声色故随处堕。须向声色有出身之路。作么生是声色外一句？答：声不是声，色不是色，故云不断。指掌当指何掌也？

“三曰：不受食是尊贵堕，须是知那边了，却来这边行履，不虚此位，即堕尊贵矣。”

注释

①**金锁玄路：**曹山三种纲要，一曰敲唱双行，二曰金锁玄路，三曰不堕凡圣，又称为理事不涉。

②**正命食：**二食之一，指出家人乞食。参后注。

③**六尘：**色、声、香、味、触、法六境。此六境为眼、耳、鼻、舌、身、意六识所认识感觉的六种境界，为十二处中的外六处、十八界的六境界。是根据识体作用不同，对认识对象所作的分类，如眼能视色，耳能闻声，鼻能辨香，舌能尝味，身能触物，后者便成为前者的境界。法作为意识的境界，范围最广，包括人的一切认识对象。《俱舍论》卷二曰：“六根六识十二名内，外谓所余色等六境。”又曰：“十八界中，色等五界如其次第，

眼等五识各一所识，又总皆是意识所识。”瑜伽行派的唯识学说明确提出识外无境，故六境均属一心之变现。此六境如尘埃一般污染人的情识，故曰六尘。因能引人迷妄，又曰六妄。因能令善衰灭，故名六衰。能劫持一切善法，故名六贼。

④**六师：**与释迦牟尼同时代的反婆罗门教正统思想的六派代表人物，因与佛教主张不同，被称为外道六师。据《长阿含经》卷十七、《增一阿含经》卷三十二、隋吉藏《百论疏》卷上之中，智𫖮《摩诃止观》卷十上等，为下列六人：

（一）富兰那·迦叶（Pūrana Kāśyapa），姓迦叶，从母得名富兰那，否认因果报应说，认为万有不生不灭，被称为无因无缘论。

（二）末伽梨·俱舍梨子（Maskāri Gośāliputra），从母得名俱舍梨子，以末伽梨为字。否认善恶果报，主张无有今世，亦无后世，无父无母，无天无化，无众生，被认为是邪命外道的创始人。

（三）删阇夜·毗罗侭子（Sañjaya Vairaṭiputra），从母得名毗罗侭子，字删阇夜。对果报说不作正面回答，以为此事实、此事异、此事非异非不异，又主张道不须修，经八万劫自然而得，被认为是怀疑论和不可知论者。

（四）阿耆多·翅舍钦婆罗（Ajita Keśakambala），

字阿耆多，钦婆罗是所穿粗弊衣名，意译为无胜发衣。认为人由四大组成，死后地大还归地，水还归水，火还归火，风还归风，皆悉坏败，诸根归空。也否认因果报应说，又认为人身有苦乐两方面，现受苦尽，乐法自出，被认为是古印度顺世论的先驱。

（五）迦罗鸠驮·迦旃延（Krakuda Kātyana），姓迦旃延，从母得名迦罗鸠驮。认为无因无缘，众生染着；无因无缘，众生清静；一切众生有命之类，皆悉无力，不得自在。

（六）尼乾陀·若提子（Nigaṇṭha Nāṭaputta），又名筏驮摩那（Vardhamāna），耆那教创始人，教徒尊称为大雄（Mahāvīra），相传为公元前六世纪至五世纪人，生于古印度吠舍离一个王族家庭，属刹帝利种姓。三十岁出家修行，四十二岁成道，传教三十余年，主要在摩揭陀、安伽、弥湿罗及拘萨罗等地方活动，七十二岁死于白婆。

耆那教的基本教义是业报轮回、灵魂解脱、非暴力和苦行主义。反对吠陀权威和祭祀，守五戒，提出三条解脱的道路，称为三宝，即正智、正信、正行。五戒为不杀生、不欺诳、不偷盗、不奸淫、戒私财。分宇宙万物为命和非命两种，在判断理论上提出或然论的七支论法，即有；无；亦有亦无；非有非无，不可言；有，不可言；无，不可言；有、无，不可言。一世纪时，由于教徒对教祖遗训的解释不同，分成天衣派和白衣派，后又继续分裂成各种小派别。汉译佛典称耆那教为尼乾外道、无系外道、裸形外道、无惭外道、宿作因论。

⑤**六根：**梵文 Ṣaḍindriya，被视为心所依者，是有情本，亦名六情，为十二处之内六处、十八界之六根界，指眼、耳、鼻、舌、身、意，具有能取相应之六境，生长相应之六识的六种功能，据《俱舍论》卷三，其中前五根“于能了别个别境识有增上用，第六意根于能了别一切境识有增上用”。说一切有部等把眼等五根分为两种：生理器官叫扶尘根，指眼球、耳穴、鼻柱等可见部分，以四大（即地、水、火、风四种构成色法的基本元素，以其能造作一切色法，称能造四大，被造作之诸色法，称四大所造。其作用是持、摄、熟、长，属性为坚、湿、暖、动）为体，对取境生识只起扶助作用，实际起取境生识作用的称胜义根，胜义根虽非生理机能，但却是五根据以发生感觉认识作用的实体。胜义根以四大所生净色为性。至于第六意根，则为意界。瑜伽行派等从唯识义上讲六根，《成唯识论》卷一曰：“谓识生时，内因缘力，变似眼等、色等相现，即以此相为所依缘。”即六根和六境一样，都是内识所变。

⑥**福田：**田以生长为义，于应供养者供养之，则能

受诸福报，犹如农夫播种于田亩，有秋收之利，故名福田。

⑦**三恶道：**依恶业可往来之处有三所，名为三恶道。一为地狱道，成上品十恶业者趣此；二为饿鬼道，成中品十恶业者趣此；三为畜生道，成下品十恶业者趣此。佛曰十恶，与十善相对，为杀生、偷盗、邪淫、妄语、两舌、恶口、绮语、贪欲、嗔恚、邪见，十恶乖理，即十不善道。而身业不杀生、不偷盗、不邪淫，口业不妄语、不两舌、不恶口、不绮语，意业不贪欲、不嗔恚、不邪见，即为十善。

⑧**灭度：**梵文 Nirvāṇa，有有余、无余之二，即涅槃也。言灭度，灭生死之因果，度生死之瀑流，灭即度也。

⑨**法喜禅悦之食：**即法喜食与禅悦食二食。法喜食指闻法欢喜，因而增长善根资益慧命，犹世间之能养诸根支持其身也。禅悦食，入于禅定得安静之悦乐，因而增长善根资益慧命，犹世间之食能养诸根支持其命也。

译文

曹山禅师说："凡人之情，圣人知见，是所谓金锁玄路，只应回互。取正命食之乞食方式的出家之人，应具备三种堕业：一是身披毛，头戴角；二为不断声色；三为不受食。”

曹山说完，有稠布衲人问道：“身披毛，头戴角是一种什么堕业？”

曹山禅师说道：“是种类之堕业，人而为异类畜生中。”

又问道：“不断声色是一种什么堕业？”

曹山禅师回答说：“是随堕。随声逐色，明声色，知声不自声，色不自色，声色本无，因心假立，须是不着见面，向声色中，有出身之路。”

又问道：“不受食是什么堕业？”

曹山禅师答道：“是所谓的尊贵之堕业。受食是今时之事，不受食是那边之事，若执在那边，未免落在尊贵之中。应是知道那边，却在这边来实践，尊贵一位也应虚却。”

于是曹山禅师又说：“道合本无之初心而知有为权立，是类堕，落入异类之堕业。知有而不滞碍于色、声、香、味、触、法六尘，是随堕，随声而逐色。《维摩诘经》说：‘旁门外道的六祖师是你的老师，他们这些老师所堕落之处你也随着堕落，才可以取食。’食，是所谓正命食，即以乞食自资色身，清静延命。食也是根据眼、耳、鼻、舌、身、意六根界门头见闻知觉，只是不被这六根界所伴随的六境尘污染而为堕落，虽明了而不与根柢随人。”

明安禅师说：“以上三种堕业，只有明白了转位才可以领会。第一,一旦转变为水牯牛，便堕入异类之中，是类堕，是沙门转身之意，是向异类中行之事。如果不明白这个意思，那便是有所滞碍。要是你能无一念私念，便有出身之路。为了说明此一事，我举一例，曾有僧人以《维摩诘经》问题问大珠禅师:‘《维摩诘经》说：旁门外道的六祖师是你的老师，他们这些老师所堕落之处你也随着堕落。他们所施与你的，不称为福田；供养你的人，堕入三种恶道，即地狱道、饿鬼道、畜生道。诽谤佛法，不入众僧数，终于不可灭度成佛。你若如此，才可以取食。现在请禅师为我解说一下这段话的意思。以开导我的执迷不悟。’大珠禅师对僧人说：‘迷循六根界之人，称为六种老师；心外而求佛，是所谓外道；有物可施，不称为福田；生有之心而受供养，便会堕入三恶道。你若诽谤佛道，是说明你并不求佛；诽谤法，是表明不求于法；不入于众僧之数，是表明不求为僧；而终不可成佛灭度，是你的智慧用在现前。你如果能得到这个解释，便可以得到法喜食和禅悦食。’

“第二，不断声色是随堕，因不明声色，所以随处堕。应向声色之中，找出出身之路，即明白声色只是暂立名称。有人问：声色外说的是什么呢？回答提问之人说：声不是声，色不是色，所以称为不断声色。譬如说指掌，指掌又指的是什么呢？

“第三，不受食是尊贵之堕业，应该是知那边已了，而却在这边实践，知现世之虚无，而处在虚无之中，这便是堕入尊贵堕业了。”

正命食

原典

正命食[①]

寂音曰：“《瑜伽师地论》[②]曰：死有三种，谓寿尽故，福尽故，不避不平等故。当知亦是时非时死，或由善心[③]，或不善心，或无记心。云何寿尽死？犹如有一随感，寿量满尽故死，此名时死。云何福尽故死？犹如有一资具缺，故死。云何不避不平等故死？如世尊说九因九缘，未尽寿量而死。何等为九？谓食无度量，食时不宜，不消复食，生而不吐，熟而持之，不近医药，不知于己，若损若益，非时非量。行非梵行[④]，此名非时死。予以是观之，乃知时而食，即不枉死，名正命食。黄檗曰：‘今时才出众来者，只欲多知多解，广求文义，唤作修行，不知多知多解翻成壅塞。惟多与儿乳酪，消与不消，都总不知。三乘学道人皆此样，尽名食不消。食不消者，所谓知解不消，皆为毒药，尽去生灭边收。真如之中，无此事故。’以此知，曹山贵正命食，立三堕。”

注释

①**正命食**：亦二食之一。出家之人，常以乞食自资色身，清净延命，故曰正命食。二为邪命食，依四邪或五邪之法而活命，故曰邪命食。四邪命食为：一、下口食，指种植田园和合汤药，以求衣食而自活命；二、仰口食，指以仰观星宿、日月、风雨、雷电、霹雳之术数学求衣食，而自活命；三、方口食，指曲媚豪势，通使四方，巧言多求以自活命；四、维口食，维为四维，指学种种咒术卜算吉凶，以求衣食而自活命也。此四种皆为不法之事而生活，为邪命。五邪：一、诈现异相，于世俗之人诈现奇特之相，以求利养；二、自说功能，说自己功德，以求利养；三、占相吉凶，学占卜而说人之吉凶以求利养；四、高声现威，大言壮语而现威势，以求利养；五、说所得利以动人心，于彼得利，则于此称说之，于此得利，则于彼称说之，以求利养。此见于《智度论》卷十九。

②**《瑜伽师地论》：** 梵文 Yogācāryabhūmi-śāstra，百卷，弥勒菩萨说，唐玄奘译。三乘之行人，谓为瑜伽师，瑜伽师所依所行之境界有十七聚，称为瑜伽师地、瑜伽师之地也。此论明瑜伽师所行之十七地，故名《瑜伽师地论》。瑜伽为相应之义，瑜伽宗为密教总名，瑜伽师为观行者总名。

③**善心：** 以惭愧之二法及无贪等之三根为善之自性，与之相应而起之一切心为善心。

④**梵行：** 梵者清净之义，断淫欲之法为梵行，即梵天之行法也。修梵行则生梵天。《智度论》曰："断淫欲天皆名为梵天，说梵皆摄色界，以是故断淫行法名为梵行，离欲亦名梵，若说梵则摄四禅四无色定。"

译文

正命食

寂音禅师说："《瑜伽师地论》指出：死有三种，一指寿命到了尽头，二是福已完，三是不避不平等。我们也应知道，这里的意思事实上包括是死之时和不是当死之时两种情况，或者由于善心，或者由于不善心，或者由无记心。为什么说寿尽而死？犹如有一随感，寿量满尽，所以死，这是合时而死。福尽而死说的是什么呢？犹如有一资具缺，所以死。怎样是不避不平等而死？如释迦牟尼佛说九因九缘，未尽寿量而死。怎样为九？指食没有度量，食之时不合时宜，不消化又食，生食而不吐出，熟食而持之，不近医药，不了解自身，如损如益，非时非量。行为不是清净梵行，这称为非时而死。我由此发现，所谓当时而死，便是不枉死，称为正命食。黄檗禅师曾说：'现在才出众来者，只想要多知多解，广求文义，称作修行，不知多知多解反而成为壅塞。只多多地给小儿乳酪吃，能不能消化，却一律不清楚。以声闻、缘觉、菩萨三种方法引导众生的人都是如此，称为食不消化。食不消化，便是所谓知解不消，皆是毒药，尽去向生灭边收束。真如之中，没有此类事故。'由此可知，曹山禅师贵正命食，而立三种堕业。"

不断声色堕、随堕、尊贵堕

原典

寂音曰："《维摩经》为坏和合相[①]故，应取揣食[②]；为不受故，应取彼食。以空聚想入于聚落，所见色与盲等，所闻声与响等，所嗅香与风等，所食味不分别，受诸触如智证[3]，知诸法如幻相，无自性[4]，无他性，本自不生，今则无灭。此不断声色堕所繇立也。”

又曰：“须菩提[5]不见佛，不闻法，彼外道六师，是汝之师。因其出家，彼师所堕汝亦随堕，乃可取食，此随堕之所繇立也。”

又曰：“谤于佛，毁于法，不入众数，终不得灭度。汝若如是，乃可取食，此尊贵堕之所繇立也。予尝观曹山，其自比六祖无所愧，以其荡圣凡之情，有大方便。南泉曰：‘三世诸佛[6]不知有，狸奴白牯却知有。’乃不如曹山止立一堕字耳。”

注释

①**和合相：**即和合性。法相宗不相应行法之一，指形成心色诸法的因缘能够和合的性质。

②**揣食：**即团食。四食之一，以手握食，为团而食，是印度人的食法。指欲界中一切之食物。印度人手握饭与菜纳入口中。也译为段食，分分段段而食之义。

③**智证：**以实智证涅槃。

④**自性：**诸法各有不变不改之性，是名自性。

⑤**须菩提：**也译为须浮帝、须扶提、苏底部等，意译为善现、善见、善吉、空生等。根据《撰集百缘经》

《增一阿含经》卷三等书载，须菩提为古印度拘萨罗国舍卫城人，属婆罗门种姓，出家为释迦牟尼十大弟子之一，以论证诸法性空著称，故称解空第一。

⑥**三世诸佛**：三世出现之诸佛。《法华经·方便品》指出："三世诸佛说法之仪式。"《观无量寿经》曰："三世诸佛净业正因。"三世指过去、现在、未来。过去佛为迦叶诸佛，现在佛为释迦牟尼佛，未来佛为弥勒诸佛。

译文

寂音禅师说："《维摩诘经》因坏和合相的缘故，应取手握团而食；因为不受的原因，应取彼食。以空聚想而入于聚落，所见为色与盲等，所闻为声与响等，所嗅为香与风等，所食之味无有分别，受各种接触如用实智证涅槃，知道诸种法为如幻相，无自性也无他性，本来自无有生，现在也就没有灭度。这是不断声色堕业建立的根据。"

又说道："以论证诸法性空著称的解空第一释迦牟尼佛弟子须菩提不见佛，不闻法，那些外道六师是你的老师。因他们而出家，他们所堕落你也追随而堕落，乃可取食，这是随堕所建立的根据。"

又说道："谤于佛，毁于法，不入众僧之数，终不得成涅槃灭度。你若能如此，才可以取食，这是尊贵堕业所由建立的根据。我曾观曹山禅师，他自比于六祖惠能而无所惭愧，因他荡扫凡情圣见，有大方便。南泉禅师说：‘过去佛迦叶诸佛，现在佛释迦牟尼佛，未来佛弥勒诸佛三世佛不知有有，而狸奴、白牯却知有有。’还不如曹山只立一个堕字。”

三种渗漏

原典

师谓曹山曰：“吾在云岩先师处，亲印宝镜三昧[①]事最的要，今以授汝，汝善护持，无令断绝。遇真法器，方可传授。直须秘密，不可彰露，恐属流布，丧灭吾宗。末法[②]时代，人多乾慧，若要辨验向上人之真伪，有三种渗漏，直须具眼。”

“一、见渗漏，机不离位，堕在毒海，妙在转位也。”

明安云：“谓见滞在所知，若不转位，即在一色。所言渗漏者，只是可中未尽善，须辨来踪，始得相续玄机妙用。”

“二、情渗漏，智常向背，见处偏枯。”

明安云："谓情境不圆，滞在取舍，前后偏枯，鉴觉不全。是识浪流转，途中边岸事[3]，直须句句中离二边，不滞情境。"

"三、语渗漏，体妙失宗，机昧终始，浊智流转，不出此三种。"

明安云："体妙失宗者，滞在语路，句失宗旨。机昧终始者，谓当机暗昧，只在语中宗旨不圆。句句中须是有语中无语，无语中有语，始得妙旨密圆也。"

注释

①**宝镜三昧：**指《宝镜三昧歌》，洞山大师所作，比心于明镜。

②**末法：**正、像、末三时之一，指去佛世长远而教法转微末之时期也。

③途中边岸事，一作途中未分边岸事。

译文

洞山禅师有一天对曹山禅师说："我在云岩禅师那里，亲自学习宝镜三昧，其事最为切要，现在我把它传授给你，希望你善为护持，不要让它断绝。遇见了真法器，才可以传授。而且应该保守使其秘密而藏，不可随意彰现暴露，而致广泛流布，丧灭我宗。去佛世久远而教法转为末微的时代，人多乾慧，如果要辨验求向上之人的真伪，有三种渗漏，只应具眼区别就是了。”

洞山禅师所谓三种渗漏，第一种是见渗漏，洞山禅师说：“一为见解之错误渗漏。机锋不离于位，堕业入毒海。其妙在于转变认识之位。”

明安禅师解释识见渗漏时说：“识见见解的错误认识，主要是滞碍于自身有所知悉，若不转位，即改变认识，便在于一色。所说的渗漏，只是可中未能尽善，一定要辨验来踪，才能相续玄机妙用。”

洞山禅师说第二种渗漏说：“第二种渗漏为情识的错误见解，智慧常常向背，见解之处偏枯。”

明安禅师解释情识渗漏时说：“情识的错误渗漏，指的是情与境不圆融，滞碍在于取舍，前后偏枯，鉴觉不完全。这是识见之浪涛流转，途中或边岸之事，直应句句之中离二边，不滞碍于情与境。”

洞山禅师说第三种错误见解渗漏道：“第三为语言文字的渗漏，体妙而失其宗旨，机缘蒙昧而不知终始，浊智流转，不出此三种渗漏。”

明安禅师解释说：“体妙而失其宗旨，指的是滞碍于语路而失去其宗旨。机缘蒙昧于终始，是说当遇机缘而暗昧，只在语中宗旨不圆融。句句之中应是有语中无语，无语中有语，才能使妙旨圆密。”

洞山禅师三路接引人的方法

原典

僧到夹山[①]，山问："近离甚处？"

僧云："洞山。"

夹山云："洞山有何言句？"

僧云："和尚道：'我有三路接人。'"

夹山云："有何三路？"

僧云："鸟道、玄路、展手[②]。"

山云："实有此三路那？"

僧云："是。"

山云："鬼持千里钞，林下道人悲[③]。"

后浮山圆鉴云："不因黄叶落，争知是一秋？"

注释

①**夹山：** 唐澧州夹山善会禅师，嗣船子德诚禅师，咸通十一年（公元八七〇年）卜夹山而成院宇，接海众。中和元年十一月圆寂，享年七十七岁。中和元年为公元八八一年，据此，生当公元八〇五年。澧州在今湖南澧

阳一带，隋时置松州，后改名澧州。

②**鸟道、玄路、展手：**洞山接引学人的三种方法。鸟道表现为直接的自悟和顿悟的解脱论，即人从自身去求解，放弃外向追求。鸟道不逢一人，崎岖难行；佛性圆成妙明，人人具足。解脱之道不劳反复指点，需是直下体悟，这主要是针对利根学人的方法。玄路主要是针对语渗漏，即禅师从玄妙语言去引导人悟解禅的宗旨，而学人也应从玄言中去体会禅的意义，从而不死于句下。三路之中，以鸟道、玄路为主。展手指当面提持，随机拈出。

③**鬼持千里钞，林下道人悲：**或作轨持千里钞，林下道人孤，或作轨持千里钵，林下道人孤。

译文

有僧人到夹山拜访夹山禅师善会，夹山善会禅师问道："你最近刚离开什么地方？"

僧人回答说："刚离开洞山。"

夹山禅师问道："洞山禅师有什么话？"

僧人说："洞山禅师说：'我有三路接引学人的方法。'"

夹山禅师问道："三路指的是什么？"

僧人说:“三路指的是鸟道、玄路、展手。”

夹山禅师问:“果真有这三种路之说法?”

僧人回答说:“是的。”

夹山禅师说:“轨持千里钞,林下道人悲。”

后来浮山圆鉴禅师说道:“不是因为黄叶落,怎知又是一度秋?”

明安禅师三句语

原典

安一日示众:“吾有三句:平常无生[①]句、妙玄无私句、体明无尽句。”

时有僧问:“如何是平常无生句?”

安云:“白云覆青山,青山不露顶。”

“如何是妙玄无私句?”

安云:“宝殿无人空侍立,不种梧桐免凤来。”

“如何是体明无尽句?”

安云:“手指空时天地转,回途石马出纱笼。”

注释

①**无生:** 即世界一切现象生灭变化的本质,也称

无生法。与涅槃、实相、真如、法性等含义相同，认为一切现象的生灭变化，都是世间众生虚妄分别的产物，本质在于无生，无生即无灭，故寂静如涅槃，为诸法实相、涅槃。

译文

明安禅师有一天对众僧宣法说："我有三句话，即平常而无生、妙玄而无私、体明而无尽。"

明安说完，便有僧人问道："平常无生说的是什么？"

明安禅师回答说："满天白云覆盖青山，青山峰顶为白云遮盖，不露在外。"

僧人又问："妙玄无私说的是什么？"

明安禅师回答说："宝殿之中无有人，只有空空地伫立。不要种梧桐大树，便不会招来凤凰，免去烦恼。"

僧人又问："体明无尽说的是什么？"

明安禅师说："手指空虚之时天地回转，返回途中石马跳出纱笼。"

原典

琅琊觉答三句[①]海印信答附

琊因僧请益次，乃曰："山僧亦有三句，报答大阳。"

僧问："如何是平常无生句？"

琊云："言前无的旨，句下绝追寻。"

印云："三脚虾蟆背巨鳌。"

"如何是妙玄无私句？"

琊云："金凤不栖无影树，玉兔何曾下碧霄？"

印云："白云覆青山。"

"如何是体妙无尽句？"

琊云："三冬枯木秀，九夏雪花飞。"

印云："须弥顶上浪滔天。"

琊云："将此三句语，供养大阳和尚。"便下座。

曹山四禁语[②]

莫行心处路，不挂本来衣，

何须正任么？切忌未生时。

注释

①**琅琊觉答三句：**此处除琅琊觉和尚答三句外，尚有海印信和尚之言三句。

②**四禁语：**也称投子语。投子为人名，唐舒州投子山义青，为大阳玄禅师法嗣。《五灯会元》卷十四记有法语。

译文

琅琊觉答明安三句语（附海印信语）

琅琊禅师因为僧众请益的缘故，所以说："我也有三句语，来解释大阳和尚之言。"

僧人问道："平常无生说的是什么？"

琅琊禅师回答说："言语之前没有目标宗旨，句子之下无迹可以追寻。"

海印禅师也说："三脚的虾蟆背着巨大的鳌。"

僧人问："妙玄无私说的是什么？"

琅琊禅师说："金色凤凰不栖栖于无影之树，月中玉兔何曾从碧霄中降下来？"

海印信禅师说："漫天白云覆盖青山。"

僧人又问：“体妙无尽说的是什么？”

琅琊觉禅师说：“冬天到最后的季节，枯木已发芽，夏天来的时间太长，则见雪花飞。”

海印信禅师说：“须弥山顶大浪滔天。”

琅琊觉禅师最后说：“我用这三句话，来供养大阳和尚。”琅琊禅师说完，便下座而去。

曹山禅师四禁语

要行不行心路处，欲穿不穿本来衣，
为何一定欲任正？关键在忌未生时。

曹洞宗门庭

原典

曹洞宗者，家风细密，言行相应，随机利物，就语接人。看他来处，忽有偏中认正者，忽有正中认偏者，忽有兼带，忽同忽异，示以偏正五位、四宾主、功勋五位、君臣五位、王子五位、内外绍等事。偏正五位者，正中偏者，体起用也；偏中正者，用归体也；兼中至，体用①并至也；兼中到，体用俱泯也。四宾主，不同临济；主中宾，体中用也；宾中主，用中体也；宾中宾，用中用，头上安头也；主中主，物我双忘，人法俱泯，不涉正偏位也。功勋五位者，明参学功位至于非功位也。君臣五位者，明有为无为也。王子五位者，明内绍本自圆成，外绍有终有始也。大约曹洞家风，不过体用、偏正、宾主，以明向上一路。要见曹洞么？佛祖未生空劫外，正偏不落有无机。

注释

①**体用：**一味之实相为体，因果之诸法为用。

译文

曹洞宗的特点是家风细密，言行相应，随机缘而利接众物，就语而接人。就其来处而言，忽然有所谓偏中认正，忽然又有正中认偏，忽然有所谓兼带，忽同而忽异，示人以偏正五位、四种宾主、功勋五位、君臣五位、王子五位、内外绍等。偏正五位，包括正中偏，即以体起用；偏中正，是以用归体；兼中至，是所谓体用并至；兼中到，是体用俱皆泯灭。四宾主也不同于临济四宾主；主中宾，是体中之用；宾中主，是用中之体；宾中宾，是用中之用，头上安头；主中主，是物我双忘，人与法俱皆泯灭，不涉入正位与偏位。功勋五位，是明示参学之人，由功位而至于非功位。君臣五位，是明有为与无为。王子五位，是明示内绍本自圆融而成，外绍则有终有始。大约曹洞宗家风，不过是讲体用、偏正、宾主，以指出参学之人向上的途径。要求曹洞宗吗？佛祖未生于空劫之外，正与偏位不落于有无之机锋。

曹洞宗要诀

原典

新丰一派荷玉分流，始因过水逢渠，妙见无情说法。当今不触，展手通玄，列五位正偏，分三种渗漏。夜明帘外，臣退位以朝君；古镜台前，子转身而就父。雪覆万年松径，夜半正明；云遮一带峰峦，天晓不露。道枢绵密，智域囦[①]深。默照空劫已前，湛湛一壶风月；坐彻威音那畔，澄澄满目烟光。不萌枝上花开，无影树头凤舞。机丝不挂，个中双锁金针；文彩纵横，里许暗穿玉线。双明唱起，交锋处知有天然。兼带忽来，枯木上须能作主。不存正位，那守大功？及尽今时，宁容尊贵？截断情尘[②]见网[③]，掣开金锁玄关，妙协全开，历历类中混迹；平怀常实，明明炭里藏身。卷舒不落功勋，来去了为变易。欲使异苗蕃茂，贵在深固灵根。若非柴石野人[4]，争见新丰曲子?

注释

①𡈐：渊的古体字。

②**情尘**：指六根与六尘，为心情之尘垢。

③**见网**：种种邪见缠缚身不使脱免，故譬之于罗网。

④**柴石野人**：浮山圆鉴之别号。

译文

洞山新丰山大禅佛法以来，新丰一派荷花与玉分流。起初因流水逢渠，妙见无情说法。当今不触，展手而通玄，列五位正位与偏位，分二种错误见解渗漏。帘外夜明，臣子退位以朝君主；古镜台之前，儿子转身以亲近父亲。大雪覆盖万年松径，夜半而光明；乌云遮住一带崇峻峻峦，天破晓而不露明亮。曹洞宗道枢绵密，智域如深渊。默然圆照空劫以前，湛湛一壶风月朗；坐穿威音王那畔，澄澄满目皆烟光。不萌芽之千年古树忽开花，无影之枯木头上凤凰舞。机梭丝丝不挂碍，个中自有双锁金针；文采锦绣纵横设，其中暗穿无数金玉线。双明唱起，交锋处应知有天然。兼带忽然来到，枯树上一定要能自做主。不存于正位，又如何能够守功用？及到今时，又怎可容得尊贵堕？截断心情之尘埃及种种邪见缠身之束缚，掣开金锁玄路，妙协全开，历历异类中混迹；平怀常实，明明炭火中藏身。卷舒不落于功勋，来去了为变易。欲想异苗繁茂昌盛，贵在深固其灵根。如果不是柴石野人浮山圆鉴，又怎能见到曹洞宗自新丰以来宣唱佛法的梵音异曲？

《宝镜三昧歌》

原典

如是之法，佛祖密付。
汝今得之，宜善保护。
银碗盛雪，明月藏鹭。
类之弗齐，混则知处。
意不在言，来机亦赴。
动成窠臼，差落顾伫。
背触俱非，如大火聚。
但形文彩，即属染污。
夜半正明，天晓不露。
为物作则，用拔诸苦。

虽非有为，不是无语。

如临宝镜，形影相睹。

汝不是渠，渠正是汝。

如世婴儿，五相[①]完具。

不去不来，不起不住。

婆婆和和，有句无句。

终不得物，语未正故。

重离[②]六爻，偏正回互。

叠而为三，变尽成五。

如茎草[③]味，如金刚杵。

正中妙挟[④]，敲唱双举。

通宗通途，挟带挟路。

错然则吉，不可犯忤。

天真而妙，不属迷悟。

因缘时节，寂然昭著。

细入无间，大绝方所[⑤]。

毫忽之差，不应律吕[⑥]。

今有顿渐[⑦]，缘立宗趣。

宗趣分矣，即是规矩。

通宗[⑧]趣极，真常流注。

外寂中摇，系驹伏鼠。

先圣悲之，为法檀度[⑨]。

随其颠倒[10]，以缁为素。

颠倒想灭，肯心自许。

要合古辙，请观前古。

佛道垂成，十劫观树[11]。

如虎之缺，如马之馵[12]。

以有下劣，宝几珍御。

以有惊异，狸奴白牯。

羿[13]以巧力，射中百步。

箭锋相直，巧力何预?

木人方歌，石女起舞。

非情识到，宁容思虑。

臣奉于君，子顺于父。

不顺非孝，不奉非辅。

潜行密用，如愚若鲁。

但能相续，名主中主。

注释

①**五相：**指五相具备，成就本尊身之观行。一为通达菩提心，二为修菩提心，三为成金刚心，四为证金刚心，五为佛身圆满。成此五相之观而显得金刚界之佛身。

②**重离：**指《易经》离卦，离为八卦之一，文王

演八卦，重离而成离卦䷝，共有六爻。八卦之离，卦象为☲，重而为六十四卦之䷝，取重离卦之中二爻加于上下，为䷼，成中孚卦，再取中二爻，加于上下，为䷛，成大过卦，再取大过之中二爻，又加于上下，回复为䷝，即离卦之象，此三变而上。又取八卦单☲，中爻回于下，则为☴，成巽卦，回于上，则为☱，成兑卦，此变尽则成五。

③**茎草：**即茎藸草，即五味子。

④妙挟，三山来《五家宗旨纂要》作“妙叶”，为是。

⑤**方所：**方角与所处也。《法华经》曰：“善应诸方所。”

⑥**律吕：**此指音乐。律是六律，吕指六吕，合为十二律。中国古代用三分损益法将一个八度分为十二个不完全相等的半音，各律从低到高依次是黄钟、大吕、太簇、夹钟、姑洗、仲吕、蕤宾、林钟、夷则、南吕、无射、应钟。其中黄钟、太簇、姑洗、蕤宾、夷则、无射为六律，其余六种为六吕。十二律中，六律与六吕相互交错，奇为律，偶为吕。

⑦**顿渐：**顿悟与渐悟。顿悟也称顿了，指无须长期修习，一旦把握佛教真理，即可突然觉悟。首倡于东晋南北朝的竺道生。慧达《肇论疏》曰：“夫称顿者，明理

不可分；悟语极照。以不二之悟，符不分之理，理、智恚释。”意即佛理是不可分之整体，故对它的觉悟，也不能分阶段实现。禅宗在诸派中主张顿悟说，而禅宗内部，南宗惠能提倡顿悟，北宗神秀侧重渐修。渐修即渐悟、渐了，指须经长期修习才能达到佛的觉悟。

⑧通宗，三山来《五家宗旨纂要》作“宗通”为是。

⑨**檀度：**六度之一，檀波罗蜜也。檀为施与之义，波罗蜜为度之义，指度生死之行法也。施与为可度生死而到涅槃之一行法。

⑩**颠倒：**如以无常为常，以苦为乐，反于本真理之妄见也，是为无明所使如此，倒见事理。有想颠倒、见颠倒、心颠倒三颠倒和常颠倒、乐颠倒、净颠倒、我颠倒四颠倒，二者合为七颠倒。又常乐我净与无常乐我净合称八颠倒。

⑪**十劫观树：**十劫，阿弥陀佛往昔为法藏比丘时，立四十八愿，以期成佛。自成就为阿弥陀佛，而经十劫。观树，指释迦牟尼成道后，起金刚座，观菩提树。

⑫**馵：**后左足为白色之马。《诗经·秦风·小戎》曰：“驾我骐馵。”毛传曰：“骐，骐文也；左足白曰馵。”

⑬**羿：**指后羿、夷羿，传说中夏代东夷族首领，原为有穷氏族首领，善于射箭，杀太康，后又被家众杀死。尧时十日并出，曾射九日。

译文

今日所言如此法，释迦牟尼亲吩咐。

此时幸运你得之，应当妥善密保护。

白银制碗以盛雪，明月皎洁藏白鹭。

虽是异类不相同，混在一起却难辨。

所说之意不在言，来往机锋也当赴。

动静可能成窠臼，差落上下慢顾伫。

或背或触皆非是，犹如大火之相聚。

只要暂形诸文采，便属堕业之污染。

夜半应黑却也明，天明应亮却仍昧。

为物暂时作轨则，以拔众生出苦难。

虽然不能是有为，却也不可成无语。

正似光临宝镜前，形与影子相互看。

你虽不能说是它，它却正是你的形。

就像婴儿刚出世，眼耳鼻舌身俱全。

假如不去便无来，假如不起便不住。

婆婆常常有和和，有句好似曾无句。

终究不可得物类，语言未能入正途。

离卦相重成六爻，偏之与正相回互。

叠三而成中孚卦，变尽成五为大过。

五味子草味有味，金刚之杵杵有刚。

正中俱来成妙叶，又敲又唱双举措。
通其宗又通其途，挟其带又挟其路。
相错之形成吉祥，不可违犯成忤误。
天然真智成妙悟，不在迷悟堕业中。
因与缘皆有时节，寂然灭度自昭著。
细致而终入无间，大绝方角与所处。
毫厘毛发有误差，弹成音乐难成调。
今日有说顿与渐，顿悟渐悟分宗派。
宗派旨趣成分别，规矩已定不可敢。
宗通而成已极趣，真如遂常为流注。
外部寂灭中心摇，有如系驹与伏鼠。
先圣慈悲怜悯之，为法度其生死行。
随意其为颠与倒，听任以缁充为素。
颠而倒之是想灭，肯与其心先自许。
若欲暗合古人辙，先得静心观前古。
佛道释迦垂而成，十劫经过观菩提。
如同猛虎之缺失，如同骏马之足白。
以此而有下之劣，宝贝其几珍其御。
以此而成奇异惊，狸奴再加一白牯。
后羿所用是巧力，百步穿杨不疏忽。
箭之与锋交相直，巧力便无参预场。
木人无知却也歌，石女非人频起舞。

若非情识今已到，却又怎能容思虑？

臣子有奉其君主，儿子必须顺其父。

不顺其父不算孝，不奉其君不算臣。

潜其行又密其用，大智若愚又若鲁。

若能相续此法旨，便可成为主中主。

6　沩仰宗

原典

师讳灵祐[①]，福州长溪赵氏子，得法于百丈海[②]和尚。初至大沩[③]，木食涧饮，十余年始得仰山慧寂禅师[④]，相与振兴其道，故诸方共称曰沩仰宗[⑤]。

注释

①**灵祐：**生于公元七七一年，唐代僧人，沩仰宗创始人之一。据《宋高僧传》卷十一、《景德传灯录》卷九载，俗姓赵，福州长溪（治所在今福建霞浦南）人，十五岁出家，三年后受具足戒，学大小乘经律，曾先后遇到寒山、拾得，二十三岁时到江西百丈山参拜怀海，

为上首弟子。唐宪宗元和末，到潭州沩山（在今湖南宁乡西）独栖七年，后建同庆寺，受裴休尊称，前来受学的弟子很多，世称沩山灵祐。卒谥大圆禅师。弟子有慧寂等四十一人。卒年为公元八五三年。

②**百丈海：**即怀海，生于公元七二〇年，唐代禅宗僧人，据《宋高僧传》卷十、《景德传灯录》卷六，俗姓王，福州长乐（今属福建）人，出家后师事马祖道一，后住洪州百丈山（今江西奉新），世称百丈禅师。过去禅僧多居律寺，怀海以禅宗与律宗习惯不同，创设禅院，制定《禅门规式》，后称为《百丈清规》，内容涉及禅宗寺院的僧职、制度、仪式等。《百丈清规》在元世祖（公元一二六〇—一二九四年）在位时，由敕命百丈山智寿圣禅寺住持德辉重行改修，龙翔集庆寺住持大䜣校正，成今传之八卷，为祝厘、报恩、报本、尊祖、住持、两序、大众、节腊、法器九章，当与百丈所撰有损益。怀海答心解脱，以为不求佛、不求知解、垢净情尽；亦不守此，无求为足；亦不住尽处，亦不畏地狱缚，不爱天堂乐，一切法不拘，始名为解脱无碍。公元八一四年圆寂，谥大智禅师。怀海之后，马祖一派遂形成洪州宗。

③**大沩：**即沩山，在今湖南宁乡县西。

④**仰山慧寂禅师：**唐代僧人，沩仰宗创始人之一，生于公元八〇七年。据《宋高僧传》卷十二、《景德传灯

录》卷十一，俗姓叶，韶州浈昌（今广东南雄西南）人，一说为韶州怀化（今广东番禺东南）人，十四岁出家，依南华寺通禅师削发为沙弥，受具足戒后，初谒忠国寺之侍者耽源，传国寺之圆相，后参大沩山灵祐禅师，从学十余年。后住袁州仰山（在今江西宜春一带），世称仰山慧寂。平时常以手势启悟学人，如人问如何是祖师意，以手在空中作圆相，相中写佛字。此即仰山门风。公元八八三年圆寂。

⑤**沩仰宗：**佛教禅宗五家之一，开创人即沩山灵祐与仰山慧寂，属南宗南岳法系。该宗是五宗最早成立的一派。该宗把主观和客观世界分为三种生，即想生、相生、流注生。想生指主观思维，说所有能思之心都是杂乱的尘垢，必须远离，方能解脱。相生是所思之境，亦即客观世界，也予以否定，回光一击便归去，幽梦一开双眼明。流注生是说主观、客观世界变化无常，微细流注从无间断。此三者皆应否定，俱是尘垢，若能净尽，方得自在。沩仰宗修行理论承继马祖道一、百丈怀海的理事如如之旨，认为万物、有情，皆具佛性，人若明心见性，即可成佛，《景德传灯录》卷九所谓“实际理地不受一尘，万行门中不舍一法，若也单刀趣入，则凡圣情尽，体露真常，理事不二，即如如佛”。

译文

沩仰宗祖师是沩山灵祐禅师。灵祐是福州长溪人，即今天福建省霞浦县南地区。俗姓赵氏。十五岁出家，三年后受具足戒，学大小乘经律，曾先后遇到唐著名僧人寒山、拾得，二十三岁时到江西百丈山参拜怀海禅师，为上首弟子，得法印可。唐宪宗元和末年，到潭州沩山独栖居。潭州沩山在今湖南省宁乡西。灵祐在沩山以树果为食，喝涧中水，十余年后遇到仰山慧寂禅师，师徒共同振兴其道，所以人们称他们为沩仰宗。

沩山三种生

原典

三种生[1]

师谓仰山曰："吾以镜智为宗要，出三种生，所谓想生、相生、流注生。《楞严经》[2]云：'想相为尘，识情为垢，二俱远离，则汝法眼应时清明，云何不成无上知觉？'想生，即能思之心杂乱；相生，即所思之境历然；微细流注，俱为尘垢。若能净尽方得自在。"

后有僧问石佛忠禅师："如何是想生？"

忠云："兔子望月。"

"如何是相生？"

忠云："山河大地。"

"如何是流注生？"

忠云："无间断。"

注释

①**三种生：**即想生、相生、流注生，是依《楞严经》而揭橥，想生是对于尘境而妄想之能思心，是主观思维。相生为识情所思一切境界之相，即客观世界。流注生为识尘和合、念念相续之一切烦恼。三者皆污清净之镜智。参见"沩仰宗"条注。

②**《楞严经》：**即《大佛顶如来密因修证了义诸菩萨万行首楞严经》，唐般刺蜜帝译，十卷，说一切世间诸所有物，皆即菩提妙明元心，心精遍圆，含裹十方，众生不明自心性净妙体，故流转生死，当修禅定，以破各种颠倒之见，通过由低至高的修行阶次，达到方尽妙觉，成无上道。近代有人疑此经为汉人所撰。

译文

三种生

沩山灵祐禅师对仰山慧寂禅师说："我以如镜之清静光明智慧为宗要，提出三种生，即想生、相生、流注生。《楞严经》说：'想生、相生为尘埃，识情为灰垢，二者皆远离，那么你的法眼就会马上清明，又如何不可知无上知觉呢？'想生，便是能思之心杂乱，对尘境产生妄想；相生，是识情所生一切境界之客观世界历历在眼前；微细流注为识尘和合、念念相续之一切烦恼，都是尘垢。若能清净才可以得到自在之力。"

后来有僧人问石佛忠禅师说："想生说的是什么？"

石佛忠禅师回答说："兔子抬头望明月。"

僧人又问："相生指的是什么？"

石佛忠禅师回答说："山河大地。"

僧人又问："流注生指的是什么？"

石佛忠禅师回答说："识尘和合而无间断。"

圆相因起

原典

圆相之作，始于南阳忠国师[①]，以授侍者耽源[②]，源承谶记，传于仰山，遂目为沩仰宗风。明州[③]五峰良和尚，尝制四十则，明教嵩禅师[④]为之序，称道其美。良曰："总有六名，曰圆相，曰暗机，曰义海，曰字海，曰意语，曰默论。"

耽源谓仰山曰："国师传六代祖师圆相，九十七个，授与老僧。国师示寂时，复谓予曰：'吾灭后三十年，南方有一沙弥到来，大兴此道，次第传授，无令断绝。'吾详此谶，事在汝躬，我今付汝，汝当奉持。"仰山既得，遂焚之。

源一日又谓仰山曰："向所传圆相，宜深秘之。"

仰曰："烧却了也。"

源云："此诸祖相传至此，何乃烧却？"

仰曰："某一览，已知其意，能用始得[⑤]，不可执本也。"

源曰："于子即得，来者如何？"

仰曰："和尚若要，重录一本。"仰乃重录呈似，一无差失。

耽源一日上堂，仰山出众作○相，以手托起作呈势，却叉手立，源以两手交拳示之，仰进前三步，作女人拜，源点头，仰便礼拜。此乃圆相所自起也。

注释

①**南阳忠国师**：即慧忠，受六祖惠能心印，居南阳白崖山党子谷，四十余年不下山，唐肃宗于上元二年敕中使孙朝进召诣京，待以师礼，使住千福寺西禅院，帝屡问道，颇领会。唐代宗时，在光宅寺十余年，随机说法。代宗大历十年（公元七七五年）十二月圆寂，谥大证禅师。见《景德传灯录》卷五。

②**侍者耽源**：即忠国寺侍者耽源。

③**明州**：州名。唐开元二十六年（公元七三八年）置州，以境内有四明山得名，治所在鄮县（今宁波市南，大历时移今宁波市，五代吴越改名鄞县），辖今浙江省甬江流域及慈溪、舟山群岛等地。宋绍熙五年（公元一一九四年）升为庆元府，元改庆元路，明初又改为明州府，后于洪武十四年（公元一三八一年）称宁波府。

④**明教嵩禅师**：宋杭州契嵩，字仲灵，号潜子，宋仁宗赐明教大师之号。见《五灯会元》。

⑤**能用始得：**但用得。

译文

圆相的起源，开始于南阳慧忠禅师。慧忠禅师曾蒙唐肃宗屡屡问道，待以国师之礼。慧忠禅师以圆相传授侍者耽源，耽源又把记有圆相图谶的笔记传给仰山慧寂禅师，所以被认为是沩仰宗宗风。唐明州（在今浙江宁波市南）五峰良和尚，曾经制订圆相四十则，宋杭州明教大师契嵩禅师为此四十则圆相作序，称说叙述其优点。五峰良禅师说："圆相总有六个名称，即圆相、暗机、义海、字海、意语、默论。"

耽源对仰山禅师说："慧忠国师传下六代祖师惠能圆相，共有九十七个，传授给我。慧忠国师圆寂之时，又对我说：'我灭寂之后三十年，南方有一位沙弥要到这里来，大兴圆相之道，你可传授给他，让他代代相传，不要让圆相断绝。'我仔细考察，慧忠国师的这个预言应验在你的身上，我今天把圆相传给你，你应当善为奉持。"仰山禅师从耽源那里承受了记载圆相的笔记，却一把火把它烧毁了。

有一天耽源对仰山禅师说道："前面传授给你的圆相，你要好好地保密。"

仰山禅师说："我已经把它烧毁了。"

耽源一听，大惊，说道：“这是诸位祖师世代相传而至今天，你为何把它烧毁了？”

仰山禅师回答说：“我一浏览便知道它的意思了，只要能用，便可以称为得到了，不可以执着书本的记载。”

耽源说：“你虽然已了解了，但是，后来的人又怎么办呢？”

仰山禅师说：“如果和尚想要，我重写一本就是了。”于是，仰山禅师重写了一本，交给耽源审阅，耽源见其中没有任何错误。

耽源某日上堂宣法，仰山禅师从众僧中走出做〇相，以手托起，做呈递姿势，然后叉手立，耽源用两手交握成拳以示之，仰山禅师遂进前三步，做女人之拜礼，耽源点头赞许，仰山禅师便礼拜。这是圆相所自起也。

暗机

原典

仰山亲于耽源处，受九十七种圆相，后于沩山处，因此〇相顿悟。后有语云：“诸佛密印[①]，岂容言乎？”又曰：“我于耽源处得体，沩山处得用。”谓之父子投机，故有此圆相，勘辨端的。或画此牛⃝相，乃纵意；或画佛⃝相，乃夺意；或画人⃝相，乃肯意；或画○相，乃许他人相见意；或画☷⃝相；或点破；或画破；或掷却；或托起；皆是时节因缘。才有圆相，便有宾主、生杀纵夺、机关眼目、隐显权实，乃是入鄽[2]垂手。或间暇师资辨难，互换机锋，只贵当人，大用现前矣。

一日，梵僧来参，仰山于地上画○此相示之，僧进前添作⊖相，复以脚抹却；山展两手，僧拂袖便行。

仰山闭目坐次，有僧潜来身边立，山开目见，遂于地上画水⃝相，顾示其僧，僧无对。

注释

①**密印**：诸佛、菩萨各有本誓，为标识此本誓，以两手十指形种种之相，是为本誓之印象印契，故云印。其理趣秘密深奥，故云密。

②**鄽**：即廛字，古代城市平民的房地，也指市房。古代一家之居二亩半，也称一廛。

译文

仰山禅师亲自在忠国寺侍者耽源禅师处，受授九十七种圆相，后来在沩山和尚那里，因此○相而顿悟佛旨。后来有语说：“诸佛的密印难道可以称说吗？”又说道：“我在耽源禅师处得圆相之体，在沩山禅师处得圆相之用。”称为父子投机，而有此圆相，勘验端的。或者画此牛⃝相，为纵意；或者画一个佛⃝相，为夺意；或者画一个人⃝相，为肯意；或者画〇相，为允许他人相见之意；或者画☷⃝相；或者点破；或者画破；或者掷却；或者托起，都是依时间、因缘、机遇不同而决定。才有圆相，便有宾客主人之分，或生或杀或纵或夺，机关眼目，隐与显、权与实，皆是入于鄽房而垂双手。有时闲暇，师资辨难，互换机锋，只贵在当人，大用现前。

某一日，有位梵僧来参谒，仰山禅师在地上画了一个〇相给梵僧看，梵僧上前，把此〇相添改为◒相，后又用脚抹掉；仰山禅师展开双手，梵僧拂袖而去。

仰山禅师闭目而坐，有僧人悄悄来到身边站立，仰山睁开眼睛看见僧人，便在地上画了一个㊌相，然后回头看僧人，僧人没有回答的话语。

义海

原典

仰山在洪州观音寺，粥后坐次，有僧来礼拜，山不顾。僧问山：“识字否？”山云：“随分。”

僧乃右旋一匝云：“是什么字？”山于地上书十酬之。

僧又左旋一匝云：“是什么字？”山乃改十作卍酬之。

僧又画〇相，以两手托，如修罗[1]擎日月势云：“是什么字？”山画㊉相对之。僧乃作娄至势。

山云：“如是如是，此是诸佛之所护念。汝既如是，吾亦如是。善自护持。善哉！善哉！好去。”僧乃礼谢，腾空而去。

时有一道者见，后经五日，遂问山，山云：“汝还见否？”

者云[2]：“见出三门[3]外腾空而去。”

山云：“此是西天阿罗汉[4]，特来探吾宗旨。”

者云：“某甲虽睹此种种三昧[5]，不辨其理。”

山云：“吾以义为汝解释，此是八种三昧[6]，觉海[7]变为义海，体同名异。然此义合有因有果，即时异时，总别不离隐身三昧也。”

注释

①**修罗：**即阿修罗，梵文 Asura，意为不端正、非天。天龙八部之一，六道之一。原为古印度神话中的一种恶神，因常与天神战斗，后也称战场为修罗场。天龙

八部即八部众，为佛教天神，包括天众（Deva）、龙众（Nāga）、夜叉（Yaksa）、乾闼婆（Gandharva 香神或乐神）、阿修罗、迦楼罗（Garuḍa 金翅鸟）、紧那罗（Kiṃnara 人非人、歌神）、摩睺罗伽（Mahoraga 大蟒蛇），其中天众与龙众最显神灵。六道，地狱、饿鬼、畜生、人、天五道加阿修罗为六道，五道也称五趣，六道也称六趣。

②**者云：**此指道者说。

③**三门：**山门形制如阙，开三门，也称三门。有时寺院只有一门，也称为三门，此为标识空、无相、无作三解脱门之意。

④**阿罗汉：**梵文 Arhat，小乘极悟之位名。一译杀贼，杀烦恼贼之意；二译应供，当受人天供养之意；三译不生，永入涅槃不再受生死果报之意。

⑤**三昧：**梵文 Samādhi 的音译，意译为定、等持，音译也作三摩地。指专注一境而不散乱的心境状态，佛教以此作为取得确定的认识，做出确定之判断的心理条件。中国禅学，往往以定指禅定。禅即心注一境，正审思虑。禅定有三义，作为心所法的一种，指专注一境，思想集中，为广义上的定，或称为生定，人人都有。特指为生于色界诸天而行之宗教思维修习，音译禅那，略作禅。作为佛教三学之一的定学，指通过精神集中，观想特定对象而获得佛教悟解或功德的一种思维修习活

动。大乘一般是把禅定与般若结合起来，以智慧指导禅定，所以止、观并提，定、慧双运。中国禅宗以禅命宗，进一步扩大了禅定的观念，重在修心、见性，而不再限于静坐凝心、专注观境的形式。

⑥**八种三昧：**禅定虽皆为心之德，而欲界所属之心非有此德，属于色界、无色界之界之心德。如色、无色相对，则禅为色界之法，定为无色界之法，其中各有四等之浅深，故称为四禅四定，此四禅四定为世间法。

⑦**觉海：**觉，梵语菩提 Bodhi，旧译曰道。觉有觉察、觉悟两义。觉察为察知恶事，觉悟为开悟真理。觉性甚深如海即觉海。

译文

仰山禅师在洪州观音寺住持，洪州即今天江西省南昌市。有一天，吃过粥饭，仰山禅师正在打坐，有僧人前来礼拜，仰山不顾看。僧人于是问仰山禅师说："和尚认识字吗？"仰山禅师回答说："随其分。"

僧人于是右旋一匝，说道："这是什么字？"仰山在地上写了一个十以回答。

僧人又左旋一匝，说道："这是什么字呢？"仰山禅师于是改十字为卍字以回答。

僧人又画了一个〇相，用两手托起，就如阿修罗擎日月的样子，说道：“这是什么字？”仰山禅师画了一个㊉相以为回答。于是僧人乃做娄至之势。

仰山禅师说：“如此如此，这是诸佛之所护念，你既已如此，我也如此。好好地护持吧。善哉！善哉！好好去吧。”于是僧人礼谢后，腾空飞去。

此事有一位道者看见。僧人腾空而去五天以后，道者以此事问仰山禅师，仰山禅师说：“你还见到什么了吗？”

道者回答说：“看见那位僧人走出三门外后，腾空飞去了。”

仰山禅师说：“他是西天的阿罗汉，特意到我这里试探我的圆相宗旨。”

道者说：“我虽然有幸见到这种种三昧言语，却不能辨验其道理。”

仰山禅师说：“我要以义为你作一番解释，这是八种三昧，觉海而变为义海，体虽同而名实异。不过此义应该有因有果，即时或异时，总别则不离隐身三昧。”

五冠了悟和尚与仰山禅师立玄问玄答

原典

五冠[1]了悟和尚与仰山立玄问玄答

⊖此相谓之举函索盖相，亦名半月待圆相。若将此相问之，更添半月对之，乃曰：举函索盖，答者以盖覆函，故曰函盖相称，以现圆月相也。

◐此名抱玉求鉴相。若将此相来问，即于其中书某字答之，此相谓之觅良鉴，答者识玉便下手也。

〇[厶]此名钩入索续相。有将此相来问，但于厶字侧添亻字答之，乃问者钩入，答者索续，乃云续成宝器相也。

〇[佛]此名已成宝器相。若将此相来问，但于内书土字答之。

㊏此名玄印玄旨相。独脱超前众相，不着教意所摄。若是灵利底，对面分付，拟之，则不见也。三祖云："毫厘有差，天地悬隔。"若不具正眼，焉能辨此？似子期听伯牙之琴[2]，如提婆晓龙树之相，喻鸡抱卵，啐啄同时。迟钝浅流，卒难顿晓，如盲视色而转错也。

注释

①五冠，三山来《五家宗旨纂要》作“五观”。

②**子期听伯牙之琴：** 相传春秋时，伯牙善弹琴，而钟子期独为知音。相传《高山流水》《水仙操》即为伯牙所作。伯牙学琴于成连先生，三年不成，后随成连至东海蓬莱山，闻海水澎湃，群鸟悲号之声，心有所感，乃援琴而歌，从此琴艺大进。《荀子·劝学》曰：“伯牙鼓琴，而六马仰秣。”

译文

五冠了悟和尚与仰山立玄问玄答

◒此相称之为举函索盖相，也称为半月待圆相。如果以此相提出问题，再添半月以回答，于是说道举函而索盖，答问的人以盖覆于函上，所以称为函盖相称，以显现圆月之相。

◑相称为抱玉而求鉴之相。如果有人以此相来提问，便在其中写上某个字以为回答，这样称为觅寻良鉴，答者只要识得玉石，便可下手。

㊀此相称为钩入索续之相。有人以此相提问的话，

便在厶字侧边添一个亻字回答，这是提问的人钩入，回答的人索续，所以称为续成宝器之相。

㊉此相称为已成宝器之相。如果有人以此相来问，只要在里边写一个土字回答就可以了。

㊉相称为玄印玄旨之相。独独超脱前述众圆相，不着教意所兼摄。如果是灵利的人，当面吩咐。如果拟议，便不见了。三祖僧璨曾说："毫厘有差失，便如天与地之悬隔。"如果不具有正法眼，又如何可以分辨此道。就如钟子期听伯牙弹琴，如提婆明了其师龙树之相，譬如母鸡抱卵，母鸡之啄、仔鸡之啐同时进行。如果是迟钝、肤浅之人，最终是难以知晓此意的，就譬如是盲人视色而一定会错误一样的道理。

辨第八识

原典

辨第八识[1]

卍此是众生，俱有六识，添空一识，名为七识，识不可得，名第八识，亦名八王子，亦名八解脱，亦名八丈夫，总有四八三十二相[2]。此是果相，因智报德，亦名八识。七、八二识不相离，故来为先锋，去为殿后，以至追思过去，攀缘见在，念虑未来。三细、六粗[3]、五意[4]、六染[5]、七识，分彼分此，分是分非。八阿赖耶识，名为白净，本无瑕玷，无佛无众生，无尔亦无我。古德云：

赖耶白净本无愚，
三细分时有六粗。
八万四千[6]从此造，
大千沙界作凡夫。
梦心桎梏元非有，
病眼空花岂是无？
反掌之间成十善[7]，
依然赤水获玄珠。

第八识亦名含藏识，若是悟底人，六七因中转，五八果位圆。六识转为妙观察智[8]，反观第八识，为不动智，空无内外名大圆镜智[9]，即一体也，平等性智[10]总号也。以妙观察智，收前六根、六尘、六识十八界，乃至八万四千尘劳[11]，转为成所作智[12]，总归大圆镜智，即一体也。第五识乃记持识，转为成所作智，成所作智转入妙观察智，妙观察智转入平等性智，平等性智转入大圆镜智，即一体也。是相宗师，若有问难，能转者，即转在那个识?

按《楞伽经》[13]云:"佛诫大慧,初中后夜,常以妙观察智,当净现流,识转六根,为成所作智。如手仰时,不应问覆手何在;亦如冰为水时,不即有异,故云,烦恼即菩提。"据《百法》《唯识》二论[14],但取其义,莫着言句也。

六祖大师偈云:

大圆镜智性清净,
平等性智心无病。
妙观察智见非功,
成所作智同圆镜。
五八六七果因转,
但转其名无实性。
若于转处不留情,
繁兴永处那伽定。

注释

①**八识**:瑜伽行派和法相宗五位法中的心法,也指就人的认识作用所分的眼识、耳识、鼻识、舌识、身识、意识、末那识、阿赖耶识八个识体,并归结为三能变,即三类能够变现万法之识体,第一为异熟能变,指

第八阿赖耶识；第二为思量能变，指第七末那识；第三了境能变，指前六识。八识去第八识为七转识，去第七、第八二识为六识，即十八界中六识界。

②**四八三十二相：**即三十二大人相，也译为三十二大丈夫相、三十二大士相、三十二相、四八相。指佛陀生来不同凡俗，具有神异容貌，有三十二个显著特征，与微细的特征八十种好，合称相好。

据《大智度论》卷四,一为足下安平立相；二为足下二轮相，也称千辐轮相，脚心有轮宝，即神奇的战车轮的肉纹；三为长指相；四为足跟广平相；五指手足指缦网相，手足指间如蹼状；六为手足柔软相；七为足趺高满相；八为伊泥延腨相，也称为腨如鹿王相，股骨如鹿那样纤好；九为正立手摩膝相；十为阴藏相，即阴部如马；十一为身广长等相；十二为毛上向相；十三为一孔一毛生相；十四为金色相；十五为丈光相，身光照四面各一丈远；十六为细薄皮相；十七为两手、两足、两肩、脖颈七处隆满相；十八为两腋下隆满相；十九为上身如狮子相；二十为大直身相；二十一为肩圆好相；二十二为四十齿相；二十三为齿齐相；二十四为牙白相；二十五为狮子颊相；二十六为味中得上味相；二十七为长舌相；二十八为梵声相，声音清静深远；二十九为真青眼相；三十为牛眼睫相；三十一为顶髻相；三十二为白毛相，眉间有白毛，也称眉间白毫相，平时卷缩，伸开达一丈五，从这里放出的光称为毫光、眉间光。

③**三细、六粗：**三细指根本无明相，六粗指枝末无明之相。《起信论》说，分别根本无明之相状，针对于枝末无明之六粗而谓为三细，一指无明业相，业为动作之义，指不达于一法界之理，真心之初动作者；二能见相，既有动作，又有能见之相；三境界相，有能见之相，则必有所见之相。此三相中动作就体，能见所见就用。体用不离，一时具三相，此相用至为微细，故称三细。六粗指：一智相，指于现识所现之境界不知是为自识所现之幻影，妄生智慧而分别诸法，是俱生起之法执；二为相续相，指依前智相之分别而于爱境生乐境，于不爱境生苦境等，种种迷妄续起不断，此为分别起之法执；三执取相，指于前之苦乐等境，不了为虚妄不实，深生取着之念也，是俱生起之烦恼；四计名字相，指依前之转倒计量分别假名言说之相，而生种种烦恼，此亦为分别起之烦恼；五起业相，谓妄分别假名，依妄惑而起善恶诸业；六业系苦相，谓系于善恶之业而感生死之苦果也。六粗中前四相为惑因，第五相为业缘，第六相为苦果。

④**五意：**指业识、转识、现识、智识、相续识，此

五识自细至粗，依止次第而生，故称为意。意有能生与依止之义。

⑤**六染：**即六染心，心体原为清净，离诸妄染，然因依于不觉，忽起无明，遂有六种染心之相。

一执相应染，我执之烦恼与心王相应而起，执着外境以染净心者，是六粗中之第三执取相与第四计名字相，二乘之极果及菩萨之十住位断之。

二不断相应染，不断即相续也，于苦乐等境，法执之烦恼与心王相应而起，相续不断，以染净心，是六粗中之第二相续相，是分别起之法执，菩萨于初地之位断之。

三分别智相应染，分别智为能分别世间、出世间诸法之智，此分别智与心王相应而污净心者，六粗中之第一智相，是俱生起之微细法执，至第七地之位而断之。

四现色不相应染，依根本无明而薰动静心，现境界之相者，最极细微，不与心王及心所相应，故曰不相应，三细中之第三现相，于八地之位断之。

五能见心不相应染，由根本无明而使净心始有能见之相者，不与心王及心所相应，三细中之第二转相也，于第九地断之。

六根本业不相应染，业为动作之义，由根本无明而心体始动作者，为根本之动作，称根本业，不相应，是为众生迷妄之原始，三细中之第一业相，于第十地金刚喻定断之。三细六粗，明由因缘而生起之次第，自细至粗而说。六染欲辨治断之次第，故自粗至细。

⑥**八万四千**：西天之法，显物之多者，常举八万四千之数，略云八万，如八万四千尘劳指烦恼之多，八万四千法门喻教门之多，八万四千由旬指须弥之高深，八万四千岁为非想天之寿命，劫初之人寿。

⑦**十善**：不犯十恶，便为十善。

⑧**妙观察智**：显教所说四智之一，转凡夫之第六识而得至于佛果，观察诸法而说法之智也。

⑨**大圆镜智**：显教四智之一，诸大乘教说如来四智，凡夫之第八识至于如来，为大圆镜智。大圆镜以喻智体清净，离有漏杂染之法，自众生善恶之业报，显现万德之境界，如大圆镜。

⑩**平等性智**：四智之一，凡夫第七识之我见，转为此智慧，以证自他平等之理，对于初地以上之菩萨，现他受用之身土，常行大慈大悲之化益也。

⑪**八万四千尘劳**：喻烦恼之多，见“八万四千”条注。

⑫**成所作智**：凡夫八识，到如来转为四智，一为大圆镜智，二为平等性智，三为妙观察智，四为成所作智，转眼、耳、鼻、舌、身五识，为利一切凡夫二乘类成种种变化事之智也。如来之现化身化土及诸神通所作，

皆智之作用。

⑬**《楞伽经》**：即《楞伽阿跋多罗宝经》，梵文Laṅkavatārasūtra，南朝宋求那跋陀罗译，四卷。楞伽为山名，阿跋多罗为入之意，意为佛入楞伽山而说之宝经，是法相宗所依六经之一，宣说世界万有由心所造，认识的对象不在外界而在内心，并对如来藏和阿赖耶识问题有重点论述。

⑭**《百法》《唯识》二论**：《百法》指《百法明门论》，全称《大乘百法明门论略录》，简称《百法论》，古印度世亲著，唐玄奘译，一卷，论释瑜伽行派的五位百法，是法相宗依据的重要论书之一。《唯识》指《成唯识论》，略称为《唯识论》，十卷，也是法相宗所依据的重要论书之一。古印度护法等唯识十大论师对世亲所著《唯识三十颂》各作注释，玄奘从印度回国后，原拟把十大论师全文分别译出，后依其弟子窥基的主张，改以护法的观点为主，糅译十家学说，而成此书，中心是论证世界的本源是阿赖耶识，世界万有是唯识所变，实无外境，唯有内识。

译文

辨第八识

卍此相是指众生，皆有眼识、耳识、鼻识、舌识、身识、意识六识，产生见、闻、嗅、味、触、思虑，添空末那识称为七识，识不可得，所以阿赖耶识称为第八识，也称为八王子，也称为八解脱，也称为八丈夫，总有四八三十二相。此是果相，因智而报德，也称为八识。七识与八识二识不相离别，所以来则为先锋，离去则为殿后，以至于追思过去，攀缘现在，念虑未来。根本无明之三细相，枝末无明之六粗相，业识、转识、现识、智识、相续识此五识自细至粗，依次而生，此为五意，及六染心、七种识，分彼分此，分是与非。第八阿赖耶识，称为白净，本来无瑕玷，无佛也无众生，无你也无有我。所以，古德高僧有颂偈说：

阿赖耶识第八识，白净无玷本无愚，
根本无明分三细，三细分时有六粗。
八万四千为最多，万千众生从此造，
大千世界共三千，三千沙界作凡夫。
如梦心识是桎梏，心意所识本非有，

如病之眼不是眼，满眼空花岂是无？

放下屠刀即成佛，不犯十恶即十善，

善恶到头终有报，譬如赤水获玄珠。

第八识又叫作含藏识，如果是悟的人，便在六与七因中轮转，五与八果位圆回。六识转为妙观察智，反观第八识，为不动智，空无内外称为大圆镜智，即为一体，平等性智为其总号。以妙观察智，而收前六根、六尘、六识共十八界，乃至于八万四千烦恼尘劳，转为成所作智，成所作智转入妙观察智，妙观察智转入平等性智，平等性智转入大圆镜智，大圆镜智为总归，即为一体。此相宗师，如有问难，若能转入者，便转在哪个识中？

按《楞伽经》指出："释迦牟尼佛告诫大慧说：初中后夜，常以妙观察智，当净而现流，识转六根，为成所作智。就如手仰之时，不应问覆手在何处；也如冰化为水时，不与冰有不同，所以说，烦恼便是菩提。"又根据《大乘百法明门论略录》和《成唯识论》，只要取法其义，不要执着于言句。

所以，六祖惠能大师有偈语说：

大圆镜智智似镜，清净无漏无杂染。

平等性智大慈悲，自他平等心无病。

妙观察智察诸法，察法说法见非功。

成所作智五识转，十方行善同圆镜。

眼耳鼻舌身意识，前五识转成所作。

第六意识转无漏，自相共相妙观察。

第七是为末那识，转而成为平等性。

阿赖耶识为第八，光明清净大圆镜。

五八六七诸种识，果位因缘转无漏。

摆脱烦恼转其名，虽转其名无实性。

若于转处不留情，繁兴永处那伽定。

三种燃灯

原典

三燃灯见《曹山录》中[①]，非仰山语也。曹山云："燃灯前有二种：一未知有，同于类血之乳；一知有，犹如意未萌时，始得本物，此名燃灯前。一[②]种知有，往来言语是非、声色，亦不属正照用，亦不得记，同类血之乳，是漏失边事，此名燃灯后。直是三际事尽，表里情忘，得无间断，此始得正燃灯，乃云得记。"

注释

①**见《曹山录》中：**三燃灯为曹山语，则不应该收在此节，此仍依旧。见《祖庭事苑》。

②一，三山来《五家宗旨纂要》作“有一”。

译文

三燃灯见于《曹山录》中，为曹山禅师语，不是仰山禅师的话。曹山禅师说：“燃灯前有二种，一是未知有，同于类似血之乳汁；一为知有，犹如意未萌发，而始得本物，此称为燃灯前。有一种知有，往来言语是非、声色，也不属于正照用，也不得记，同于似血之乳汁，是漏失边际之事，此称为燃灯之后。只有三际之事俱尽，表里情俱忘，得无间断，这才得为正燃灯，可以称为得记。”

沩仰宗门庭

原典

沩仰宗者，父慈子孝，上令下从。尔欲捧饭[1]，我便与羹；尔欲渡江，我便撑船；隔山见烟，便知是火；隔墙见角，便知是牛。沩山一日普请摘茶次，谓仰山曰：“终日只闻子声，不见子形。”仰山撼茶树。

沩山云：“子只得其用，不得其体。”

仰曰：“和尚如何？”师良久。

仰曰：“和尚只得其体，不得其用。”

沩山云：“放子三十棒。”

乃至仰山过水，香严点茶，推木枕，展坐具，插锹立，举锹行。大约沩仰宗风，举缘即用，忘机得体，不过此也。要见沩仰么？月落潭无影，云生山有衣。

注释

①**捧饭：**即吃饭。

译文

所谓沩仰宗，是父慈而子孝，上颁令而下服从；你想吃饭，我便为你拿羹；你欲渡江，我便为你撑船；隔远山而见烟雾缭绕，便知有火在燃烧；隔高墙而见犄角，便知墙外有牛。沩山禅师有一天普请摘茶，然后对仰山禅师说道：“我整天只听见你的声音，却见不到你的形体。”仰山禅师听了沩山禅师的话，用力摇撼茶树。

沩山禅师说：“你只得到了它的用，而未能得其体。”

仰山禅师对沩山禅师说："和尚你怎么样呢？"沩山禅师良久不答。

仰山禅师说："和尚你只得其体，而不得其用。"

沩山禅师说："放你三十棒打。"

沩仰宗风，乃至于仰山过水，香严点茶，推木枕，展坐具，插锹而立，举锹而行。大抵沩仰宗风，举机缘即为用，忘机缘而得体，不过如此而已。要见沩仰宗吗？月儿落下，潭中不再有月儿的影子；云生天山，影遮山峰，山好似有一层衣服一般。

要诀

原典

江西沩仰深究此宗，只因灰火拨开，便见柴头发现；净瓶踢倒，赢得沩山。使得地于出井之时，奋大机于撼门之际。插下锹子，不妨人数分明；推出枕头，正用剑刃上事。具险崖句，有陷虎机。大禅佛与四藤条，令行有据。《涅槃经》总是魔说，贵子眼明，暗合机轮，混融境致。圆相中贵大家唱和，原梦处胜鹙子[①]神通。胁下书字，而头角峥嵘；室中验人，而师子腰折。离四句绝百非，一槌粉碎。有两口无一舌[②]，九曲珠通。当机要辨宗猷，为人颇多落草。道传千古，名振两山，虽然枝派流离，谁见真机俨尔？此沩仰宗风也。

注释

①**鹙子**：又作鹙露子，舍利弗之译名，梵文为Śāriputra，人名，从母得名。据《佛本行集经·舍利目连因缘品》、《增一阿含经》卷三、《大智度论》卷十一，为古印度摩揭陀国王舍城人。属婆罗门种姓，释迦牟尼十大弟子之一，谓持戒多闻，敏捷智慧，善讲佛法，故称智慧第一。

②**有两口无一舌**：《人天眼目》卷四"仰山临终付法偈"说："一二二三子，平目复仰视。两口无一舌，此是吾宗旨。"此语未录。

译文

江西沩山、仰山深究此宗，只因灰火拨开，便见柴头发现；净瓶被踢倒，便可赢了沩山禅师。使其得地在出井之时，奋大机锋在撼门之际。插下铁锹，不妨于人数分明；推出枕头，正用着剑刃上之事。具险崖语句，有陷虎机锋，大禅佛与四藤条，令行而有据。《涅槃经》不过是邪门魔道之说，贵子而眼明，暗合于机轮，混融境致。圆相中贵在大家唱和，原梦处胜舍利弗神通。胁下写字，而头角峥嵘；室中验人，而狮子王腰折。离四句而绝百非，一槌可为粉碎。有两只口而无一舌头，九曲之珠通畅。当机锋要辨验宗猷，为人颇多有落草。道传千古，名声振于沩山、仰山两山，虽然支派流离，谁能严守整齐真正机锋？这是沩仰宗宗风。

7 法眼宗

原典

师讳文益[1]，余杭[2]鲁氏子。得法于漳州[3]罗汉琛禅师[4]。初住抚州[5]崇寿，次住建康[6]清凉。大振雪峰、玄沙之道[7]。示寂后，李后主[8]谥曰大法眼禅师。

注释

①**文益：**生于公元八八五年，五代时僧人，法眼宗创始人。据《宋高僧传》卷十三、《景德传灯录》卷二十四记载，俗姓鲁，余杭（今属浙江）人，七岁依新定（治所在今浙江淳安县西）、智通院全伟禅师出家，二十岁在越州（治所在今浙江绍兴）开元寺受戒。曾在鄮

山（今浙江鄞县东）阿育王寺从希觉律师学律，希觉称为佛门的子游、子夏。曾南游参长庆禅师，又参宣法大师，又往漳州（治所在今福建漳浦）罗汉寺向桂琛学禅而得法，晚年住金陵（今江苏南京）清凉院传法，因而称清凉文益。文笔甚可称道，常为偈颂之诗。门人甚多，四方求学僧人不下千人。公元九五八年圆寂，南唐中主李璟谥为大法眼禅师，其法系后人称为法眼宗。有《宗门十规论》等著作。

②**余杭：**县名，在浙江省杭州市北部。

③**漳州：**州名。唐垂拱二年（公元六八六年）分泉州而置，治所在漳浦。元时称漳州路，明称漳州府。唐大历后辖境相当于今福建九龙江流域及其西南地区。

④**罗汉琛禅师：**即漳州罗汉寺桂琛禅师，生活于公元八六七至九二八年之间，唐、五代僧人。

⑤**抚州：**州名，隋开皇初置州，治所在临川（今江西抚州市西），元时为路，明称府。唐时辖境相当于今江西抚州市以南抚河流域。

⑥**建康：**即今江苏南京市，又称金陵。

⑦**雪峰、玄沙之道：**雪峰与玄沙为师徒二人。雪峰名义存，得法于德山，在雪峰山创禅院。玄沙师备，少为渔夫，三十出家，先投芙蓉灵训禅师，后于雪峰处得道，迁玄沙而住。雪峰寂于梁太祖开平三年（公元

九〇九年），玄沙卒于开平二年（公元九〇八年），雪峰寿八十七，玄沙寿七十五，文益出道不久，他们二人已相继圆寂，文益慕二人之道业，故发扬光大。雪峰、玄沙俱为福建福州人，罗汉寺桂琛禅师即受影响。参见“雪峰”“玄沙”注。

⑧**李后主：**五代十国时南唐后主李煜，为著名词人，公元九六一年至九七五年在位，后亡国。文益寂灭后，谥号者为中主李璟，李璟于公元九四三年即位，至公元九六一年在位。

译文

法眼宗的创始人名叫文益，是中国五代时著名禅僧。祖籍余杭，即今天的浙江省余杭县。在出家前的俗姓为鲁。七岁时依五代新定，即今天的浙江省淳安县智通院全伟禅师出家，二十岁在越州，即今天的浙江省绍兴开元寺受戒。曾在鄮山，即今浙江省鄞县东的阿育王寺从希觉律师学律，后南游参长庆禅师、宣法大师，最后在漳州，即今福建境内漳州罗汉寺的桂琛禅师处学禅而得法。得法之后，先住于建康清凉寺，清凉寺所在地即今日的江苏省南京市。法眼文益讲法之时，宣扬雪峰义存与玄沙师备师徒的道统。公元九五八年圆寂之后，南唐中主谥号为“大法眼禅师”。

原典

曹源一滴水，不尔依位住。我宗奇特虎，颔下金铃甚。人解得，三界惟心[①]，万法惟识[②]，此法眼[③]所立纲宗也。

华严六相义[④]

此六相义，举一齐收，一一法上，有此六义。经中为初地菩萨[⑤]说也。

六相义颂

华严六相义，同中还有异。
异若异于同，全非诸佛意。
诸佛意总别，何曾有同异？
男子身中入定时，女子身中不留意。
不留意，万象明明无理事。

注释

①**三界惟心：**指欲界、色界、无色界的一切皆由心造，心为万物的本体。《华严经 · 十地品》曰："三界虚妄，但是一心作。"《华严经》有偈云："三界惟一心，心外无别法，心佛及众生，是三无差别。"华严宗以为此一心即《大乘入楞伽经》和《大乘起信论》所说如来藏或真如，瑜伽行派和法相宗认为此即阿赖耶识，三界万法，惟识所变。

②**万法惟识：**三界万法，俱为阿赖耶识所变，参见上注。

③**法眼：**即法眼宗。佛教禅宗五家之一，创始人文益，圆寂后南唐中主李璟谥为大法眼禅师，故称法眼宗。出于南宋青原法系。文益《宗门十规论》指出当时禅宗十弊，加以戒饰，并提出明事不二、贵在圆融和不着他求、尽由心造的主张。该宗以三界唯心、万法唯识为纲宗，取华严宗六相教义论证世界同异具济，理事不差，否认外界真实差别和矛盾。其禅风为对病施药，相身裁缝，随其器量，扫除情解。文益弟子德韶受到吴越王钱俶的礼遇，尊为国师。后来德韶住在通玄峰顶，有偈示众说："通玄峰顶，不是人间，心外无法，满目青山。"（见《景德传灯录》卷二十五）劝学人内心觉悟。

再传弟子延寿撰百卷《宗镜录》，对禅宗只重直观、不读书的流弊有所批评，广引经论，指出佛、菩萨与众生皆有清净佛性，从本以来，性自满足。法眼宗宋初极盛，宋中叶后衰微。吴越末年，高丽王派僧三十六人从延寿学法，法眼宗遂传入朝鲜。

④**华严六相义：**华严指华严宗，是中国重要佛教宗派，因以《华严经》为主要经典，所以称华严宗。又因实际创始人法藏被武则天赐号贤首，因而又称为贤首宗。早期创始人为南朝陈及隋的杜顺和智正，杜顺被追认为初祖。二祖智俨著《华严孔目章》《华严五十要问答》《华严一乘十玄门》，对后世有重大影响。

唐时，三祖法藏著《华严经探玄记》《华严经旨归》等，分各种佛教教义和流派为小乘教、大乘始教、大乘终教、顿教、圆教五教，我法俱有宗，法有我无宗，法无去来宗，现通假实宗，俗妄真实宗，诸法单名宗，一切皆空宗，真德不空宗，相想俱绝宗，圆明具德宗等十宗，其中一至六宗为小乘教，七为大乘始教，八为大乘终教，九为顿教，十为圆教，从而论证《华严经》最尊，华严宗最高。

华严宗以《华严经》为最高教典，自称一乘圆教，圆明具德宗或别教一乘，把一真法界，即一心法界，真如佛性视为世界一切现象之本源，用法界缘起说明现象间的关系，其中包括四法界说、六相圆融说、十玄缘起说等，始终贯彻以理事关系解说教义的原则，把圆融无碍作为认识的最高境界。

华严六相义，是华严宗用以解说法界缘起的主要原理之一，六相指总相和别相、同相和异相、成相和坏相。用这三对范畴从六个方面说明，一切现象虽然各有自性，但又都可以融合无间，完全没有差别，所以又称六相圆融、六相缘起。法藏《华严一乘教义分齐章》卷四说："总相者，一合多德故；别相者，多德非一故，别依止总，满彼总故。同相者，多义不相违，同成一总故；异相者，多异相望，各各异故。成相者，由此诸缘起成故；坏相者，诸义各住自法不移动故。"其中总相、同相、成相系指全体或整体，别相、异相、坏相指部分或片段。就凡夫所见之事相上言之，事相各各隔碍，不具六相；若就圣眼所见之诸法体性言之，则于一一事相中，见此六法圆融。如舍为总相，椽即为别相，椽构成舍，椽等构成的舍为同相，椽等自身各有差别，便是异相；椽等已成舍是成相，不成舍之椽则为坏相。

六相圆融即全体与部分、一般与个别的圆融关系，全体由部分组成，部分的性质和作用则由全体所规定，一般通过个别得以表现，个别的本质则由一般来决定。这种关系，遍及一切现象，但总的又被规定为相即和相入两种形式，相即即不同性质的现象之间可以互相转化成为同一体的关系，即总相即别相、同相即异相、成相即坏相。相入即现象作用不同，可以使事物互相渗透，互相包含，即别、异、坏诸相便渗入于总、同、成诸相中。由此华严宗认为不论成就佛的觉悟，还是把握佛教真理，都可通过个别法门，在一念心中得到完满的实现。

六相仔细分别，总、别二相为体，同、异二相为相，成、坏二相为用，总、同、成相为平等门，别、异、坏为差别门。华严六相圆融，而立同异，法眼宗因而不满，以为背离佛旨，佛意当为无同异。

⑤**初地菩萨：**大乘有菩萨十地，是菩萨修行的十个阶位。第一是欢喜地，又称为极喜地、喜地，初证圣果，悟我法二空，能益自他，生大欢喜；第二是离垢地，也称无垢地、净地，指远离能起任何犯戒之烦恼，使身心无垢清净；第三是发光地，也称为明地、有光地，成就殊胜之禅定，发出智慧之光；第四是焰胜地，也称为焰慧地、焰地，可使慧性增胜；第五是难胜地，也称为极难胜地，令俗智与真智合而相应，极难做到；第六是现前地，又称现在地、目见地，由缘起之智，引生无分别智，令最胜般若现前；第七为远行地，也称为深引地、深入地，住于无相行，即在禅定中悟空寂无相之理，远离世间二乘；第八为不动地，无分别智，任运相续，不

为一切事相烦恼所动；第九为善慧地，也称为善哉意地、善根地，成就四无碍解，具足十力，能遍行十方说法；第十为法云地，成就大法智，具足无边功德，法身如虚空，智慧如大云。此十地修行的内容分别为施、戒、忍、精进、静虑、般若、方便善巧、愿、力、智等十波罗蜜，对治十障，证十真如。见《华严经》卷二十。

译文

昔日曹溪淌下一滴水，不是永远不变位。我宗之奇譬如虎，颔下金铃大如斗。人只要理解了欲界、色界、无色界的一切皆由心所造，心为万物的本体，三界万法，都是由阿赖耶识所变，便是了解了法眼宗所由建立的纲要。

华严六相义

华严总相、别相，同相、异相，成相、坏相六相，

举一相而齐收起，一一存于法上，有此六种意义。在《华严经》中为初地菩萨之说。

六相义颂

《华严经》有六相义，六相圆融无滞碍，
多义不违同一总，同相之中还有异。
多异相望各有异，异相可能异于同，
异相若真异同相，便是背离诸佛意。
诸佛说解意总别，一含多而多非一，
不闻总相别相外，又有同相异相别。
男子食色是性也，勘破色空先入定，
纵使有女颜如玉，熟视无睹不留意。
若能破除诸执着，外境万象不曾见，
心镜清静又明亮，专心致志无理事。

论华严六相义

原典

若究竟欲免断、常、边、邪之见[1]，须明华严六相义门，则能住法施为，自忘能所，随缘动静，不碍有无，具大总持[②]，究竟无过矣。此六相义，是辨世间法，自在无碍，正缘显起，无分别理。若善见者，得知总持门[③]，不堕诸见。不可废一取一，双立双忘，维[④]总同时，繁兴不有，纵各具别，冥寂非无。不可以有心知，不可以无心会。详法界[⑤]内，无总别之文；就果海[⑥]中，绝成坏之旨。

今依因门[⑦]，智照古德，略以喻六相者："一总、二别、三同、四异、五成、六坏。总相者，譬如一舍是总相，椽等是别相。椽等诸缘和合作舍，各不相违，非作余物，故名同相；椽等诸缘，递相互望，一一不同，名异相。椽等诸缘，一多相成，名成相；椽等诸缘，各住自法，本不作，故名坏相。则知真如一心为总相，能摄世间出世间法。故约摄诸法得总名；能生诸缘成别号；法法皆齐为同相；随相不等称异门；建立境界故称成；不动自位而为坏。"

又云："一、总相者，一合多德故；二、别相者，多德非一故；三、同相者，多义不相违故；四、异相者，多义不相似故；五、成相者，繇此诸义缘起成故；六、坏相者，诸缘各住自性不移动故。此上六相义者，是菩萨初地中，观通世间一切法门，能入法界之宗，不堕断常之见。若一向别，逐行位而乖宗；若一向同，失进修而堕寂。所以位位即佛，阶墀宛然。重重磨炼，本位不动。斯则同异具济，理事不差，因果无亏，迷悟全别。欲论大旨，六相还同梦里渡河；若约正宗，十地⑧犹如空中鸟迹；若约圆修⑨，断惑对治习气⑩。非无理行相资，缺一不可。是以文殊以理印行，差别之道无亏；普贤以行会理，根本之门不废。”

注释

①**断、常、边、邪之见：**佛教有五见，指五种错误见解，是根本烦恼中的恶见所指。《大毗婆沙论》卷四十九、《成唯识论》卷六指出，五见包括萨迦耶见、边执见、邪见、见取见、戒禁取见。萨迦耶见指身见、我见，以为我和我所都是真实存在的观点；边执见简称边见，指执着片面极端的见解，有所谓常见和断见两种，常见是有见，认为我常住不变，断见是无见，认为我可以不受果报；第三种邪见是否认因果报应的见解；见取见是执着以上三种错误见解，认为是正确见解；戒禁取见也称为戒取见、戒盗见，指把错误的戒律、法规当作可以引导达到涅槃的正确戒律。

②**总持：**梵文 Dhāraṇī，指扶善不失、持恶不使起之义，以念与定、慧为体，菩萨所修之念、定、慧具此功德也。

③**总持门**：总持之法门，总有法、义、咒、忍四种。而密教则专指咒总持而言，此指智慧总持门。

④维，当为“虽”之误。

⑤**法界**：梵文 Dharma-dhātu，十八界之法界，特指意识所缘虑的对象，《俱舍论》卷一曰：“受、想、行蕴、无表、无为总名法处，亦名法界。”这些不只是感官直接感觉的对象，而且是思维理解的对象。又泛指各种事物，或指现象的本源和本质，尤其指成佛的原因。华严宗有四种法界，即事法界、理法界、理事无碍法界、事事无碍法界。

⑥**果海**：佛果功德广大如海。

⑦**因门**：因缘之门，因缘为四缘之一，指直接产生自果的内在原因，此缘适用于物质的和精神的一切现象。

⑧**十地**：梵文 Daśabhūmi，也译为十住，指佛教修习过程的十个阶位，常见指三乘十地和大乘菩萨十地，另有四乘十地、真言十地等。参见“初地菩萨”注。

⑨**圆修**：在台家圆教，同时修空、假、中之三观。又指圆满修万行。

⑩**习气**：大乘妄惑，分现行、种子、习气三种。烦恼之余气即习气。

译文

如果最终想免却断绝断见、常见、边执见，以及邪见，就应该明确《华严经》所说六相圆融之义门，那么便可以住法而施为，自忘其所能，随其缘而动静适宜，不滞碍于有与无的问题，而具有大总持，扶善不失，持恶不使起，而最终无过恶。此六相圆融之义，是辨验世间一切法，自在而无滞碍，正缘显起，无有分别之理。如果是有善见解之见，得智总持之法门，不堕落于诸邪见。不可以废一而取一，双立而双忘，虽总为同时，繁兴而不有，纵然各个具别，冥寂而非无。不可以有之心知解，不可以无之心会悟。详究十八法界之内，没有总相、别相之名称；即使在佛果功德之海中，也绝迹成相、坏相的宗旨。

现在依因缘之门，智照古德，解释六相说："六相，一为总相，二为别相，三为同相，四为异相，五为成相，六为坏相。所谓总相，就譬如是一座房子，其总体便是总相。有了房子之总相，构成房子的各个椽木、砖瓦等其他建筑材料便是别相。椽木以及砖瓦等诸因缘配合发挥功用，而构成房舍，它们之间各不相违背，不是作为多余之物，所以可称为同相。椽木、砖瓦等因缘，递相互望，一一不同，称为异相。椽木等诸因缘由一而众，成为房舍，此是成相。椽木等诸因缘，各保持其独立自性而无有变化，其根本不再起，所以成为坏相。因此可以说，真如一心是所谓总相，能兼摄世间、出世间诸种法，所以约摄诸种法，而得一总相之名；能生成诸因缘，所以称为别相；法法皆齐称为同相；随相而不等称为异相；能建立境界，所以称为成相；不动其自位，所以称为坏相。”

又说道：“第一种为总相，是说一总而合多德；第二种为别相，多德非是一德；第三种为同相，指多种意义互相不违背；第四种为异相，指多义不相似；第五种为成相，指由此多义因缘而相成；第六种是坏相，指诸因缘各自持住自性不移动。以上六相义，是菩萨初地中，观通世间一切法门，能入法界之宗，不堕落于断见常见。如果一贯别，逐行位而乖离宗乘；若一贯相同，失于进修而堕于寂灭。因此位位即是佛，阶墀宛然清晰。重重磨炼，本位不动。如此则同与异相互相帮助，理事不互差，因果无亏，迷悟全别。欲论六相大旨，六相如同梦中渡河；如约其正宗，十地阶梯就如空中鸟迹；如约圆满修万行，断惑而对治习气。亦非无理与行相资，缺一而不可。所以文殊菩萨以理印行，差别之道无有亏损，普贤菩萨以行会理，而根本之门不废弃。”

原典

法眼宗门庭

法眼宗者，箭锋相拄[1]，句意合机，始则行行如也，终则激发，渐服人心。削除情解，调机顺物，斥滞磨昏。种种机缘，不尽详举，观其大概，法眼家风，对病施药，相身裁缝，随其器量，扫除情解。要见法眼么？人情尽处难留迹，家破从教四壁空。

法眼宗要诀

清凉大法眼，旺化石头城[2]。首明地藏[3]指头，顿见玄沙祖祢。拨万象不拨万象，言前独露全身；有丝头不有丝头，句里已彰自己。心空法了，情尽见除。应尘毛了了然，统刹海[4]皎皎地。髑髅常干世界，鼻孔摩触家风。重重华藏交参，一一网珠圆莹。以至风柯月渚，显露真心；烟霭云林，宣明妙法。对扬[5]有准，惟证乃知。亘古今而现成，即圣凡而一致。声传海外，道满寰中。历然验在目前，宛尔石城犹在。此法眼宗风也。

注释

①**箭锋相拄：**三山来《五家宗旨纂要》有法眼四机，其一为箭锋相拄，即机锋相敌之意。余为泯绝有无，就身拈出，随流得妙，分别指不存朕兆、当面直提、即境设施。

②**石头城：**简称石城，又名石首城，故址在今江苏南京市清凉山。本为楚金陵城，东汉建安十七年（公元二一二年）孙权重筑时改为石头城，唐时废弃。

③**地藏：**梵文 Kṣitigarbha，在忉利天，受释迦如来咐嘱，每日晨朝入恒沙禅定观察众机，于二佛中间无佛世界教化六道众生之大悲菩萨也。安忍不动如大地，静虑细密如秘藏，故称地藏。

④**刹海：**如言水陆，刹为梵语土田之意。

⑤**对扬：**于佛之说法会坐，对佛发起问答等，以发扬佛意，而成办利益，称为对扬。佛也以其对扬者为一会之代表而说法，则成为对告众。

译文

法眼宗门庭

所谓法眼宗，是如箭锋相抵拄，句意合于机锋，开始则行行如也，终期则激发，渐服人心。消除凡俗之情尘妄见，调机锋而顺接万物，斥逐滞慢，磨砺昏聩。种种机缘语句，不能一一详举，观其大概，法眼宗家风，是对病症而施医药，观其身体而裁剪缝纫，随其器量，扫除凡情俗见。要见法眼宗吗？人情尽处难留痕迹，家破之后纵教四壁空空。

法眼宗要诀

清凉大法眼，可以旺化石头城。首明地藏菩萨之指头，顿现玄沙和尚祖祢之位。拨万象世界或不拨万象世界，言前独露全身体；有丝头或不有丝头，句里已彰著自己。心空而法了，情网已尽而执见已除。应毛尘了了然，统刹海皎皎地。髑髅头常常干求世界，鼻孔也摩触家风。重重华藏交参，一一网珠圆莹。以至于风吹柯而月照渚头，显露出真心；烟霭云林，宣明妙法。对扬佛法有准的，唯有智证方知会。亘贯古今而现成，即圣见凡情皆一致。其法传声至海外，其道满扬于寰宇之内。历然其验如在目前，宛然金陵石城清凉寺文益住持仍在世。这是法眼宗宗风。

8　宗门杂录

拈花微笑

原典

王荆公[①]问佛慧泉禅师云："禅家所谓世尊拈花，出在何典？"

泉云："《藏经》[②]亦不载。"

公曰："余顷在翰苑，偶见《大梵天王问佛决疑经》[③]三卷，因阅之，经文所载甚详：'梵王至灵山，以金色波罗花献佛，舍身为床座，请佛为众生说法。世尊登座拈花示众，人天百万，悉皆罔措，独有金色头陀[④]，破颜微笑。世尊云：吾有正法眼藏，涅槃妙心，实相无相，分付摩诃大迦叶。'此经多谈帝王事，佛请问所以秘藏，世无闻者。”

注释

①**王荆公**：北宋宰相王安石退居江宁(今江苏南京)后，受封荆国公，世称荆公。王安石，字介甫，号半山，抚州临川（今江西抚州市）人，庆历进士。生于公元一〇二一年，一〇八六年去世。

②**《藏经》**：指汉译《大藏经》，为汉译佛教典籍的丛书，自东汉末译经以来，汉译佛经和著述逐代增加，东晋道安《综理众经目录》载目六百十一部，凡八百五十八卷；南朝梁僧祐《出三藏记集》载二千一百六十二部，凡四千三百二十八卷；隋法经《众经目录》载二千二百五十七部，凡五千三百十卷。隋以后钦定载入《大藏经》的入藏录所载佛典数字，隋费长房的《历代三宝记》中为一千七十六部，凡三千二百九十二卷；唐智昇《开元释教录》亦为千七十六部，凡五千四十八卷；唐圆照《贞元新定释教目录》为千二百五十八部，凡五千三百九十卷。元代以后，译经极少。从北宋始，随着印刷术的改良，佛经由手写改为雕印，主要依《开元释教录》的“入藏录”编印，即经、律、论皆分大小乘，贤圣纪分梵本翻译和中土此

方撰集。宋以后历代雕印《大藏》皆依此例。

宋以来，有《宋藏》《金藏》《元藏》《明藏》《清藏》等。近世又编《中华大藏经》，朝鲜有《高丽藏》，日本有《黄檗藏》《缩刷藏》《卍字藏》《大正藏》《续大藏》等。《大藏经》除了经、律、论外，包括若干为印度、中国等国其他佛教撰述，南北朝时称为“一切经”，隋以后改称“大藏经”，原来专指汉文佛教典籍，日本、朝鲜编《大藏经》亦为汉文，今则有巴利文的《南传大藏经》，以及藏文、满文、蒙古文、日文、西夏文等种。

③**《大梵天王问佛决疑经》：**大梵天，梵文为 Mahā-Brahmā，梵是清净之义，为离欲之色界诸天通名。后指其中初禅天之王为大梵天。初禅天为色界四禅之最，故特附以梵天之名，其中分大梵天、梵辅天、梵众天三者，大梵天为君，是初禅天之王，故称大梵天王、大梵王、梵王，梵辅为臣，梵众为民。大梵天所得之禅定为中间之禅定。王安石称佛拈花微笑之典出于《大梵天王问佛决疑经》。

④**金色头陀：**据《联灯会要》卷一及《释氏稽古略》卷一，释迦牟尼在灵山会上，大梵天王献上金色波罗花，释迦牟尼佛即拈花示众，众人不解其意，唯有摩诃迦叶破颜微笑，释迦遂说：“吾有正法眼藏，涅槃妙心，实相无相，微妙法门，不立文字，教外别传，咐嘱摩诃

迦叶。”金色头陀即摩诃迦叶，即大迦叶，禅宗尊为天竺初祖。

译文

宋王安石曾就佛教的某些问题向慧泉禅师提问。王安石问道：“禅宗所说的释迦牟尼佛拈花微笑此典故，出自哪一本书？”

慧泉禅师说：“汉译《大藏经》没有记录此事。”

王安石说道：“我过去在翰林院，偶然看见《大梵天王问佛决疑经》三卷，于是仔细阅读，发现此经中所载拈花微笑之事十分详细：‘大梵天王到灵山，以金色波罗花献于释迦牟尼佛前，舍身为床座，请佛为众生说法。释迦牟尼佛登上法座，手拈金色波罗花示众。在座之人天百万，没有谁能领会释迦牟尼佛所表达的意旨，只有金色头陀大迦叶，破颜微笑。释迦牟尼佛于是对大家说：我有正法眼藏，涅槃妙心，实相无相，交与摩诃大迦叶。’此《大梵天王问佛决疑经》所谈多是帝王之事，所以秘藏于宫中，在民间没有流传。”

三种佛身

原典

三身[1]

三身谓法、报、化也。法身毗卢遮那[2]，此云遍一切处；报身卢舍那[3]，此云净满；化身释迦牟尼，此云能仁寂默。在众生身中，即寂、智、用也。寂即法身，智即报身，用即化身。

《金光明最胜王经》[4]云："一切如来有三种身，具足[5]摄受阿耨菩提[6]。化身者，如来昔在修行地中，为诸众生，修种种法，得自在力，随众生意，随众生界，现种种身，是名化身。应身者，谓诸如来，为诸菩萨说于真谛，令其解了生死涅槃是一味故；为除身见[7]，众生怖畏权[8]喜故；为无边佛法而作本故，如实相应，如如[9]、如如智[10]，本愿力故，具三十二相八十种好[11]，项背圆光，是名应身。法身者，为除烦恼等障，为具诸善法故，惟有如如、如如智，是名法身。前二种身，是名假有，后第三身，是真实有，为前二身，而作根本。何以故？离法如如，离无分别智，一切诸佛无有别法，复次诸佛利益自他。自利益者，是法如如；利益他者，是如如智。”

又《缨珞经》[12]云：“五分法身[13]，以识性别，戒香摄身，定香摄意，慧香摄乱，解慧摄倒见，度知摄无明，是五分香[14]，缨珞其身。”

注释

①**三身**：也称三佛，指三种佛身，即法身、报身、应身。《大乘义章》卷十九，法者所谓无始法性，“后息妄想，彼法显了，便为佛体，显法成身，名为法身”。此处所言法性或法，即是人先天所具有的如来藏、真心、本觉，以此为成就佛身之因，故又称法身佛或法佛；报身也称报身佛或报佛，“此真心体，为缘薰发，诸功德主，方名报佛”，指以法身为因，经过修习而获得佛果之身，分为证知与享受所谓佛境的报身，以及为适应十地菩萨需要而呈现出来的报身；应身也称应身佛，“众生机感，义如呼唤，如来示化，事同响应，故名为应”，指佛为度脱世间众生，随三界六道之不同状况和需要而现之身，此或指释迦牟尼之生身，或指变现混迹于世间之天、人、鬼、龙等。

三身又称自性身、受用身、变化身，据《成唯识论》

卷十曰：自性身指法界、法性，也即法身；受用身有二种，一为自受用，指佛累劫积德所得之永恒不灭，能使自己受用广大法乐的色身，二为他受用，指佛为住十地菩萨现大神通，令其受用大乘法乐之功德身，此也即报身；变化身即应身。法身、应身、化身也称三身，据《最胜王经·分别之身品》载，法身即为受用身中的自受用身和自性身，应身为受用身中的他受用身，化身为变化身。一切三身总可归为四类：一法性、法界，即成佛的根据；二修习佛法所得之佛果，即佛本体；三佛为大乘菩萨说法而变现之身；四佛为利乐世间众生而变现之色身或其他种类的幻化身。因此也有法身、报身、应身、化身等所谓四身的分法。

②**毗卢遮那：**梵文 Vairocana 的音译，意为光明遍照、遍一切处、大日，为佛名，《华严经》东晋佛驮跋陀罗译本作“卢舍那”，华严宗据此认为毗卢遮那与卢舍那分别为音译的全称和略称，为报身佛，是《华严经》所说莲华藏世界，即佛报身之净土的教主。而天台宗以毗卢遮那佛、卢舍那佛、释迦牟尼佛为法身佛、报身佛、应身佛，法相宗与此相同，但称毗卢遮那为自性身，以卢舍那为受用身，释迦牟尼为变化身。密宗则以毗卢遮那为大日如来，即摩诃毗卢遮那，梵文 Mahāvairocana，为理智不二的法身佛，是尊奉的主要对象。

③**卢舍那：**梵文 Loṣaṇa，佛名，为佛之报身，参见上注。又译为流舍那、净满。

④**《金光明最胜王经》：**十卷，唐代义净译，为金光明三译中最后出而最完备者，常略为《最胜王经》。唐慧沼有疏十卷。

⑤**具足：**具备满足也。

⑥**阿耨菩提：**阿耨多罗三藐三菩提之略，梵文 Anuttarā Samyaksaṃbodhiḥ，佛智名，旧译为无上正遍知、无上正遍道、真正遍知，一切真理之无上智慧也。

⑦**身见：**即萨迦耶见，梵文 Satkāyadarśana，也作我见，是以为我与我所都是真实存在的观点。凡有烦恼，必有身见，一切错误观点，皆因此生。

⑧**权：**当为欢。

⑨**如如：**法性之理体，不二平等，故云如，彼此之诸法皆如，故云如如，是正智所契之理体也。

⑩**如如智：**契于如如理体之智。

⑪**三十二相八十种好：**三十二相指三十二大人相，也译为三十二大丈夫相、三十二大士相、四八相，已见前注。八十种好也称八十随形好、八十随好、八十微妙种好、八十种小相等。指佛陀生来容貌超越凡俗，其显著之点称三十二相，其微细隐密难见之处称八十种好，即容貌的八十种特征。据《大般若经》卷三百八十一、

《大乘义章》卷二十等载，主要讲佛的头、面、鼻、口、眼、手、足等长相奇特。如第一好，说佛的指甲狭长薄润，光洁明净，如花色赤铜；第三好，手足指头圆而细长柔软，不见骨节；第二十八好，唇色红润光泽，上下相称；第三十一好，声音宏伟，如象王吼声明朗清澈；第三十三好，鼻梁修长，不见鼻孔；第三十六好，眼睛青白分明；第四十二好，耳轮阔大，成轮埵形；第四十七好，头发修长，稠密绀青；第五十七好，面形长宽匀称，皎洁如秋月；第七十一好，声音不高不低，应众生心意，和悦与言；第七十三好，以一音说法，有情之类各得其解；第八十好，手足及胸，皆有吉祥喜旋之卍相。

⑫**《缨珞经》：**也即《璎珞经》，佛经名。

⑬**五分法身：**以五种功德法成佛身，故曰五分法身。小乘以之为三身中之法身。一戒，谓如来身、口、意三业离一切过非之戒法身也；二定，如来之真心寂静，离一切妄念，谓之定法身也；三慧，如来之真智圆明，观达法性，谓之慧法身，即根本智也；四解脱，如来之心身，解脱一切系缚，谓之解脱法身，即涅槃之德也；五解脱知见，知已实解脱，称为解脱知见法身，即后得智也。此五者有次第，由戒而生定，由定而生慧，由慧而得解脱，由解脱而有解脱知见。前三者，就因而

受名，后果者，就果而付名，而总是佛之功德也。以此五法成佛身，为五分法身。下文所言解慧即解脱，度知即解脱知见。

⑭**五分香：**以香譬五分法身，一为戒香，二为定香，三慧香，四解脱香，五解脱知见香。

译文

三身

三种佛身指的是法身、报身、化身。法身指的是毗卢遮那佛，其意为普遍及一切地方；报身为卢舍那佛，其意为净满；化身指释迦牟尼佛，说的是能仁寂默。运用到众生身中，就是寂灭、智慧、功用。寂灭指的是法身，智慧指的是报身，功用指的是化身。

《金光明最胜王经》指出："一切如来具有三种佛身，具备满足摄受阿耨多罗三藐三菩提。所谓化身，是如来过去在修行地中，为诸众生修证种种佛法，得自在之力，随众生之意，随众生界，现种种身，所以称为化身。所谓应身，是指诸如来，为诸菩萨说真谛，令他解脱了悟生死涅槃是一味之缘故，为消除我之身见，以及众生的恐怖、畏惧、欢喜等，为无边无际之佛法而作根本之缘故，如实相应，如法性之理体不二平等，彼此之诸法皆如，契于如如理体之如如智，本之愿力之故，具有三十二相八十种好，项背圆光，这叫应身。所谓法身，是指为消除烦恼等障碍，为具备诸种善法之缘故，唯有如如、如如智，此称为法身。前两种身，是所谓假有，后第三种身，才是真实有，为前二身，而作为根本。为什么是这样的呢？离法则如如，离无分别智，一切诸佛皆无有别法，而且诸佛利益自他。自利益者，是法如如；而利益他者，则是如如智。”

又《缨珞经》指出：“以戒、定、慧、解脱、解脱知见五种功德法成佛身之五分法身，以识性为别，戒香摄身，定香摄意，慧香摄乱，解慧摄倒见，度知摄无明，此是五分香，缨珞其身体。”

四种智

原典

大圆镜智，平等性智，
妙观察智，成所作智。

《妙藏诠注》[①]云：“佛转八识而成四智者，用八为大圆镜智，七为平等性智，六为妙观察智，前五为成所作智。识惟分别，智能决断。”

《大乘庄严论》[②]云："转八识成四智，束四智具三身。”

古德云："眼等五识为成所作智，意为妙观察智，化身摄；末那为平等性智，报身摄；阿赖耶为大圆镜智，法身摄。”

智通禅师读《楞伽经》至千余遍，而不会三身四智，诣曹溪问六祖，祖曰：三身者，清净法身，汝之性也；圆满报身，汝之智也；千百亿化身，汝之行也。若离本性说三身，即名有身无智。若悟三身，无有自性[③]，即名四智菩提[④]。听吾偈曰：

自性具三身，发明成四智。
不离见闻缘，超然登佛地。
吾今为汝说，谛信永无迷。
莫学驰求者，终日说菩提。

通曰："四智之义可得闻乎？”

祖曰："既会三身，便明四智；若离三身，便谭四智，此名有智无身也。即此有智，还成无智。”复说偈曰：

大圆镜智性清净，平等性智心无病。
妙观察智见非功，成所作智同圆镜。
五八六七果因转，但用名言无实性。

若于转处不留情，繁兴永处那伽定。

注释

①**《妙藏诠注》**：妙藏即秘藏，即《秘藏经》，为《大方广如来秘密藏经》之略称。诠注即注释之书。

②**《大乘庄严论》**：无著菩萨承弥勒菩萨之旨，著五部之大论：《瑜伽师地论》《分别瑜伽论》《大乘庄严经论》《辨中边论颂》《金刚般若论》。《大乘庄严经论》即《大乘庄严论》，十三卷，为唐波罗颇蜜多罗译。

③**自性**：大抵包括遍计所执自性、依他起自性、圆成实自性等，是瑜伽行派和法相宗宗教理论体系的中心观念。据《成唯识论》卷八的解释，遍计所执自性，又称遍计所执性、普观察性，指周遍计度、普遍观察思量，由此而产生虚妄分别，执着于有实我、实法种种差别，称为所执，指人们视一切事物为各有自性差别的客观实在的世俗认识，被认为是不真实的谬误。

依他起自性又称依他起性、他根性，指依他众缘而得起的一切现象，众缘包括四缘，即一切有为法所借以生起的四类条件，包括因缘、等无间缘、所缘缘、增上缘。因缘指直接产生自果的内在原因，此缘适用于物质的和精神的一切现象；等无间缘适用于精神现象，指已灭之前念，能为生起之后念让路，起开导作用，为认识活动得以发生的条件；所缘缘指认识的一切对象；增上缘除上述三缘外，余下之各种有助于或无碍于现象发生的条件。此处依他起自性之众缘特别指作为因缘的阿赖耶识种子及能够引起心识派生万事万物的活动，以一切现象尽为众缘所引心、心所虚妄变现，故幻化不实，非有而似有。

圆成实在自性又称圆成实性、成就相，指二空所显，圆满成就，诸法实性，即在依他起自性上，远离遍计所执性的谬误，认识到一切现象既无人我，又无法我，由此所显示之实如真性。由此三种自性，即可成立唯识无境，即依他起即是以心识为因缘而派生之现象界，对此现象界加以分别，以为客观实有，则称之为遍计所执性。排除客观实有的观念，体认一切唯有识性，即是契合真如，达到圆成实性。《成唯识论》卷八指出："三种自性，皆不远离心、心所法。谓心、心所及所变现，众缘生故，如幻事等非有似有，诳惑愚夫，一切皆名依他起性；愚夫于此横执我法、有无、一异、俱不俱等，如空华性相都无，一切皆名遍计所执；依他起上，彼所妄执我、法俱空，此空所显识等真性名圆成实，故此三不离心等。"

④**菩提**：梵文 Bodhi，意译觉、智，指对佛教真理

的觉悟。广义说，凡断绝世间烦恼而成就涅槃之智慧，通称菩提。

译文

四种智即大圆镜智、平等性智、妙观察智、成所作智。

《妙藏诠注》指出："佛转眼识、耳识、鼻识、舌识、身识、意识、末那识、阿赖耶识八识而转变为大圆镜、平等性、妙观察、成所作四智，第八阿赖耶识转为大圆镜智，第七末那识转为平等性智，第六意识转为妙观察智，前五识转为成所作智。识唯分别，而智能决断。"

又《大乘庄严论》指出："转眼识、耳识、鼻识、舌识、身识、意识、末那识、阿赖耶识八识而成为大圆镜智、平等性智、妙观察智、成所作智四种智，束大圆镜智、平等性智、妙观察智、成所作智四种智而成化身、报身、法身三身。"

关于四智成三身，古德高僧说："眼识、耳识、鼻识、舌识、身识等五识转为无漏时得成所作智，意识转无漏时得妙观察智，由化身兼摄；末那识转为无漏时得平等性智，由报身兼摄；阿赖耶识转为无漏时得大圆镜智，由法身兼摄。"

智通禅师读《楞伽经》，至千余遍，但却一直未清楚化身、报身、法身三身和大圆镜智、平等性智、妙观察智、成所作智四智，遂到曹溪谒见六祖惠能禅师，六祖说：所谓三身，清净法身，是你的性；圆满报身，是你的智；千百亿个化身，是你的行。如果脱离本性而说三种身，便称为有其身而无智慧。如果了悟三种身，而无有遍计所执自性、依他起自性、圆成实在自性等自性执着，便可以称为四智菩提。你且听我所作的偈语：

执着有自性，自性具三身，
发明八种识，转而成四智。
见闻缘觉路，时刻不可离，
觉悟此智慧，超然登佛地。
今日你去解，我来为你说，
真理靠自觉，不执永无迷。
某些愚陋人，终日苦钻思，
莫走他人路，终日说菩提。

智通禅师说："四种智的意义可以请禅师讲说吗？"

六祖惠能禅师说："既明白了化身、报身、法身三身，便可以明白大圆镜、平等性、妙观察、成所作四种智了；如果离开化身、报身、法身三身而谈大圆镜、平等性、妙观察、成所作四种智慧，便称为有智而无身，便是有智慧也会变成无智慧。”六祖惠能说完，又作了一个偈颂，偈颂说：

大圆镜智智似镜，清净无漏无杂染。
平等性智大慈悲，自他平等心无病。
妙观察智察诸法，察法说法见非功。
成所作智五识转，十方行善同圆镜。
眼耳鼻舌身意识，前五识转成所作。
第六意识转无漏，自相共相妙观察。
第七是为末那识，转而成为平等性。
阿赖耶识为第八，光明清净大圆镜。
五八六七诸种识，果位因缘转无漏。
摆脱烦恼转其名，虽转其名无实性。
若于转处不留情，繁兴永处那伽定。

眼耳鼻舌身意六根、六尘、六识、五识转成所作智的解说

原典

《般若经》[①]云："六根、六尘成十二处[②]，添六识和合为十八界[③]。"

《起信论》[4]云："以四种法薰习[5]义，一、净谓真如；二、染谓无明；三、妄心谓业识[6]；四、妄尘谓六尘。"

《楞严》云："六识造业[7]，所招恶报从六根出也。"

《华严》云："眼、耳、鼻、舌、身、心意诸情根，以此常流转，而无能转者。"

《起信》又云："三界[8]虚伪，惟心所作，离心则无六尘境界也。"

《毗婆沙论》[9]："问曰：'心、意、识有何差别？'答曰：'无有差别，即心是意，意即是识，皆同一义。如火炙，亦名焰，亦名炽。'"

《般若》又曰："若如实知自性皆空，是为能学六根、六尘、六识者也。"

祖师云："遍现俱该沙界[10]，收摄在一微尘，识者谓之佛性，不识唤作精魂。"

然虽如是，蹉过者极多，错会者不少。

注释

①**《般若经》：**即《大般若波罗蜜多经》。般若，梵文 Prajñā，全称为 Prajñāpāramitā，译为智度、智慧，佛教六度之一，指通过智慧达到涅槃的彼岸。《般若经》，梵文 Mahāprajñāpāramitāsūtra，为佛教般若类经典的总

汇，唐玄奘译，六百卷。认为世俗认识及其面对的一切对象，均属因缘和合，假而不实，唯有通过般若对世俗认识的否定，才能达到觉悟解脱，是大乘佛教的基础理论。

②**十二处：**梵文Dvādaśāyatana，旧译十二入，为佛教教诫学徒所分五蕴、十二处、十八界之三科之一,三科是观察世界及人的三个方面，目的在根据凡夫迷悟的不同情况破我执之谬，立无我之理。十二处包括眼、耳、鼻、舌、身、意六根及由六根产生的色、声、香、味、触、法六尘（亦即六境）。处指根与境为产生心和心所之处，根与境相涉而入，故名。

③**十八界：**梵文Aṣṭādaśadhātu，以人的认识为中心，对世界一切现象所作的分类，而人一身即具此十八界。其中包括能够发生认识功能的六根，作为认识对象的六境（或叫六尘），以及由此产生的眼识、耳识、鼻识、舌识、身识、意识六识。

④**《起信论》：**即《大乘起信论》，梵文Mahāyānaśraddhotpādaśāstra，传为古印度马鸣著，南朝陈真谛有一卷译本，唐实叉难陀有二卷译本。全书由因缘分、立义分、解释分、修行信心分、劝修利益分五部分组成。劝人信奉大乘佛教，对如来藏与世界万有的关系进行论证，认为世界万有是“真如”的显现，并认为

一切众生，常住于涅槃，只要深信真如佛性和佛、法、僧三宝，修持布施、持戒、忍辱、精进、止观等，就能获得解脱。此书是大乘佛教入门书。有人认为该书为中国人托名之作。

⑤**薰习：**指身、口所现之善恶行法或意所现之善恶思想起时，其气分留于真如或阿赖耶识，如香之于衣也。其身、口、意所现者，称为现行法，气分留于真如或阿赖耶识者，称为种子或习气，因而现行法于真如或阿赖耶识留其种子或习气之作用，称为薰习。四种法薰习即明真妄互为薰习，染净二法，相续不断。一为无明薰习，众生有无始之无明，薰习真如，以薰习故，生妄心也，妄心者，业识也；二妄心薰习，以此妄心还薰于无明，使增不了了之念，更转而使现妄境界，妄境界者，转识及现识是也；三妄境界薰习，此妄境界还薰动妄心以起诸浪，造种种之业，受身心之苦，分别事识是也，依以上三薰习之义而染法相续也；四净法薰习，包括真如薰习和妄心薰习，真如薰习者以众生具真如之法，能冥薰无明，以冥薰之因缘使妄心厌生死之苦，乐求涅槃，为真如薰习，以此厌此之妄心还薰习于真如，增其势力，起种种方便随顺之行而灭无明，无明灭故，心相皆尽，得涅槃而成自然之净业，以此薰习而净法不断。染法者以自性差别分为三种，净法则以体用一明一

种而已。

⑥**业识**：有情流转之根本识也，依根本无明，而一如之真心，初生动作之念者。

⑦**业**：梵文 Karman 的意译，意为造作，泛指一切身心活动，有身业、语业、意业等。《大毗婆沙论》卷百十三曰："三业者，谓身业、语业、意业……若自性者，应唯一业，所谓语业，语即业故；若所依者，应一切业皆名身业，以三业皆依身故；若等起者，应一切业皆名意业，以三业皆是意等起故。"还有其他分类。

⑧**三界**：即处于生死轮回过程的欲界、色界、无色界，为有情众生存在的三种境界。欲界为具有食欲、淫欲的众生所居，包括五道中的地狱、畜生、饿鬼、六欲天和人，以及他们所依存的场所；色界位于欲界之上，为已离食、淫二欲的众生所居，其器及有情为色所属界，即仍离不开物质，包括四静虑处（或四禅天）十七种天，此称色界十七天；无色界在色界之上，为无形色众生所居，包括四无色天。修四静虑可转生色界，反之则生欲界，修四无色定则转生无色界。

⑨**《毗婆沙论》**：广解、广说经论之义者，总名《毗婆沙论》。藏经大乘小乘俱有以《毗婆沙论》为名者。毗婆沙为佛名。

⑩**沙界**：恒河沙之世界，沙喻多，即大千世界。

译文

《般若经》指出：“眼、耳、鼻、舌、身、意六根产生色、声、香、味、触、法六尘，合而为十二处，再添眼识、耳识、鼻识、舌识、身识、意识为十八界。”

又《大乘起信论》指出：“以净、染、妄心、妄尘四种法薰习义，一、净指真如佛性；二、染指愚痴无明；三、妄心指有情流转之根本业识；四、妄尘指色、声、香、味、触、法六尘。”

又《楞严经》指出：“眼识、耳识、鼻识、舌识、身识、意识六识造身业、语业、意业等一切身心活动，所招之恶报从眼、耳、鼻、舌、身、意六根中生出。”

又《华严经》说：“眼、耳、鼻、舌、身、心意诸种妄情滋生之尘根，以此常流转，而无能转者。”

《大乘起信论》又说：“有情众生存在的欲界、色界、无色界三境界虚伪不实有，此唯心意所生，离其心则无有色、声、香、味、触、法六尘之境界了。”

《毗婆沙论》：“问道：‘心、意、识有什么差别？’回答说：‘心、意、识没有差别，心便是意，意便是识，皆是同一的意义，就譬如说火灸，也称为焰，也称为炽一样。’”

《般若经》又指出：“如果如实知其自性皆空无实

有，这是能学六根、六尘、六识的人了。”

而祖师则总结说：“遍现俱在大千沙界之中，而收摄起来不过是一微粒尘土，识者称之为佛性，不识者称之为精魂。”

虽然如此，蹉跎而过的人却很多，错误地领会的人也很不少。

关于第七末那识转为平等性智的解说

原典

《楞伽》云：“末那者，此云染污意，恒审思量，故亦名传送识。佛与大慧谓：‘广说有八，略说有二。内现识计为我属赖耶，外分别事识计为我属前六识。真即识实性，亦属赖耶净分。故有粗细者，谓三细六粗。粗细二识者，皆依无明住地而起，以根本无明，动彼静心，而起细识；依此细识，转起粗心。以无明为本，依无明为因，生三细不相应心；依境界为缘，生三粗相应心。故云，粗细二识，各具二因，方得生住。’”

现识者，《起信》云：“不相应心也，依不思议薰[①]故得生，依不思议变[②]故得住，此现识[③]所现境界，动彼心海，起诸事识之浪也。”

分别事识者，《起信》云："相应心也，依境界故得生，依心海故得住也。此一识[④]者，皆是无明薰习真如，成染缘起也。"

《论》曰："当知无明能主一切染法，一切染法，皆是不觉相故。"

《诸经要集》云："识自下上至脐已上灭者生人中，上至心灭者不失人身，上至头面灭者生天，至顶灭者永断轮回。自上下至腰灭者鬼趣[⑤]，下至足灭者地狱。"

《论》曰："若离妄念，则无一切境界之相，惟一真心矣。"

注释

①**不思议薰：**无明薰炙真如而生妄法，谓之不思议薰。甚深之理及稀奇之思虑在言议之外，谓之不思议。《起信论·义记》下本曰："不思议薰者，谓无明能薰真如，不可薰处而能薰，故名不思议薰。又薰即不薰，不薰之薰名不思议薰。"

②**不思议变：**真如之妙理转变而成万法之事相也。

③**现识：**阿赖耶识之别名。阿赖耶识别名尚有心、阿陀那、所知依、种子识、异熟识、无垢识、第八识、无没识、本识、宅识、执持识、根本识、第一识等。

④**一识：**当为二识。

⑤**鬼趣：**又称为鬼道，鬼神所趣之境土也。为五趣之一，趣指所往。五趣又称五恶趣，五道：一地狱，二饿鬼，三畜生，四人，五天。

译文

《楞伽经》指出："所谓末那，说的是污染的意思，恒审思量，所以也称为传送识。关于此问题，释迦牟尼佛曾对大慧说过，释迦佛说道：'广说则有八识，略说则有二识。内现识计为我属阿赖耶识，外分别事识计为我属前六识。真便是识实性，也属于阿赖耶净分。所以有粗有细，指三细六粗。粗细二识，都是依愚痴无明住地而起，以根本愚痴无明，动其静心，而起细识；依此细识，而转起粗心。以愚痴无明为根本，依托愚痴无明为因缘，生三细不相应心；依托境界为缘，生三粗相应之心，所以说，粗细二识，各具有二种因，方能生住不变。'"

所谓现识，据《大乘起信论》指出："现识者，为不相应心，依不思议薰故得生，依不思议变故得住，此为现识所现境界，动彼心海，起诸事识之浪涛。不思议薰指愚痴无明薰炙真如而生妄法，不思议变指真如之妙理转变而成万法之事相。”

所谓分别事识，据《大乘起信论》说：“分别事识者，为相应之心，依境界所以得生，依心海所以得住不变。这一识，都是无明愚痴，而薰习真如，成为污染之缘起。”

《论》说：“应当了解愚痴无明能主一切染法，一切染法，都是不觉悟之相的缘故。”

《诸经要集》指出：“识自下而上至肚脐已上灭者生于人中，上至心灭者仍不失人身，上至头面灭者生于天，至于头顶灭者将永远断绝轮回之苦。自上而下至腰灭者趣入饿鬼，下至于足而灭者入于地狱。”

《论》说：“如果能脱离一切妄念，那么便无有一切境界之相，只有一个真心了。”

关于第八阿赖耶识转为大圆镜智的解说

原典

《宗镜》[①]云："第八识多异熟[②]性故，亦名含藏识，亦名八王子，亦名八解脱，亦名八丈夫，总有四八三十二相，此是果相因智报德，七、八二识不相离。"

《解深密经》[③]云："此八识能发起前六转识故，第八识谓前世中，以善不善业为因，招感令生第八异熟心，是果。此阿赖耶者，即是真心，不守自性，随染净缘，不合而合，能含藏一切真俗境界，故名含藏识。如明镜不与影象合，而含影象，亦名如来藏识。"

《伽陀》云："诸法于藏识，识于法亦尔。更互为因相，亦互为果相。"

《楞伽》云："若不着二乘、外道诸见，方能如实修行，摧破他论恶见及舍我执等，能以妙慧。所依识者，即四智转八识也。入如来自证地者，言与诸佛同得同证也。"

《楞伽经》："佛语大慧云：'然彼诸识不作是念，我等同时展转为因，而于自心所现境界，分别执着，俱时之起，无差别相，各了自境。'"

注云："彼诸识等，各了自境者，此名八识俱能分别自分境故，不知惟是自心妄现也。谓色是眼识境，乃至赖耶见分，是第七识境。根身种子器界，是藏识境。然此八识，离如来藏，无别自体，以众生不知故，执为八识之名。诸佛证得之故，能成四智之用。若昧之，则八识起执藏之号，七识得染污之名，六识起遍计之情，五识徇根尘之相。若了知，赖耶成圆镜之体，持功德之门；末那为平等之源，一自它之性；第六起观察之妙，转正法之轮；五识兴所作之功，垂应化之迹。斯则一心匪动，识智自分，不转其体，但转其名；不分其理，而分其事；但伏六识不取尘境，故名识灭。是故离心之境，文理俱虚，即识之尘诠量有据。狂心不歇，歇则菩提，垢净心明，本来是佛。”

注释

①**《宗镜》：**即《宗镜录》，一百卷，宋慧日永明寺智觉禅师延寿集。

②**异熟：**即果报，依过去之善恶而得之果报总名，指果异于因之性质而成熟也，如善业感乐果、恶业感苦果，是乐果非善性而为无记性，对于善性之业可云异类，苦果对于恶业，苦果非恶性而为无记性，是亦因与果异性质也，因而称为异熟果。非善非恶曰无记，苦乐二果皆为无记性。

③**《解深密经》：**佛经名，五卷，唐玄奘译，为法相宗所依之本经。

译文

《宗镜录》指出："其八识由于多异熟果报的原因，所以也称为含藏识，也称为八王子，也称为八解脱，也称为八丈夫，总有四八三十二相，这是果相因智而报德，七识、八识二识不离故。”

又《解深密经》指出：“此第八识能发起前六转识之缘故，第八识指前世中，以善与不善业为因，招感令其生第八异熟果报之心，是果。所谓阿赖耶，便是指的真心，不守其自性，随染净之缘，不合而合，能含藏一切真俗境界，所以称为含藏识。就如明镜不与影像相合，而包含影像，所以也称为如来藏识。”

又《伽陀经》说：“诸种法于如来藏识，识于法亦如此。更兼互为因相，也互为果相。”

又《楞伽经》说：“若不执着二乘声闻缘觉、外道诸见，方能如实修行，摧破他论之恶见及舍人我、法我执着，能以妙慧之心证真如佛性。所依之识，即是四智而转八识。如果能入如来自证之地，便可以说是与诸佛同得而同证了。”

又《楞伽经》载：“释迦牟尼佛对大慧说：‘虽然那些识不作如是之观念，我等同时辗转而为因，而于自心所现之境界，分别执着，俱时而自起，无差别之相，各了其自境。’”

注释说：“那些识等，而各了其自境，此说八识皆能分别自分之境界，而不知不过是自心妄现的原因。色是眼识之境界，乃至阿赖耶见分，是第七识境界。根身种子器界，是如来藏识境界。不过此八识，离如来藏，无别其自体，以众生不知之故，执着为八识之名。诸佛证得，所以能成四种智之用。如果蒙昧，那么八识起执藏之号；而七识却得染污之名；六识起遍计所执自性之情，普遍观察思量，由此而产生虚妄分别，执着于有实我、实有种种差别；五识则徇五根、五尘之相。若能了知，阿赖耶识成圆满清净之大圆镜之体，持功德之门；末那识为平等性之源，一自它之自性；第六识起观察之妙智，转为正法之轮；前五识兴所作之功，垂应身、化身之痕迹。如此则一心而非动，识与智自然分别，不转其体，只转其名；不分其理，而可分其事；只伏六识而不取六尘境，所以识灭。所以离心之境，文与理俱虚，即是识之尘境诠量而有根据。狂心不歇，歇则菩提觉悟，尘垢净而心底明亮，本来便是佛。”

关于第九阿陀那识的解说

原典

第九阿陀那识[①]

亦名纯净识。《合论》曰：“寄说阿陀那识为第九纯净识，如五、六、七、八等识，常依九识以依止，凡愚不了，妄执为我，如水暴流不离水体、诸波浪等，以水为依。故五、六、七、八识，常以净识为依。何谓九为净识？为二乘人久在生死业种，六、七、八识有怖畏故，恐彼难信，方便于生死种外，别立净识，使令悲智渐渐得生，达识成智。”

《深密经》颂云：

阿陀那识甚微细，一切种子如暴流。
我于凡愚不开演，恐彼分别执为我。

注释

①**阿陀那识：**梵文Ādāna，意译执持、执我。佛教名词，有二义：一为阿赖耶识的别称，因其执持种子及有情之身体，故称；二即末那识，因其执持阿赖耶识为自我，故称。

译文

第九阿陀那识

阿陀那识，也称为纯净识。《合论》说：“寄说阿陀那识为第九纯净识，如五识、六识、七识、八识等识，常依九识以依止，凡愚痴不知了义，妄执为我，如水之暴流而不离水体、诸种波浪等，以水为依据。所以五识、六识、七识、八识等识，常以纯净识为依据。什么是第九纯净识呢？为二乘之人久在生死业报之种子业识之中，六识、七识、八识有所谓恐怖畏惧，所以担心他们难以相信，方便于生死之种外，另立净识，使令其悲智渐渐得生，而最终达成转识成智。”

关于阿陀那识，《深密经》曾有偈语说：

六七八九识之外，阿陀那识甚微细，
水之暴流不离水，一切种子如暴流。
生死业中人执迷，我于凡愚不开演，
怖畏难信慈悲智，恐彼分别执为我。

原典

按三身四智诸说，采摭经论，援据详明，与沩仰辨识处，大相关系。可资深禅正修者，不蹈旁蹊而行正路，故予有取焉。往往同流之士必谓：“吾单传直指之宗，何借此为？”

殊不知，学道者，为心、意、识之所困苦甚矣。虚明自照，本自无它，境风摇摇，倏然走作。通人达士，犹未免焉，况其下者乎？可无方便观照之力乎？倘因其披剥之说，破其虚妄，捣其窠窟，即吾受用处，皆大圆镜智也。精金万鍜[①]，不再矿矣。

注释

①**鍜：**保护颈项的铠甲。此当为“锻”之误。

译文

按三身四智之说，采自经论，探赜索隐，援据十分详明，与沩仰宗辨识之处，很有关联。可以帮助深于禅而修证正果之人，不走入邪道而独步正路，所以我录在这里。往往同流之士一定会说：“我单传心印直指之宗派，又何必借此以说道呢？”

殊不知学道之人，为心、意、识诸问题的困惑已经很厉害了。虚明而自照，本自于无它，外境风尘摇晃，倏然而走作。通人达士，犹未能够免此弊端，而况不如通人达士的参禅者呢？难道可以没有方便观照之力吗？假若是因其披剥之说，而能破其虚妄，直捣其窠臼窟巢，便是我之受用处，皆是大圆镜智慧。譬如精金经千万次锻炼，不再是矿石了。

石头希迁禅师《参同契》

原典

石头《参同契》[1]

竺土大仙心，东西密相付。
人根有利钝，道无南北祖。
灵源明皎洁，枝派暗流注。
执事元是迷，契理亦非悟。
门门一切境，回互不回互。
回而更相涉，不尔依位住。
色本殊质像，声元异乐苦。
暗合上中言，明明清浊句。
四大[2]性自复，如子得其母。
火热风动摇，水湿地坚固。
眼色耳音声，鼻香舌咸醋。
然于一一法，依根叶分布。
本末须归宗，尊卑用其语。
当明中有暗，勿以暗相遇。
当暗中有明，勿以明相睹。

明暗各相对，比如前后步。
万物自有功，当言用及处。
事存函盖合，理应箭锋拄。
承言须会宗，勿自立规矩。
触目不会道，运足焉知路？
进步非近远，迷隔山河故。
谨白参玄人，光阴莫虚度。

寂音曰："予尝深考此书，凡四十余句，而以明暗论者半之。篇首便曰：'灵源明皎洁，枝派暗流注。'乃知明暗之意根于此。

"又曰：'暗合上中言，明明清浊句。'调达开发之也。至指其宗而示其趣，则曰：'本末须归宗，尊卑用其语。'故其下广序明暗之句，奕奕缀联不已者，非决色法虚诳，乃是明其语耳。洞山悟本，得此旨故，有五位偏正之说。至于临济之句中玄，云门之随波逐浪，无异味也。而晚辈承其言，便想像明暗之中有相藏露之地，不亦谬乎？"

注释

①**石头《参同契》：**石头，即唐希迁禅师，端州（今广东肇庆）陈氏子，居衡山南寺，寺东有石，状如台，

结庵其上，时人号为石头和尚。《参同契》为其所著。据《景德传灯录》曰："邓隐峰参石头和尚，马祖上之曰：石头路滑。既往，果为石头所困，无一语而还。"

②**四大**：《俱舍论》所说地、水、火、风，四者广大，造作生出一切之色法，故称为四大。

译文

石头《参同契》

石头希迁禅师有《参同契》，其内容如下：

西天天竺有佛陀，佛陀单传是心印，
迦叶会心呈微笑，达磨自西传到东。
世间众生千千万，各有不同利钝根，
以心传心重妙悟，其道不分南北祖。
心有灵性是其源，光明清净皎如月，
证佛之道殊觉多，各个枝派暗流注。
执着外境与法我，愚痴无明便是迷，
悟道之理难言说，契于理事不是悟。
四万八千大千界，大千世界一切境，
有时的确相回互，有时却是不回互。
回互之时又如何？回互当然有相涉，

不是如此便不是，不便依位长留住。
外界尘境一色尘，色相本与质像殊，
耳之闻声是耳识，声尘之中乐苦异。
其言可分上中下，先得暗合上中言，
秉性清浊自不同，明明白白寻清浊。
地水火风为四大，四大其性为自复，
自复造作生色法，譬如儿子得其母。
若问火风何种性，火有热来风动摇，
另外还有水和地，水可湿而地坚固。
眼睛之功在识色，双耳可辨音与声，
鼻子一伸闻香味，舌头可知咸与酸。
一切即一一即十，一一之法有可说，
根子与叶还不同，一一法以根叶分。
有本必然有末枝，本根与末须归宗，
虽然妄分尊与卑，尊卑皆要用其语。
一片光明鲜亮时，明中也可包藏暗，
当是明中含有暗，不可以暗与相遇。
四壁漆黑暗无日，暗中却存光明点，
若当暗中有光明，不可以明相与看。
明之与暗相对立，一个事物有两面，
人要走路得万步，左脚在前右脚后。
大千世界有万物，万物功用各不同，

不同功用不同用，应当说在用及处。
本真本空一色味，事存函盖乾坤合，
真如之理妙无比，箭锋相拄正对立。
承继先圣古德言，应明先圣古德宗，
个人心印重妙悟，不可自己立规矩。
触目如果有所见，外境执着不会道，
迈开步子须上路，一步走开怎知路?
学道参禅求进步，进步之时非远近，
心底无明愚痴心，山河相隔一片迷。
我在此地费精神，只为告诉参禅人，
人生短暂无多日，光阴岂可虚抛掷。

寂音禅师曾说："我曾经深深地考究石头希迁《参同契》这本书，原文凡四十余句，而其中论述明与暗的句子几近一半。篇首便说：'心有灵性是其源，光明清净皎如月，证佛之道殊觉多，各个枝派暗流注。'于是我们可以知道明与暗之意义根柢在于此处。

"又说道：'其言可分上中下，先得暗合上中言，秉性清浊自不同，明明白白寻清浊。'这是调达而开发。至于指其宗而示其趣，则说道：'有本必然有末枝，本根与末须归宗，虽然妄分尊与卑，尊卑皆要用其语。'所以此下广泛序说明暗，有关明暗的语句缀联无有停止，不是为断绝色与法为虚诳，而是要明其语言。洞山禅旨深悟本根，而得此旨诀，所以有五位偏正之说。至于临济禅师的句中玄，云门禅师的随波逐流，也没有其他不同的意味。而后学晚辈继承其言，便想象明暗之中有相藏露之地，不也荒谬吗？”

五种问

原典

此盖当时义学之徒，相与造说，诬罔先圣，非毁禅宗。而自聪禅师问达观颖和尚，凡五问，欲杜邪谬，故辩详之。

僧自聪问达观颖和尚曰："诸经论家多言，西天自迦叶至师子尊者[①]，祖师相传，至此断绝，其实如何？"

答曰："吁！如此说者生灭心也，不知为法惜人，萤斗杲日，雀填沧海，枉劳形耳。且二十四祖师子尊者，度婆舍斯多，兼出达磨达，其缘具在唐会稽沙门灵彻序金陵沙门法炬所编《宝林传》[②]，并据前魏天竺三藏支彊梁楼《续法记》，具明师子尊者遇难以前传衣付法之事。从大迦叶为首，直下血脉，第二十五祖婆舍斯多，二十六祖不如密多，二十七祖般若多罗，付菩提达磨，即唐土初祖也。原支疆梁楼三藏来震旦[3]，抵洛阳白马寺，时即前魏帝道卿公景元二年[4]辛巳岁也。师子入灭方二年矣。以是显知，经论诸师诬罔后昆，吁哉奈何？”

注释

①**师子尊者**：《付法藏传》最后之人也。西天二十三祖，为罽宾国王所杀。

②**《宝林传》**：佛教禅宗史书，唐释智炬著，十卷。宝林为惠能曾住的韶州曹溪宝林寺。撰于宋代的《景德传灯录》《传法正宗记》皆取材于该书。今存残本录释迦牟尼及西土禅宗二十八祖及东土二祖事迹。

③**震旦**：古印度人称中国为 Cīnisthāna，佛经译为震旦或振旦、真丹。

④**景元二年**：为三国魏元帝曹奂景元二年，即公元二六一年。

译文

此五种问，大概是当时学义之徒众，相互造说，而诬罔先圣，非毁禅宗。而自聪禅师问达观颖和尚，凡有五问，大抵是想杜绝邪谬，所以我这里辩详其事。这五种问及答内容如下：

僧人自聪禅师问达观颖和尚第一问说：“诸位经论家多说这样的话，西天天竺自大迦叶以至师子尊者，祖师相传，至此而断绝，而实际情况又怎么样呢？”

达观颖禅师回答说：“吁！如此说的人生了灭心，不知道为法惜人，如萤火虫与日争光辉，如鸟雀精欲衔石而填沧海，只不过是枉费心神而已。况且二十四祖师子尊者，度西天二十五祖婆舍斯多，并传承至西天二十八祖菩提达磨，其机缘详细记于唐会稽郡（今浙江省绍兴县）沙门灵彻大师序金陵（今江苏省南京市）沙门法炬大师所编《宝林传》之中，并依据前魏天竺三藏支彊梁楼的《续法记》，都说明师子尊者遇难以前传衣付法之事。从大迦叶为首，直下血脉相传，第二十五祖为婆舍斯多，第二十六祖为不如密多，第二十七祖为般若多罗，二十七祖付法菩提达磨，菩提达磨是西天二十八祖、中土初祖。原支彊梁楼三藏来中国，首先到达洛阳白马寺，时间是前魏帝道卿公景元二年（公元二六一年）辛巳岁也，此时师子尊者入灭才不过两年。以此可以明确地知道，经论诸师诬罔后学，唉吁！又怎么办呢？”

原典

问曰：“达磨大师自西天带《楞伽经》四卷来，是否？”

答曰："非也，好事者为之耳。且达磨单传心印，不立文字，直指人心，见性成佛，岂有四卷经耶？"

聪曰："《宝林传》亦如是说。"

颖曰："编修者不暇详讨矣，试为子评之。夫《楞伽经》三译，而初译四卷，乃宋天竺三藏求那跋陀[①]之所译；次十卷，元魏时菩提流支[②]译。流支与达磨同时，下药以毒达磨者是也；后七卷，唐天后代于阗三藏实叉难陀[③]译。以此证之，先后虚实可知矣。仰山寂禅师，亦尝辩此，其事甚明。"

注释

①**求那跋陀**：梵文Gunabhadra，又译为求那跋陀罗，意译为"功德贤"。据《高僧传》卷三载，为中天竺僧人，生于公元三九四年，卒于公元四六八年。属婆罗门种姓，初学小乘，后改学大乘，对大乘佛教造诣很深，世称摩诃衍。南朝宋文帝元嘉十二年（公元四三五年）至广州，文帝派人迎至建康（今江苏南京），历住祇园寺、东安寺并到丹阳郡等处，集徒众七百余人，宝云传译，慧观执笔，先后译出《杂阿含经》《大法鼓经》《胜鬘经》《楞伽经》《过去现在因果经》《央掘魔罗经》等一百多卷。

②**菩提流支：**梵文 Bodhiruci，意译道希、觉希，据《续高僧传》卷一、《历代三宝记》卷九，为北天竺僧人，遍通三藏。北魏宣武帝永平元年(公元五〇八年)来洛阳，敕住永宁寺，与勒那摩提、佛陀扇多共译世亲的《十地经论》，四年方成。至东魏孝静帝天平二年（公元五三五年），先后又译出《佛名经》《入楞伽经》《法集经》《深密解脱经》《法华经论》等共三十九部，凡一百二十七卷，被尊为地论师相州北派之祖。

③**于阗三藏实叉难陀：**于阗，今新疆和田一带，三藏即禅师之称。实叉难陀，梵文 Śikṣānanda，生于公元六五二至七一〇年，据《宋高僧传》卷二、《开元释教录》卷九，为于阗人，应武则天之邀，携广本《华严经》梵本自于阗到洛阳，并于证圣元年（公元六九五年）与菩提流志、义净、复礼、法藏等，在大遍空寺翻译，圣历二年（公元六九九年），在佛受记寺翻译完毕，是为唐译八十卷《华严经》。此外，还译出了《大乘入楞伽经》《文殊师利授记经》等，凡十九部，一百零七卷。

译文

僧人自聪禅师问达观颖禅师第二问说："菩提达磨大师从西天竺来中土之时，带了《楞伽经》四卷来，有这件事吗？”

达观颖禅师回答说：“不是这样的，这是好事之徒所虚构的。况且菩提达磨大师单传心印，不立文字，而直指人心，见性成佛，哪里有菩提达磨大师带《楞伽经》四卷这样的事呢？”

自聪禅师又补充说：“《宝林传》也有这样的说法。”

达观颖禅师说：“这是编修之人来不及详细检讨，我这里为你详说一下。《楞伽经》有三个中文译本，第一种译本共四卷，是南朝刘宋时天竺三藏求那跋陀所译；第二个译本共十卷，为北魏时天竺三藏菩提流支所译。菩提流支与菩提达磨同时，曾下药毒害菩提达磨；最后一个译本共七卷，唐代武则天时于阗三藏实叉难陀翻译。由此证明，先后虚实就可以知道了。仰山慧寂禅师也曾经辨别过此问题，其事实是很清楚的。”

原典

问曰：“传法偈无翻译，暨《付法藏传》[①]中无此偈，以致诸家多说无据，愿垂至诲。”

答曰：“噫！子孙支分，是非蜂起，不能根究耳。只如达磨未入此土，已会唐言。何以知之？初见梁武时对问，其事即可知矣。后又二祖可大师，十年侍奉，以至立雪断臂，志求祖乘，至勤诚矣。后达磨告曰：吾有一袈裟，付汝为信，世必有疑者云，吾西天之人，子此土之子，得法实信，汝当以吾言证之。又云：自释迦圣师至般若多罗，以及于吾，皆传衣表法，传法留偈，吾今付汝。偈曰：'吾本来兹土，传法救迷情。一花开五叶，结果自然成。'

"因引从上诸祖偈，一一授之，内传法印以契证心，外付袈裟以定宗旨。以此则知，达磨付二祖决矣。此乃单传口授，何暇翻译哉？"

注释

①**《付法藏传》**：《付法藏因缘传》之略称。六卷，北魏吉迦夜等译，记大迦叶等二十四人之付法因缘。

译文

自聪禅师问达观颖禅师第三问说："传法偈语没有翻译，而《付法藏因缘传》中又没有记载此偈语，以至于诸家都说此偈语没有根据，希望禅师就此问题发表你的高明见解。"

达观颖禅师说："噫！子孙分歧支派，因而是是非非蜂拥而起，不能根究究竟。只如菩提达磨大师未入中土之前，已会汉人语言。怎么知道这一点呢？菩提达磨大师初次见到梁武帝时的对话就可以知道了。后来二祖慧可大师，十年侍奉菩提达磨，以至于立雪而断其手臂，志在求得祖乘，其勤苦诚恳已达登峰造极了。后来菩提达磨大师告诉慧可大师说：我有一件袈裟，交与你作为信物，世上一定会有怀疑的人说我是西天天竺之人，而你是中土之子，得法实为可疑，你可以我的话证实你的真传。又说道：自释迦牟尼圣师以至于般若多罗，直到我自己，皆是传袈裟以表法，传法留偈语，我今告诉你。偈语说：'我本西天天竺人，万水千山来中土，只为世间多蒙昧，传法布道救执迷。娇娆鲜艳一枝花，一枝花开有五叶，到了秋天好时节，万千果实自然成。'

"菩提达磨大师并引述以上诸祖偈语，一一授予二祖慧可，并内传法印以契合证心，外付袈裟以定宗旨。以此可知，菩提达磨大师交与二祖慧可传法偈语以及袈裟那是肯定的了。这是单传而口授，所以不用翻译了。"

原典

问曰："天台尊者①一心三观②法门，与祖师意如何？"

答曰："子若不问，吾难以言也。吾尝见教中云：'吾有正法眼藏，付嘱大迦叶。’且不在三乘五教[③]之内，原佛祖之教，皆有传授。昔闻大师，于藏中得龙树所造《中论》，览至第四卷，破诸法性有定性则无因果等事，如颂曰：

因缘所生法，我说即是空，
亦名为假名，亦名中道[④]义。

次颂云：

未曾有一法，不从因缘生，
是故一切法，无不是空者。

“繇此述一心三观，曰空，曰假，曰中。若据教意，大凡一偈，皆有四句以成其意耳。智者离为三观似枝蔓，又未详传授，因此便言，远禀龙树，以树为祖。近禀思大[⑤]，则可知矣。若间世承禀，吾恐后世必有聪利之人，空看佛经，自禀释迦，岂其然乎？良繇智者具大福德智慧辩才，累为帝师，故成一家之说，辞博理微，而后世子孙，称传祖教，乃番毁师子尊者，亲付法与婆舍斯多，以至此土六祖传衣付法，以为邪解。呜呼！吾若备论，即成是非，子自详之。”

注释

①**天台尊者：**即天台宗创始人智者大师智顗，生于南朝陈及隋，常住浙江天台山，故以其宗派为天台宗。又以《法华经》为主要的教义根据，故又称法华宗。尊印度龙树为初祖，二祖北齐慧文，三祖慧思，智顗为四祖，灌顶、智威、慧威、玄朗、湛然为五至九祖。智顗确立定止、慧观双修原则，著《法华玄义》《摩诃止观》《法华文句》，为天台三大部。在判教上，主张五时八教，以《法华经》为佛的最高最后学说。在教义上，主张一切事相都是法性真如的表现，并用一念三千、三谛圆融加以发挥。在禅观修习上，相应提倡一心三观。

②**一心三观：**即一心观三法门。又称圆融三观、不可思议三观、不次第三观，为天台圆教之观法，利根菩萨之所修习。指一心中观缘起法空、假、中三谛。事物因缘所生，故为假有；虚假不实，故为真空；空、假不可分离，非空非假，即为中道。于心中同时观悟此三者，即一心三观。《佛祖统记》卷六载慧文读《中论·四谛品》至三是偈，见“众因缘生法，我说即是空，亦为是假名，亦是中道义”之句，顿悟曰：“诸法无非因缘所生，而此因缘，有不定有，空不定空，空有不二，名为中道。”智顗《摩诃止观》曰：“若一法一切法，即是因缘所生法，

是为假名假观也；若一切法即一法，我说即是空，空观也；若非一非一切者，即是中道观。一空一切空，无假中而不空，总空观也；一假一切假，无空中而不假，总假观也；一中一切中，无空假而不中，总中观也。即《中论》所说不可思议一心三观。”

③**三乘五教：**三乘指引导教化众生达到解脱的三种方法、途径或说教，一般指声闻、缘觉、菩萨。五教是佛教华严宗的判教学说，把佛教各种教义和流派分为五教、十宗。据《华严五教章》卷上和《华严经探玄记》卷一，五教指小乘教、大乘始教、大乘终教、顿教、圆教。小乘教又称为愚法声闻教，指说四谛、十二因缘的《阿含经》和《发智论》等；大乘始教又称权教，指宣传空宗的《般若经》《中论》等以及宣传有宗的《解深密经》《唯识论》等；大乘终教又称实教，指说真如缘起，一切众生皆能成佛的《楞伽经》和《大乘起信论》等；顿教指说不依言辞、不设位次而顿悟教理的《维摩诘经》；圆教指完全说一乘教理的《华严经》和《法华经》,《华严经》是超越诸教的别教一乘,《法华经》是混同诸教的同教一乘。下文净因蹒庵成禅师所言五教，正是此。

④**中道：**梵文 Madhyamāpratipad 的意译，指脱离两边（即两个极端）的不偏不倚的道路、观点和方法。大小乘对中道解释不尽相同，但都认为它是佛教最高真

理，有时与法性、真如、实相、佛性同义。小乘佛教一般以八正道为中道，按此八正道，即对佛教真理四谛等的正确见解此正见；对佛教教义四谛等的正确思维，此正思，或称正志、正思维；修口业，不说一切非佛理之语此正语；从事清净之身业此正业；符合佛教戒律规定的正当合法之生活此正命；勤修涅槃之道法此正方便，又叫正精进；明记四谛等佛教真理此正念；修习佛教禅定，心专注于一境，观察四谛之道理此正定，以此八正道修行，可以如乘船、筏而由凡入圣，脱离苦行及世俗贪爱。大乘中观学派称八不正观为中道。龙树《中论·观因缘品》曰："不生亦不灭，不常亦不断，不一亦不异，不来亦不出。"《中观论疏》卷二曰："中道佛性，不生不灭，不常不断，即是八不。"大乘瑜伽行派依《解深密经》提出三时教判，认为非空非有是中道教。以三自性言，遍计所执为非有，依他起为非无，圆成实亦为非无，以此认为宇宙实相为非有非空的中道。中国天台宗则提出三谛圆融之说，认为现象之空、假，亦即是中道，故中道也表现于一切现象。湛然《止观义例》卷下曰："一色一香，无非中道。"

⑤**近禀思大：**天台宗以龙树为初祖，二祖北齐禅僧慧文，三祖慧思，从北齐到南方，注重禅定及佛教义理，四祖为智顗，确立定慧双修观念，五祖为灌顶。九

祖湛然也很有名。此处“思大”或当作“思文”，或“慧思”。

译文

自聪禅师问达观颖禅师第四个问题说：“天台智者大师智𫖮一心而观三法门，与祖师之意一致吗？”

达观颖禅师说道：“你如果不问我这个问题，我难有机会说这个问题。我曾经在教义中看见这样的说法：‘我有正法眼藏，交付与摩诃迦叶。’尚不在声闻、缘觉、菩萨三乘及小乘教、大乘始教、大乘终教、顿教、圆教五教之中，考察释迦牟尼佛的这段话，其意是说佛祖之教，都有传授。过去听说天台尊者大师，在藏中找得龙树所写的《中论》，读到第四卷，关于破诸法性有定性则无因果等事，如其颂偈说：

> 万事都曾有因缘，因缘有所生成法，
> 人间世事多空幻，我说原来就是空，
> 如果仔细来推敲，亦名原来为假名，
> 亦名假名有来由，亦名最高中道义。

其次又有颂说：

> 世间因缘生万法，万法所生其理同，
> 无有一法所产生，不是因缘所生成，

因此可以有结论，世界存在一切法，

一切法无一例外，皆是空性所生成。

“智者由此出发，而发明一心三观，一心而观三法门，曰空，曰假，曰中。如果依据教义，大凡一偈颂，皆有四句以成其意。智者大师所提出的‘三观’似乎有些枝蔓，又未能详细传授，因此便说，其主张远秉承中观龙树，以龙树为始祖。近秉承慧文、慧思则可知了。若果是隔世秉承，我担心后世一定会有聪明灵利的人，空看佛经而不受师承心印，自称秉自释迦牟尼佛，难道可以这样吗？实在是由于智𫖮大师具有大福德智慧辩才，累世为帝王之老师，所以能成一家之说，辞博而其理微妙，而后世徒子徒孙，称引传授祖意教义，却番毁师子尊者，亲付法与婆舍斯多，以至于此土六祖传衣付法偈，以为邪说。呜呼！我如果详细说明，便会酿成是非，请你自己仔细考察吧。”

原典

问曰：“自达磨至此土，因何诸祖师言教，与西天诸祖洎六祖已上不同？牛头一宗[①]、北秀[②]、荷泽[③]、南岳让[④]、青原思[⑤]，言句渐异，见解差殊。各党师门，互毁盛至，如何得息诤去？”

答曰："怪哉！此问。且祖师来此土，如一树子就地下种，因缘和合而生芽也，种即达磨并二祖也，枝叶即道副、总持、道育之徒也。洎二祖为种，三祖⑥为芽，乃至六祖为种，南岳让为芽也，其牛头、神秀、荷泽等，皆枝叶耳。然六祖下枝叶繁茂，生子亦多。其种又逐风土所宜，采取得叶贵叶，得枝贵枝，亦犹树焉，在南为橘，在北为枳，虽形味有变，而根本岂变乎？

"又类日焉，在东为朝，在西为暮。日亦逐方而转，则轮影也，其空则不转必矣，得何怪哉？子但了其内心，莫随其外法。内心者脱其生死，外法者逐其爱恶。爱恶生，则去佛祖远矣。为子等间签出正宗及横枝言句，各于后述其繇序，令学者明其嫡庶者矣。"

注释

①**牛头一宗：**即牛头宗，禅宗一派，以牛头法融为始祖。据《景德传灯录》卷四，法融在金陵（今江苏南京）牛头山幽栖寺北岩石室修禅法，故称牛头宗。受四祖道信传法，来参禅的人很多。宗密《中华传心地禅门师资承袭图》叙其宗意，曰："体诸法如梦，本来无事，心境本寂，非今始空。迷之为有，即见荣枯贵贱等事。"此派至唐渐衰。

②**北秀：**即神秀，约生于公元六〇六至七〇六年间，唐代僧人，为禅宗北宗创始人。据《宋高僧传》卷八、《景德传灯录》卷四，俗姓李，开封尉氏（今属河南）人。少览经史，博学多闻，后出家，到蕲州双峰山东山寺见弘忍，得为教授师。后在荆州当阳山玉泉寺传法。九十余岁至长安，武则天亲为礼拜。卒后中宗赐大通禅师之号。传渐悟禅学，其法系为北宗。

③**荷泽：**即荷泽大师神会，生于公元六八六至七六〇年，唐代僧人，据《宋高僧传》卷八、《景德传灯录》卷五、卷三十，俗姓高，襄阳人。初学五经、庄老、史传，见《后汉书》有浮图之说而留意佛教，先投国昌寺颢元法师出家，后至韶州曹溪参惠能，受顿悟之教。惠能迁化后，在北方传顿悟之说，与北宗辩论，被赶出京城。后住洛阳荷泽寺，故称荷泽大师，卒谥真宗大师。著有《显宗记》等。顿悟说自神会而大噪。

④**南岳让：**即南岳怀让，唐僧人。据《宋高僧传》卷九、《景德传灯录》卷五，金州安康（今属陕西）人，俗姓杜，十岁好佛书，十五岁于荆州玉泉寺依恒景律师出家，后到嵩山慧安处学禅，又到韶州参惠能，受顿悟法门。唐玄宗先天二年（公元七一三年）住南岳般若寺观音台，弘扬惠能学说，开南岳一系，世称南岳怀让。卒后敬宗谥大慧禅师。沩仰、临济为后世法系，弟子以

马祖道一为主座。生活时代为公元六七七至七四四年。

⑤**青原思：**即青原行思，唐僧人。据《宋高僧传》卷九、《景德传灯录》卷五，俗姓刘，吉州庐陵（今江西吉安）人，出家后，至曹溪参谒惠能，列为上首，后住青州青原山静居寺，开青原一系，故称青原行思。公元七四〇年卒，唐僖宗谥洪济大师，弟子有希迁等。曹洞、云门、法眼三宗为其后世法系。

⑥**三祖：**即僧璨。禅宗以西土二十八祖菩提达磨为初祖，以下慧可、僧璨、道信，至五祖弘忍而分北宗神秀、南宗惠能，惠能为六祖。僧璨为隋代僧人，据《历代法宝记》、《景德传灯录》卷三载，从慧可受法，北周武帝灭佛时，往来于舒州司空山（在今安徽潜山），十余年无人知。隋开皇十二年（公元五九二年），有沙弥道信前来求法，从学九年，璨乃付法衣曰："华种虽因地，从地种华生，若无人下种，华地尽无生。"后隐罗浮山，公元六〇六年卒。唐玄宗谥鉴智禅师。

译文

自聪禅师问达观颖禅师第五个问题说："自从菩提达磨由西天而至此土，为何诸位祖师所言教义，与西天诸祖师及六祖惠能禅师以上中土诸祖所言不同？牛头一宗、北宗禅神秀、荷泽大师神会、南岳怀让、青原行思，言句说教渐有不同，见解差殊很大。各人皆党同师门，互相诋毁已登峰造极，如何才可以阻止他们的诤讼呢？”

达观颖禅师回答说：“奇怪啊，这个问题。况且菩提达磨祖师由西天竺来中土，就譬如一个树籽在地上下种，因缘和合而生根发芽，种子便是菩提达磨以及二祖慧可，枝叶便是道副、总持、道育之徒。等到二祖慧可为种子，三祖僧璨为芽，如此分别为种子为芽，经四祖道信、五祖弘忍，一直到六祖惠能为种子，而南岳怀让为其萌芽，牛头宗以及神秀、荷泽，皆是其枝叶。不过六祖惠能以下，枝叶繁茂，所生子嗣也极多。其种子又追逐风土所适宜，采取者则得叶以叶为贵，得枝则以枝为贵，就譬如树之在南方称为橘，渡江在北方则变成枳，虽然形状、体格、味道有变化，但其根本仍无有变化。

“此又譬之于太阳，在东方时是早晨，在西方为黄昏。太阳逐方向而转，则是其轮影在转，其空有之实相则不必转，这又有什么可奇怪的呢？你只要了悟他们的内心，不要追随他们的外在法义。其内心之根本在于脱离生死轮回，而求外法则会追逐爱恶，爱恶一旦产生，便离佛祖之意就很远了。我为你们签出正宗以及横枝叶此言语，各于后叙述其缘由次序，所以让参学人明白其中嫡派与庶生的分别。”

一喝而分五教

原典

净因蹒庵成禅师，同法真、圆悟、慈受并十大法师，斋于太尉陈公良弼府第。时徽宗[①]私幸，观其法会。善华严者，对众问诸禅师曰：“吾佛设教，自小乘至圆顿，扫除空有，独证真常，然后万德庄严，方名为佛。禅家一喝，转凡成圣，与诸经论，似相违背。今一喝若能入五教，是为正说；若不能入，是为邪说。”

诸禅师顾成，成曰：“如法师所问，不足诸大禅师之酬，净因小长老，可以使法师无惑也。”成召善[②]，善应诺。

成曰：“法师所谓佛法小乘教者，乃有义也；大乘始教者，乃空义也；大乘终教者，乃不有不空义也；大乘顿教者，乃即有即空义也；一乘圆教者，乃不空而不有、不有而不空义也。如我一喝，非惟能入五教，至于百工伎艺诸子百家，悉皆能入。”

成乃喝，一喝问善曰：“还闻么？”

善曰："闻。"

成曰："汝既闻，则此一喝是有，能入小乘教。"

成须臾又召善曰："还闻么？"

曰："不闻。"

成曰："汝既不闻，则适来一喝是无，能入始教。"

成又顾善曰："我初一喝，汝既道有；喝久声消，汝复道无；道无则元初实有；道有则于今实无；不有不无，能入终教。"

成又曰："我有一喝之时，有非是有，因无而有；无一喝之时，无非是无，因有故无；即有即无，能入顿教。"

成又曰："我此一喝，不作一喝用，有无不及，情解俱忘，道有之时纤尘不立，道无之时横遍虚空。即此一喝，入百千万亿喝；百千万亿喝，入此一喝，是能入圆教。"善不觉，身起于坐，再拜于成之前。

成复为善曰："非惟一喝为然，乃至语默动静，一切时、一切处，一切物、一切事，契理契机，周遍无余。"于是四众欢喜，闻所未闻。

龙颜大悦，谓左右侍臣曰："禅师有如此玄谈妙论。"

太尉启曰："此乃禅师之余论耳。"

注释

①**徽宗：**即宋徽宗赵佶，公元一一〇〇年至一一二五年在位。生于公元一〇八二年，神宗子，哲宗时封瑞王，著名书画家。金兵南下，传位钦宗赵桓，靖康二年被金兵所俘，公元一一三五年死于五国城（今黑龙江依兰）。

②**善：**指善华严五教十宗说者。

译文

净因蹒庵成禅师，同法真、圆悟、慈受及十大法师，做斋戒于太尉陈良弼的府第。当时宋徽宗私幸陈良弼私第，观此法会。会中，有一位信奉华严教义的僧人，当众问诸位禅师说："吾佛释迦牟尼设教义，自小乘教而至圆教、顿教，皆扫除空有，独证真如常性，但因后万德庄严，所以才称为佛。禅宗的一喝，可以转凡而入圣，与诸种经论，似乎相违背。现在若一喝而可以入于五教，则可以认为是正说；若不能入五教，则是邪说无疑。"

诸位禅师见问，回头看净因蹒庵成禅师，净因蹒庵成禅师于是说："像这位法师的问题，不足以让诸位大禅师来回答，净因我小于诸位长老，可以使法师消除疑惑。"于是净因蹒庵成禅师召唤那位信奉华严教义的法师，这位法师应诺。

接着净因蹒庵成禅师说："法师所说的佛法小乘教，是有义；大乘始教，是空义；大乘终教，是不有不空义；大乘顿教，是即有即空义；一乘圆教，是不空而不有、不有而不空义。如我禅宗的一声喝，不但能入此五教义，至于百工伎艺诸子百家，皆有所入。"

净因蹒庵成禅师说完，喝了一声。一喝之后，问信奉华严教义的法师说："还听得见吗？"

信奉华严教义的法师回答说："听得见。"

净因蹒庵成禅师说："你既然已听见了，那么这一喝是有，能入小乘教义中。"

净因蹒庵成禅师须臾又召唤信奉华严教义的那位法师说："还听得见喝声吗？"

信奉华严教的那位法师说："听不见了。"

于是净因蹒庵成禅师说道："你既然已听不见，那么刚才那一喝便是无，能入于大乘始教教义。"

净因蹒庵成又对信奉华严教义的那位法师说道："我起初喝了一喝，你已经说是有；喝久而声音消失，你又说是无；说无则原来本来是实有；说有则现在确实为无；不有不无，可以入于大乘终教教义。"

净因蹒庵成禅师还说："我当初一喝之时，有不是有，因无而有；没有一喝之时，无不是无，因有所以无；即有即无，此可以入于大乘顿教教义。”

净因蹒庵成禅师又说：“我此一喝，不作一喝之用，有无不及，情尘知见圣解俱已忘怀，说有之时纤尘不染；说无之时横遍虚空。即此一声喝，入于百千万亿喝；而百千万亿喝，又入于此一喝，这是能入于一乘圆教教义。”信奉华严教义的那位法师原不觉悟，身起于座，再拜于净因蹒庵成禅师之前。

净因蹒庵成禅师又对那位信奉华严教义的法师说：“不仅仅是一喝为如此，乃至于言语、沉默，动与静，一切时间一切地方，一切物一切事，契于理契于机锋，周遍而无余。”净因蹒庵成禅师说完，四周众人俱皆欢喜，以为闻所未闻。

宋徽宗也是龙颜大悦，对左右陪侍之臣说：“禅师竟有如此玄谈妙理。”

而陈太尉奏说：“这不过是禅师的余论而已。”

源流

《人天眼目》六卷，集中国禅宗临济、云门、曹洞、沩仰、法眼等五宗各宗祖的遗篇、残偈、垂示，尊宿称题，以及五宗纲要，以阐述五家宗风诀窍，辑录了古德的语要偈颂，并加以评说。卷五、卷六宗门杂录，辑录世尊拈花、三种法界、六祖问答等，为研究禅家五宗的重要著作。作者历时二十年，除了遍访名宿所得口述之外，当也参考了当时流传的有关禅宗及禅宗五家的著作。

禅宗五家之中，沩仰宗最早。沩山灵祐禅师有语录一卷，全称为《潭州沩山灵祐禅师语录》，为唐代沩仰派创始人灵祐所撰，今日所见，乃明代语风圆信、郭凝之所编。辑录了灵祐禅师的行实、示众、法门论究等，以及百丈怀海、司马头陀、邓隐峰、云岩、道吾、德山、石霜、仰山、香严等人的宗乘对话。仰山慧寂禅师也有语录一卷，见于明圆信、郭凝之所编《五家语录》，全称为《袁州仰山慧寂禅师语录》，为沩仰创始人之一仰山慧寂所撰，内容包括慧寂之行实，以及慧寂与沩山、庞居士、三圣、乳源、百丈、黄檗、南泉等人的问答机语，以及慧寂禅师上堂、示众等法语。

沩山灵祐和尚又有《沩山警策》一卷，为灵祐语录，全称《沩山大圆禅师警策》，是灵祐鉴于当时修行者逐渐懈怠，威仪不守，遂作以警策，使归正道。该书有散文及韵文两种文体，分为五节，以散文备述警策意旨，即示色身之大患，惩出家之流弊，明出家之正目，示入道之由径，结劝叮咛；后用韵语，四言三十六句，以简而扼要提称。禅宗以此书与《四十二章经》《佛遗教经》合称“佛祖三经”。

临济宗始祖唐临济义玄有《镇州临济慧照禅师语录》一卷，又称《临济义玄禅师语录》《临济录》，为唐代三圣院慧然禅师编集，集录了义玄的法语。内容包括语录、勘辨、行录，共三部分，语录叙述四喝、四宾主、三玄三要、四料简等，勘辨部分记载义玄历参诸方问答之语要，行录则收其行状及记传。

宋代僧人觉范慧洪（公元一〇七一——一二八年）著有《临济宗旨》一卷，收于《卍续藏》第一一一册。慧洪是北宋时人，他收录古德、宗宿提唱语句，阐述三玄三要、十智同真、四宾主等法要，以引导参学者了悟临济宗的特殊宗旨，也是临济宗纲的重要著作。

曹洞宗较古之著述当为曹洞始祖洞山良价的《洞山悟本大师语录》一卷，又称《洞山良价禅师语录》《洞山录》，是曹洞宗最重要的语录，内容包括上堂、示众、举古、问答等，并有歌颂，充分地体现出了曹洞禅绵密禅风。唐曹山本寂禅师有《抚州曹山本寂禅师语录》一卷，又称《曹山本寂禅师语录》《曹山录》，唐代曹山本寂禅师撰，明人郭凝之、雪峤圆信编撰，收有曹山略传、示众、问答等语，是《五家语录》之一部。后日本僧人宜默玄契校订，重编为二卷，现收于《大正藏经》之中，上卷即《五家语录》所收，下卷是宜默从诸书收集的曹山遗录。一卷本显然是《人天眼目》之源，二卷本上卷是源，下卷则受到《人天眼目》的影响为流。下卷所收《洞山五位显诀》，是宋代慧霞所编，述说洞山良价之正中偏五位之言。宋初洞山守初禅师有《洞山守初禅师语要》一卷，内容包括上堂示众之语要及歌颂等。

云门宗始祖文偃有《云门匡真禅师广录》，凡三卷，又称《云门广录》《云门和尚广录》《云门文偃禅师广录》《大慈云匡真弘明禅师语录》，为云门文偃法语、偈颂、诗歌等的汇集，包括对机、十二时歌、偈颂、室中语要、垂示代语、勘辨、颂云门三句语、游方遗录、大师遗表、遗诫等。云门宗机锋峻峭，崭新奇拔，颇能发挥独自之见解。行录部分为集贤殿雷岳所撰，是信实的禅师纪传。颂云门三句语是云门弟子圆明大师缘密之言，共八首。

法眼宗有文益禅师《金陵清凉院文益禅师语录》，又称《法眼文益禅师语录》《大法眼文益禅师语录》《大智藏大导师语录》，全书辑录法眼宗之祖法眼文益先后于所住持之崇寿院、报恩禅院、清凉禅院等三大道场之上堂、示众、问答、机缘、举古、代古、偈颂等语录，共一卷。此书为宋时记录，至明由语风圆信（即雪峤圆信）、郭凝之二人编入《五家语录》。

以上诸讲禅家五宗始祖语录，某些版本今日所见虽为后人所集，但皆为五家始祖之语录，在宋晦岩智昭编纂《人天眼目》之前，便已通过传抄、口述而流传，虽不一定便是今日之面貌，却毕竟是各宗派立门的纲领，这是智昭编集五家宗纲之言时所必然的依据。又宋僧达观昙颖撰《五家宗派》，成书于仁宗嘉祐年间，书今虽不传，但所记五家传记、语录，也是智昭所依据的资料。

宋赜藏主编《古尊宿语录》，是收集禅宗各家语录的合集，共四十八卷，该书编集之时，经多人之手，赜藏主即杨岐派僧挺守赜。自南岳怀让以下，包括马祖、百丈、临济、云门、真净、佛眼、东山等人语录，多为《景德传灯录》所未载者，是研究南岳以下禅风的重要典籍。后宋代师明又撰《续古尊宿语要》六卷。赜藏主先有《古尊宿语要》，是《古尊宿语录》的基本材料，今《人天眼目》六卷，在物初大观增订之时，参考该书内容，那是毋庸置疑的。该书收集自五宗祖语录以下各家语录甚详备，而其中某些人的语录，早已在禅林流传，智昭撰集《人天眼目》，无疑是从这些流传的语录中取得了第一手资料。

如《兴化禅师语录》，宋兴化存奖撰，一卷，收有兴华禅师拈香、示众、上堂、机语，为临济宗派。《汝州南院禅师语录》，宋南院慧颙述，收录慧颙禅师上堂、勘辨等机语，临济宗派。《风穴延沼语录》，宋风穴延沼述，收其上堂举古等机语，临济宗派。《首山省念语录》，宋首山省念述，收其上堂语要，次住宝应语录，师出镜请十二问答，洎翠岩代语，师于一语下代三转，勘辨语，偈颂示众等，临济宗派。《叶县归省语录》，宋叶县归省述，辑录归省上堂机语、勘辨语等，以及行录、偈颂，临济宗派。《承天智嵩语录》，宋承天智嵩述，收录上堂机缘语句，临济宗派。《神鼎洪禋语录》，宋神鼎洪禋述，收其小参举古、应机拣辨、偈颂等，临济宗派。《谷隐蕴聪凤岩集》，宋谷隐蕴聪述，收其开堂拈香、早参示众、上堂机语、偈颂等，又名《石门山慈照禅师凤岩集》，临济宗派。

《汾阳善昭禅师语录》，宋汾阳善昭语，辑录其开堂、上堂机语及六相颂，临济宗派。《琅琊慧觉语录》，宋琅琊慧觉述，门人元聚集，辑录其示众、上堂、拈古等机语，临济宗派。《大愚守芝语录》，宋大愚守芝述，辑录其上堂、举古、拈古、偈颂等机语，临济宗派。《云峰文悦语录》，宋云峰文悦述，门人齐晓编，二卷，一卷收云峰悦禅师初住翠岩语录，内有开堂、上堂机语，次住法轮语录，后住云峰语录；二卷收云峰悦禅师初住翠岩语录，内有室中举古、诗颂、颂古、山居诗、十二时歌等，临济宗派。《慈明禅师语录》，宋石霜楚圆述，收其上堂、示众、偈颂等，为临济宗派。《道吾悟真语要》，宋道吾真述，辑录其上堂、开堂机语、勘辨、偈颂等。

宋晦堂师明编六卷本《续古尊宿语要》，又名《续开古尊宿语要》《续刊古尊宿语要》，继《古尊宿语要》之后而编，收录临济、汾阳昭、琅琊觉、慈明圆等八十位禅师的语要，如《翠岩可真禅师语要》《黄龙晦堂心和尚语要》等，也是辑录了在宋的许多高僧语要，对《人天眼目》有所裨助。

《古尊宿语录》之外，又有《汾阳善昭禅师语录》，为楚圆集，宋建中靖国元年（公元一一〇一年）印行，辑录汾阳昭和尚开堂、上堂、小参等法语以及颂古、歌颂等。《石霜楚圆语录》，又名《慈明和尚五会语录》，为慧南重编，收录楚圆在南源山广利禅院、潭州道吾山、石霜山崇胜禅院、南岳山福严禅院、潭州兴化禅院五寺所开示之法语及偈颂等。当为宋赜藏主编汾阳昭和尚和慈明圆和尚语录所本，也是《人天眼目》的第一手资料。

云门宗语录，尚有宋荐福承古撰《荐福承古语录》，又名《古禅师语录》，作者系文偃法嗣。宋法昌倚遇撰、宗密录《法昌倚遇语录》，宋崇宁四年（公元一一〇五年）序刊。

《慧林宗本禅师语录》为宋慧林宗本撰，无际大师慧辩录；《吴山净端禅师语录》，宋明表净端撰，师皎重编；《慈受怀深广录》，宋慈受怀深撰，善清等编，多为辑录开堂、上堂、勘辨、机语及偈颂、诗等；《明觉禅师语录》，又名《雪窦重显语录》，宋雪窦重显述，文轸、圆应、文政等编，全书六卷。雪窦为云门四世法孙，为智门光祚禅师法嗣，著有《百则颂古》《瀑泉集》《祖英集》《开堂录》等集，本书主要辑录雪窦一生语录及其所著《祖英集》《瀑泉集》，并附有石头大师《参同契》《真赞》等，内容较为丰富。

具体而言，卷一为住苏州洞庭翠禅寺语、拈古、室中举古、勘辨、雪峰塔铭、住明州雪窦禅寺语，卷二为举古、勘辨、歌颂、后录，卷三为拈古百则，卷四为《瀑泉集》，为圆应编，主要收录雪窦的垂示问答、因缘，以及复学人的应酬语句，共一百五十节，并附《参同契》与《真赞》，卷五、卷六为《祖英集》，文政编，辑录雪窦与光德、门人等的应酬诗文凡二百余篇，以及大师塔铭一篇。该语录对于《人天眼目》的重要性仅仅次于《云门文偃广录》。

法眼文益有《宗门十规论》，列举宗门十弊，一一矫枉，对了解禅宗及法眼宗皆很重要。

《景德传灯录》是北宋道原所著的禅宗史书，景德是宋真宗年号。此书在佛教史书《宝林传》和禅宗史书《祖堂集》未发现前，是禅宗最早的一部完整史书，是以后合编而成《五灯会元》一书的主要部分。全书记载自西天佛至法眼文益法嗣的禅宗传法世系，凡五十二世，约一千七百一人的行状和机缘语句，另外，有约九百五十一人附录。卷一、卷二记七佛、西天二十七祖，卷三记菩提达磨和其他东土四祖，卷四记东土四祖道信和五祖弘忍的旁出法系，卷五记六祖惠能法嗣，包括沩仰和临济法系，卷十四至二十六记惠能弟子青原行思的法嗣，包括曹洞宗、云门宗、法眼宗法系，余为外宗居士传和赞颂新文等。《人天眼目》对该书多有采取。

宋延寿撰《宗镜录》百卷，又称《心镜录》《宝鉴录》，全书在于以心传心为中心，阐述心外无佛、触目皆法之思想，共分三章，卷一之前半为标宗章，卷一之后半至卷九十三为问答章，卷九十四以后为引证章。全书辑录印度、中国几百部经论、著述、禅僧语录、戒律书、俗书的资料，以申明一心为宗之旨。

《景德传灯录》曾取材于《宝林传》一书，《宝林传》为唐智炬撰，宋藏遗珍影印本名《双峰山曹侯溪宝林传》，为禅宗早期史书，存有珍贵的禅宗资料。

在《景德传灯录》之前，南唐泉州招庆寺静、筠二僧曾编《祖堂集》，为唐代重要的禅宗史书。静、筠二僧为雪峰义存下三传弟子，嗣法福先文僜。比《景德传灯录》约早半个世纪，是禅宗在中国诞生后的第一部史书，主要记述从迦叶至唐末福先文僜共二百五十六位禅师的行状及机缘语句，而以雪峰义存系为基本线索。该书二十世纪初才由日本学者在朝鲜藏经中发现。

宋王随于景祐元年（公元一〇三四年）撰《传灯玉英集》十五卷，是《景德传灯录》的删节本。作者为临济宗省念的弟子，嫌《景德传灯录》卷帙浩繁，不便于参学，而撮其要为十五卷，是与《景德传灯录》一系的禅宗史学著作。

宋李遵勖著《天圣广灯录》三十卷，作者为临济宗宗蕴禅师弟子。撰成于宋仁宗天圣七年（公元一〇二九年），与《景德传灯录》时间相差仅十余年。记释迦牟尼至中土惠能七卷、惠能法嗣二卷、南岳法嗣第四世至十世九卷、青原法嗣第七世至第十世六卷半、南岳法嗣第七世至第八世两半卷、青原法嗣第七世至第十二世四卷半。该书于宋仁宗时蒙御制序流通于世。

宋释惟白撰《建国靖中续灯录》三十卷，成书于建中靖国元年（公元一一〇一年）之前，作者为云门宗法云法秀禅师的弟子，为《景德传灯录》《天圣广灯录》的续书，全书依禅门法脉相续的次第，集录师资略历、机缘语句、古则公案及偈颂等。全书分正宗、对机、拈古、颂古、偈颂五门，正宗门叙述印度释迦牟尼佛至汾州太子院昭禅师共五十一祖略历，凡一卷；对机门记述临济、云门诸宗应机说法情事，共二十五卷；拈古门集录雪窦重显以下二十八师所拈举的古则公案，凡一卷；颂古门编录雪窦重显以下十九人的颂古诗一卷；偈颂门收录法泉佛慧以下三十九人的偈颂。

以上诸史传，当为《人天眼目》有关禅门宗祖及五家流派宗纲发展线索的重要参考资料，它们程度不同地为《人天眼目》的撰写有所裨益。当然，我们也不能否定这样一种可能性，即其中的某些著作，由于流传的局限，作者智昭并未能亲览，假若这种可能性成为真实，则《人天眼目》从该著作中取法的内容便殊不足道了。

《人天眼目》对后世的影响，本文仅限于有关记录禅宗五宗语录和禅宗五家纲要的著作，因为只有这样类型的著作，才最能见出《人天眼目》的痕迹。

《人天眼目》把五家合流，以见禅宗五家各自纲要，最主要是影响了历代合纂五宗学说的著作，明语风圆信、郭凝之编《五家语录》，又称《五家录》，收录禅宗五家宗祖语录七部，便是为说明禅宗五家各自纲要。明代汉月法藏撰《五宗原》一卷，又名《五宗元》《五宗源》，于崇祯二年（公元一六二九年）刊行。密云圆悟法嗣汉月法藏由于反对曹洞宗抹杀五家宗旨，仅单传释迦拈花一事，所以，作家阐述五家分别各有宗旨，认为七佛之始，始于威音王佛，唯大作——○，五家宗旨便从○相中流出，即一圆相中具备诸佛要义和五家宗旨，五家宗旨各为圆相之一面。

此书完成后，明山翁道忞撰一卷《五宗辟》，以驳斥《五宗原》的观点，道忞即木陈道翁，为汉月法弟。汉月法藏弟子明潭吉弘忍又撰十卷《五宗救》，以驳斥《五宗辟》的观点。而密云圆悟著，由侍者真启所编《天童和尚辟妄救略说》，又称《辟妄救略说》，凡十卷，又批驳其弟子之《五宗原》及徒孙之《五宗救》，诸书之中，多有《人天眼目》之中的材料。

宋代希叟绍昙撰《五家正宗赞》四卷，理宗宝祐二年（公元一二五四年）刊行，收达磨祖师至雪峰大师及禅宗五家耆宿七十余人略传，并有人物赞以见诸师风貌。以及日僧东岭圆慈所撰五卷《五家参详要路门》，著录五家门风之特色，包括临济宗战机锋论亲疏、云门宗择言句论亲疏、沩仰宗明作用论亲疏。日僧虎关师炼一卷《五家辨》，主张禅宗五家法脉系统全出于马祖道一。日僧德严养存一卷《五家辨正》驳斥《五家辨》之观点。以上诸书，与《人天眼目》程度不同地有所关联，也属《人天眼目》之流裔。

最近于《人天眼目》的著作，当属清三山来禅师所撰《五家宗旨纂要》，该书刊行于清康熙四十二年（公元一七〇三年），是了解禅门法要的入门书，体例与《人天眼目》大致相同，内容多有增益，卷上述临济宗，卷中述曹洞宗，卷下述沩仰、云门、法眼三宗。临济宗部分，包括义玄传略、家风、济宗四料拣、济宗三句、济宗三玄要、济宗四喝、济宗四宾主、济宗四照用、济宗三哭、济宗三笑、济宗七事随身、又七事者、济宗四事随身、济宗八棒、济宗四大势、济宗八大势、济宗双明双暗句、又双明复双暗句、又双暗复双明句、济宗三句外省去、济宗六句内会取、济宗西来意三句、玄沙三句注、济宗三诀、济宗六病、济宗十三种句、兴化验人四碗四唾四瞎、汾阳十智同真、汾阳四句、汾阳三句、汾阳三诀、汾阳十八问、汾阳三种狮子、浮山九带、黄龙三关、南堂辨验十门、临济宗旨颂等。

曹洞宗部分，包括洞山、曹山传略、洞宗偏正五位、洞宗君臣五位、洞宗功勋五位、洞宗王子五位、洞宗内外绍，附有洞山五位图、大阳三句图、王子五位图、洞山偏正五位图相、洞山偏正五位图，及洞宗四宾主、宝镜三昧、洞宗三渗漏、洞宗三路接人、洞宗三纲要、洞宗三种堕、正命食、洞宗三种芦花（外三种芦花）、洞宗三问答、洞宗四印、洞宗四借借、洞宗四知有、洞宗两转身、洞宗借句挟带、洞宗小五位、大阳玄三句、洞山初有四句、洞宗三种功勋颂、宗门八恁么、浮山远录公十六题、洞宗三解脱门、曹洞宗旨颂等。

沩仰宗包括沩山、仰山禅师略传及家风、圆相起因、暗机、义海、五观了悟和尚与仰山立玄问玄答、辨第八识、三种燃灯、香严三照语颂、龙潭知四偈、沩仰宗旨颂、仰山九十六种圆相图、圆收六门、总断等。

云门宗包括云门传略、宗风、云门三句、云门宗八要、云门三种病、云门二种光不透脱、云门一字关、抽顾、巴陵三句、云门宗旨颂等。

法眼宗包括法眼传、家风、华严六相义、法眼华严六相义颂、六相总论、宗要偈七首，又有四机、韶国师四料拣、法眼宗旨颂等。附录有三身、四智及志略。重要的原理之后，三山来皆加以评说，但删去了《人天眼目》所引用的大量古德解说颂赞之语。增加的内容，以临济、曹洞宗最多。就内容的丰富与完善而言，《五家宗旨纂要》无疑比《人天眼目》前进了一步。

解说

关于禅宗宗门的说解

《人天眼目》六卷，收录临济、云门、曹洞、沩仰、法眼等中国禅宗五家各宗祖遗篇、残偈、垂示等，以及五家纲要、禅宗宗门掌故、义理、解说、杂录等等。本书所选录，共分八节，以五家分立，最后收录禅门杂录一节，唯临济宗内容最多，所以分为三节。

佛教传入中国，大约是汉代的事情。禅宗传入中国，则以菩提达磨从西天竺来中土为始。在《人天眼目》一书中，对禅宗宗祖之辩证甚详，特别表现在本书所选录《宗门杂录》一节之中，如关于“拈花”的记载，引述王安石所见《大梵天王问佛决疑经》之记载说：“梵王至灵山，以金色波罗花献佛，舍身为床座，请佛为众生说法。世尊登座拈花示众，人天百万，众皆罔措，独有金色头陀，破颜微笑。世尊云：'吾有正法眼藏，涅槃妙心，实相无相，吩咐摩诃迦叶。'" 以此来说明释迦牟尼佛单传心印、不立文字的教外别传的实在性，并以大迦叶为西天禅宗初祖的必然性。而自聪禅师问达观颖禅师五问，进一步明确西天禅宗宗祖自大迦叶开始，到师子尊者，以至于菩提达磨，乃至中土诸祖，之间法偈与袈裟传承的真实性；辨明菩提达磨禅师不曾带四卷《楞伽经》来中土，以见其单传心印、不立文字、直指人心、见性成佛的可靠性；并承认禅宗在证道修佛获得解脱此旗帜下，创立各个流派的必然性。

在《宗门杂录》中，我们还收录了有关三身、四智、转识成智诸种论述，以及禅宗重要的理论家石头希迁的《参同契》。《人天眼目》所收录有关三身、四智、转识成智的诸种问题时，广泛征引经论，探赜索隐，博采众说。这些说法，使我们可以更清楚地了解佛教教义，同时，也应该可以使我们进一步认识到，西天禅宗或中国禅宗，无论表现出怎样的个性，但其本质，仍在于宣扬佛法大意，引导众生成佛。

佛教的基本教义，主要表现在四谛、十二因缘、三法印及因果报应、轮回说的理论，它的基本观点是认为世界一切皆空，人生苦海无边。现实人生无常、无我，苦，苦的原因既不是由于超现实的梵天，也不在社会环境，而由各人自身的惑业所致，惑指贪、嗔、痴等烦恼，业指身、口、意等活动，惑、业为因，造成生死不息之果，根据善恶行为，轮回报应，摆脱痛苦之路，只有依经、律、论三藏，修持戒、定、慧三学，彻底转变自己世俗欲望和认识，超出生死轮回范围，达到涅槃或解脱。

四谛即苦、集、灭、道，苦谛讲现实人生中存在的种种痛苦现象，佛教认为人生有八苦，即生、老、病、死、怨憎会、爱别离、求不得、五取蕴，前四种为不可避免的自然规律，但人们违反自然规律而求长生不老，但又做不到，由此而产生痛苦。怨憎会苦指本来不愿在一起，但又必须在一起而引起的痛苦；爱别离苦是指愿意在一起而又要分离的痛苦；求不得苦是得不到需要之物的痛苦，求不得苦是苦的总原因，而此总原因又源于五阴盛苦，即“五取蕴”。佛教以色、受、想、行、识五蕴与取结合，而产生贪欲，因而生苦，五蕴是苦。集谛即业、惑，灭谛即涅槃，道谛为达到涅槃的道路。

十二因缘指无明、行、识、名色、六处、触、受、爱、取、有、生、老死，世界上的一切，都处于因果联系之中，都因一定条件而产生变化。各种条件的形成都是有因有缘，因此，一切事物的现象虽是虚妄，但也是有果报，所以世界上不存在永恒的东西，一切无常，一切皆空。由于人的无知即无明，才引起人们的行，即意志，由意志引起精神统一体的识，由识引起构成身体的精神名和肉体色，因而有了眼、耳、鼻、舌、身、意六处，引起对外界的触，由触而生受，由受引起爱，从而引起取，产生有，即生存环境，因而有生老病死。要解决人生的痛苦之难，应从贪爱入手，人之无知，主要便是对爱和生的无知，爱是社会现象的痛苦，生是自然现象的痛苦。

十二因缘是与因果报应、生死轮回、前世、今世、来世三世说紧密联系的，人生善恶因缘，通过天、人、阿修罗、畜生、地狱、饿鬼六道轮回。诸行无常、诸法无我、涅槃寂静即三法印，宇宙间的一切事物，就时间而言，都是瞬间存在，就空间而言，皆非实有，只有安静、无痛苦的涅槃，才能解脱轮回之苦。

佛教最高境界为佛，佛即觉者，自觉、觉他、觉行圆满，在大乘佛教看来，人人都可以成佛。佛之下有菩萨，也称大士，是超脱生死，自觉觉他，而未达到觉行圆满。阿罗汉简称罗汉，又称尊者，又次一级，不受后有，小乘佛教以佛专指佛陀，修行最高的果位便是阿罗汉。阿罗汉义为杀贼，即杀尽一切烦恼；应供，即受人天供养；不生，即永入涅槃，无生死轮回之苦。

佛教传入中国，初期依照中国传统祈祷方式进行斋供活动，至魏嘉平二年（公元二五〇年），才正式确立了今日的佛制。佛教大约在西晋时，才流传至民间。西晋前后，佛教主要活动是译经，其中禅经与《般若经》最为广泛，因而产生了以安世高为代表的小乘禅学和以支谶、支谦代表的大乘般若学，即空宗学说。小乘禅学偏重于宗教修持，标榜心专于一境，大乘般若学则偏重于教义的研究和宣传，以论证现实世界的虚幻。

在佛教传入中国以后，特别是从魏晋开始，佛教适应帮助解脱众生痛苦的民众愿望，迅速与道家及道教学说、玄学结合，而大量的佛学著作的翻译，也为普通民众接受佛学提供了方便，而对佛学教义多样性的认识，正是佛学兴盛的重要标志。方立天《佛教哲学》关于魏晋南北朝般若学空论思潮的六家七宗学说和僧肇不真空论的建立，认为魏晋以有无之辩的玄学以释《般若经》，是形成六家七宗的主要原因。六家七宗即（一）本无家，道安主张无在万化之前，空为众形之始；竺法深、法汰认为从无生有，万物出于无。（二）即色家，支道林主张即色是本性空，即物质现象本性空。（三）心无家，主张不对外物起执着有无之心。（四）识含家，于法开认为世界万物都是妄惑的心识所变现。（五）幻化家，道壹认为世界万物都如幻如化。（六）缘会宗，于道邃认为世界万物都由因缘和合而生，都无实体。本无家又分化出竺法深的本无异家，合称七宗。般若学六家七宗的学说，虽并不符合印度大乘佛教中观学派的观点，但却标志着佛教中国化，标志着这个外来的产生于古代印度的社会历史文化背景的教派为中国文化所吸收。

在佛教的发展史上，鸠摩罗什系统地翻译《中论》《十二门论》《百论》，对系统了解般若经典，有着重要意义。生活在公元三八四年至四一四年的高僧僧肇，为鸠摩罗什弟子，他著《不真空论》，准确地阐发了空宗的要义，批评了六家七宗中影响最大的本无、即色和心无三家，指出心无家主张主观精神的清静空寂是正确的，但在外物虚无的问题上，没有懂得不真空的道理，没有真正否认外物的存在。即色家只认识到物质现象没有自体，而没有认识到物质现象本身即是非物质性的。而本无家则把有和无的关系的相即性变成相离性，而过于强调无。有无关系，是非有非真有、非无非真无，即非有非无、非真有非真无，此即不真空，即万物不有真实性，但不是不存在，而万物虚妄不真而空，是不真的存在。又著《物不迁论》，认为动静未始异，主张即动而求静。又著《般若无知论》，指出有两种本质完全不同的智慧，一种是圣智，即圣人的智慧认识，叫作般若，一种是惑智，是一般人迷惑于事物本性而产生的荒诞认识，般若无知便是洞照无相的真理而无所不知，就是无惑智。僧肇的学说，把当时的般若学中观学说推向了一个高峰。

而与僧肇大体同时的慧远（公元三三四—四一六年）则是提倡因果报应论和神不灭论的重要人物。慧远是道安的弟子，著作有《沙门不敬王者论》《明报应论》《三报论》等。慧远在佛教业报轮回学说的基础上，吸收了中国古代关于上帝司善惩恶、主宰人的命运的学说，直接通过人的行为、言语和思想活动三业建立以人自身的主体活动为根据的因果报应说。业有善有恶有无记，无记即不善恶，善恶之报有现报、生报、后报，今生作业今生便受报应为现报，今生作业下世受报为生报，今生作业经数生乃至千百生然后受报应为后报，这样，便应信仰佛教，努力修证，以免生死轮回之苦。而轮回的主体，是人的精神、灵魂，他们不随人的形体的死亡而消灭，这便是神不灭之论。

到了南北朝，出现了独尊一经、相互论争的局面，先是涅槃师代般若学派出现，接着是三论师、成实师，北朝则是涅槃师、毗昙师、成实师、地论师、摄论师。鸠摩罗什的高足竺道生（公元三五五至四三四年）早年学习般若学，后来研究涅槃论，上接般若，下开涅槃，宣扬佛性说和顿悟成佛说，认为众生都有佛性，而成佛的途径是顿悟，而不是渐悟，也不是由渐悟达到顿悟。这种学说，对隋唐以后佛教的发展影响巨大。

南北朝之后，中国佛教趋于综合，形成了天台宗、三论宗、法相唯识宗、律宗、华严宗、密宗、净土宗和禅宗等宗派，其中天台宗、华严宗和禅宗具有明显的中国化佛教宗派特征。而禅宗，是其中影响最久远的一宗。禅宗的影响之久远，一方面是由于它的修证佛法的方法表现出较多的自觉的成分，另一方面，这种自觉又建立在方便的智慧之上，因而为中国士人所接受。

中国禅宗兴起，自菩提达磨来华为始，而《洛阳伽蓝记》所载为最早。达磨曾见梁武帝，并有一苇渡江之神话。据《景德传灯录》，禅宗世系自大迦叶始，至菩提达磨为西土之祖终结，即一祖摩诃迦叶，二祖阿难，三祖商那和修，四祖优婆毱多，五祖提多迦，六祖弥遮迦，七祖婆须蜜，八祖佛陀难提，九祖伏驮蜜多，十祖胁尊者，十一祖富那夜奢，十二祖马鸣，十三祖迦毗摩罗，十四祖龙树，十五祖迦那提婆，十六祖罗睺罗多，十七祖僧伽难提，十八祖伽耶舍多，十九祖鸠摩罗多，二十祖阇夜多，二十一祖婆修盘头，二十二祖摩拏罗，二十三祖鹤勒那，二十四祖师子尊者，二十五祖婆舍斯多，二十六祖不如密多，二十七祖般若多罗，二十八祖菩提达磨。菩提达磨同时是中土禅宗初祖。

菩提达磨到中土之后，带来了新型禅法，道宣《续高僧传》记载，菩提达磨禅法的内容，大义说："如是安心，谓壁观也；如是发行，谓四法也；如是顺物，教护讥嫌；如是方便，教令不着。然则入道多途，要唯二种，谓理、行也。借教悟宗，深信含生同一真性，客尘障故，令舍伪归真，凝住壁观，无自无他，凡圣等一，坚定不移，不随他教，与道冥符，寂然无为，名理入也。行入，四行，万行同摄。"理入即凝住壁观，以理为观想的对象，行入即四行，包括报怨行、随缘行、无所求行、称法行。

菩提达磨认为，一切众生与佛同一真性，只是由于受外部世界世俗生活的干扰，尚未悟得佛性，获取解脱，所以要凝住壁观，摒除杂念，便可与道冥符，证得真如法界。报怨行指通过苦修，做到无爱憎、无怨怼，对一切都甘心忍受；随缘行是说要以众生无我的佛学原理为依据，认识到苦乐、荣辱等全系宿因所造，故而得失随缘；无所求行是要摆脱世俗的贪着；称法行是对上述三行的实践，要以性净之理为指导，认识到众生同一真性在自性清静下无有高下，一律平等，才能完成上述三行。

潘桂明《中国禅宗思想历程》指出，理入、行入，"本质上是在如来藏佛性思想指导下的一种头陀苦行，是理悟与实践并重的禅法”，“以苦行为首，要求禅者忍受世间一切诸苦，摆脱尘世生活的各种干扰，求取涅槃”，“达磨禅的源头可以上溯到《奥义书》的梵我合一哲学。它的二入四行说的理入说深受流行于南印度的大乘如来藏佛性思想影响，四行说则继承了印度传统佛教的头陀苦行”。从达磨禅的内容看，与中国流行小乘禅是有很大区别的，所以达磨禅传到中土，被称为教外别传，属大乘般若学体系。

达磨在中国，曾经遇对立教徒的毒害。其弟子慧可、道育，也颇受周折。慧可被确认为东土禅宗二祖。慧可，又名僧可，俗姓姬，虎牢人，慧可早年对内外之学有较高造诣，并且有很强的直观领悟能力。慧可为学菩提达磨禅而断臂，在受到各方攻击、迫害之下，为达磨禅的地位展开了积极的活动。慧可禅法，仍以如来藏佛性为禅法的指导，与达磨相信众生与佛同一真性，达磨的头陀苦行也为慧可及其他弟子们所遵行。慧可精究一乘，理事兼融，在传法时并不严守达磨纯壁观方式，不拘于文字，把深奥的禅理编成歌谣在民众中流传。慧可之后，僧璨被称为三祖，道信为四祖，弘忍为五祖。

据说，僧璨禅师隐思空山，萧然静坐，不出文记，秘不传法，唯有徒弟道信奉师十二年，法器传灯。僧璨隐居，是步慧可后尘。达磨圆寂之时，担心所传禅不受世人承认，为传法器、袈裟，后慧可隐皖山及相、洛二州，付法与僧璨后，入司空山隐居，后又佯狂，而僧璨也佯狂于肆，周武帝灭佛，僧璨隐皖公山十余年。

僧璨弟子道信，俗姓司马，生于公元五八〇年，公元五九一年随僧璨学法，公元六五一年圆寂。道信生时，因其传法活动而受到唐太宗注意，曾三次敕使遣请，卒后，唐代宗又谥号大医禅师。道信在湖北蕲州黄梅破头山有弟子五百余人，其中弘忍为首席弟子。弘忍是黄梅人，俗姓周，十二岁时事道信禅师，性木讷沉厚，同学皆轻视而戏辱，而弘忍默然不对，勤事杂役，以礼下人，心契禅法，为道信所看重。弘忍的时代，终于使禅门形成一个有影响的佛教宗派。而此派的最终成熟，则是依赖六祖惠能。

禅宗因主张用禅定概括佛教的全部修习而得名。禅定是禅和定的合义，通过精神集中，观想特定对象而获得佛教悟解或功德的一种思维修习活动，一般说，大乘将禅定与般若结合起来，以智慧指导禅定，所以止观并提，定慧双修。中国禅宗以禅命宗，进一步扩大了禅定的概念，重在修心见性，而不再限于静坐凝心、专注观境的形式。

禅宗自称迦叶微笑，传佛心印，以觉悟所称众生本有之佛性为目的。五祖弘忍之后，出现了北宗神秀、南宗惠能两派禅宗，北宗强调拂尘看净，力主渐修，南宗则主张心性本净，佛性本有，觉悟不假外求，不读经，不礼佛，不立文字，强调以无念为宗，即心是佛，见性成佛，所以自称顿门。

神秀是大梁人，姓李，通《易》及黄老之学，以他为代表的北宗禅法，主要是忠实于东山法门，依《楞伽经》，行一行三昧，提倡念佛法门。神秀把体用关系直接与《起信论》之一心二门说结合，透过观心这一要门，扫除烦恼尘垢，回复心性的明镜般清净。而这种学说，对曹洞宗注重坐禅、默照，是很有影响的。

神秀北宗，盛行于公元七世纪至八世纪，而惠能南宗，也在渐渐发展壮大。

惠能（公元六三八—七一三年），俗姓卢，生于岭南，其父卢行瑫因官得罪而早亡，一生寂寞无闻，死后二十余年，其弟子神会通过不懈努力，终于使惠能禅成为禅宗正宗。惠能以大乘空宗的代表性经典《维摩诘经》为渊源，认为禅定并不是楞伽师们所理解的那种看心看净，禅定的关键在于内心的体悟。

惠能提出定慧等学，主张定慧不二、戒禅一致，使戒、定、慧三学分离的理论和实践得到统一。惠能主张无念、无相、无处思想，认为众生无须经历长期的修习，只要刹那间领悟自心等同佛性，便是成佛之时。顿悟说虽不是由惠能首创，但惠能是把顿悟作为解脱和成佛的根本思想、方法的第一人，他继承达磨禅以自觉圣智，证悟性净之理为中心的禅学真谛，提倡直指人心，见性成佛，强调自心的觉悟，把自心的觉悟看作能否成佛的唯一标准。

惠能以不识字之故，于经典所研究甚少，但领悟极高，其禅学具有平等之品格，为广大众生提供了一条通向佛果的方便之门，这是与中国文化提倡内省自觉的观点相一致的，从而能使普通民众在世俗生活之中，可以得到解脱现实生活痛苦的捷径，而修行方式，又体现出自由特色，使一向爱好自由，而又深受专制之苦的中国民众大为欢迎。

对南宋禅学的传播最有功绩者为荷泽神会，神会(公元六八六—七六〇年）是襄阳人，俗姓高，学五经及老庄，后追随神秀三年，慕惠能之学，而皈依门下。神会对惠能学说有很多发展，他进一步使佛性人性化，使佛与儒与道合流，弥合入世与出世的矛盾，要求在今生今世之日常生活中，保持或培养一种超脱的精神境界。神会认为，佛性是既平常又普遍，众生皆具的本然之性，它虽难以用语言予以表达，却能在日常生活中随时体验，此所谓本有今无，本有佛性。

又认为我心本空寂，自性空寂，一切众生，心本无相，所言相者，并是妄心。神会继承和发挥惠能的顿悟说，并通过对北宗渐修的批评而获得广泛传播，但神会同时认为在顿中立渐，这是与惠能一致的。神会之解脱论，以无念为宗，反对坐禅。神会一生与北宗抗争，后来被尊为七祖，其派别被称为荷泽宗。

惠能弟子中，较著名的还有南岳怀让、青原行思等。南岳怀让从六祖蒙受心印，住般若寺，嗣法弟子九人，以马祖道一居首。马祖在江西龚公山举扬禅法，机锋峻烈，开棒喝禅风，称为洪州宗。其弟子百丈怀海在百丈山创建禅刹，从此以后，禅僧不再寄住律寺。百丈弟子有黄檗希运、沩山灵祐，希运弟子有临济义玄。

临济设立三玄三要、四料简等教化方法，接引徒众，机锋峻严，门徒众多，而形成临济宗。晚唐至宋，经兴化存奖、南院慧颙、风穴延沼、首山首念、汾阳善昭，七传而至石霜楚圆，其门人黄龙慧南、杨岐方会又各衍出黄龙、杨岐二派，与曹洞、云门等宗并立，晦岩智昭便是杨岐派僧人。沩山灵祐在潭州，参学弟子千五百人，而以仰山慧寂最得心要，遂树立沩仰宗。青原行思有弟子石头希迁，撰《参同契》，与马祖道一并称为当世二大龙象。石头希迁有门人药山惟俨、丹霞天然、天皇道悟等，药山一系出云岩昙晟、洞山良价、云居道膺、曹山本寂，而有曹洞宗。天皇道悟三传至雪峰义存，振锡于福州雪峰山，弟子云门文偃树立云门宗，而玄沙师备有弟子罗汉桂琛、法眼文益，文益开法眼宗。五家七宗之不同，在于教导顿悟成佛的方法之差异，五家七宗的出现，标志着佛教及禅宗的进一步中国化，并在中国文化的土壤中繁荣昌盛。

尽管说关于西天禅宗二十八祖的说法，以及其他义理问题，今天的学术界还存在一些疑问，《人天眼目》无疑是极力维护禅宗与释迦牟尼佛学总旨的一致性，以及禅宗亲自释迦佛传授，而至中土六祖惠能的严肃性，并极力反驳关于西天禅宗至师子尊者失传的说法："且二十四祖师子尊者，度婆舍斯多，兼出达磨达，其缘具在唐会稽沙门灵彻序金陵沙门法炬所编《宝林传》，并据前魏天竺三藏支疆梁楼《续法记》具明师子尊者遇难以前传衣付法之事。从大迦叶为首，直下血脉，第二十五祖婆舍斯多，二十六祖不如密多，二十七祖般若多罗，付菩提达磨，即唐土初祖也。原支疆梁楼三藏来震旦，抵洛阳白马寺，时即前魏帝道卿公景元二年辛巳岁也。师子入灭方二年矣。以是显知，经论诸师诬罔后昆，吁哉奈何？"

又说道："后又二祖可大师，十年侍奉，以至立雪断臂，志求祖乘，至勤诚矣。后达磨告曰：'吾有一袈裟，付汝为信，世必有疑者云，吾西天之人，子此土之子，得法实信，汝当以吾言证之。’又说：‘自释迦圣师至般若多罗，以及于吾，皆传衣表法，传法留偈，吾今付汝。偈曰：吾本来兹土，传法救迷情，一花开五叶，结果自然成。’因引从上诸祖偈，一一授之，内传法印以契证心，外付袈裟以定宗旨，以此则知，达磨付二祖决矣。”

又说：“若间世承禀，吾恐后世必有聪利之人，空看佛经，自禀释迦，岂其然乎？……而后世子孙，称传祖教，乃番毁师子尊者，亲付法与婆舍斯多，以至此土六祖传衣付法，以为邪解。呜呼！吾若备论，即成是非，子自详之。”

又说：“且祖师来此土，如一树子就地下种，因缘和合而生芽也，种即达磨并二祖也，枝叶即道副、总持、道育之徒也。洎二祖为种，三祖为芽，乃至六祖为种，南岳让为芽也，其牛头、神秀、荷泽等，皆枝叶耳。然六祖下枝叶繁茂，生子亦多。其种又逐风土所宜，采取得叶贵叶，得枝贵枝，亦有树焉，在南为橘，在北为枳，虽形味有变，而根本岂变乎？又类日焉，在东为朝，在西为暮，日亦逐方而转，则轮影也，其空则不转必矣，得何怪哉？子但了其内心，莫随其外法。内心者脱其生死，外法者逐其爱恶，爱恶生则去佛祖远矣。”

《人天眼目》不仅提出证据，以证明禅宗之权威来历，维护其不立文字、单传心印的主旨，而且告诉我们，应该看到禅宗与佛学宗旨的一致性，以及禅宗诸家在解脱生死此本质上的一致性，这实际上也是指出中国禅宗临济、云门、曹洞、沩仰、法眼五宗本质上的一致性，以及我们把握五宗宗旨的方法。《人天眼目》中一喝而分五教，自诩其一喝之法门，可以入于小乘教、大乘始教、大乘终教、大乘顿教、一乘圆教，乃至于百工伎艺诸子百家，一喝之中，有有义、空义、不有不空义、即有即空义、不空而不有、不有而不空义等，正是净因蹒庵禅师企图以禅宗为佛教精义之集大成者，并以禅宗影响一切文化的观念之体现。

关于临济禅

临济宗是禅宗五家最为重要的一家。临济宗又称济宗，以唐代义玄禅师为宗祖，属南宗禅南岳法系。义玄先参黄檗希运禅师，后谒高安大愚、沩山灵祐，最后又依希运门下，受印可。至唐宣宗大中八年住镇州临济院，设立三玄三要、四料简等禅法接化徒众，以机锋峻峭著称。中唐以后，临济派蔚成一大宗派。

《景德传灯录》卷十二载有临济义玄在黄檗希运处得法的经过，说："初在黄檗，随众参侍，时堂中第一座勉令问话，师乃问：‘如何是祖师西来的意？’黄檗便打。如此三问，三遭打，遂告辞第一座云：‘早承激劝问话，唯蒙和尚赐棒，所恨愚鲁，且往诸方行脚去。’上座遂告黄檗云：‘义玄虽是后生，却甚奇特，来辞时愿和尚更垂提诱。’来日，师辞黄檗，黄檗指往大愚，师遂参大愚。愚问曰：‘什么处来？’曰：‘黄檗来。’愚曰：‘黄檗有何言教？’曰：‘义玄亲问佛法的意，蒙和尚便打，如是三问，三转被打，不知过在什么处？’愚曰：‘黄檗恁么老婆，为汝得彻困，犹觅过在。’师于言下大悟，云：‘元来黄檗佛法无多子。’大愚掐住，云：‘这尿床鬼子，适来又道不会，如今却道黄檗佛法无多子，你见个什么道理，速道！速道！’师于大愚肋下筑三拳，大愚托开，云：‘汝师黄檗，非干我事。’师辞大愚，却回黄檗。黄檗云：‘汝回太速生。’师云：‘只为老婆心切，便人事了。’侍立次，黄檗云：‘大愚有何言句？’师遂举前话，黄檗云：‘这大愚老汉，待见痛与一顿。’师云：‘说什么待见，即今便与。’随后便打黄檗一掌。黄檗云：‘这疯颠汉，却来这里捋虎须。’师便喝。黄檗云：‘侍者，引这疯颠汉参堂去。’”

黄檗希运自恃甚高，其参禅要求自觉自悟，认为“大唐国内无禅师”，即禅不是由禅师传授给参学之人的。《古尊宿语录》收有裴休所编希运语录《传法心要》和《宛陵录》,《传法心要》说，希运：“独佩最上乘离文字之印。

唯传一心，更无别法；心体亦空，万缘俱寂。犹如大日轮升虚空中，光明照耀，净无纤埃。证之者无新旧，无浅深；说之者不立义解，不立宗主，不开户牖。直下便是，运念即乖，然后为本佛。故其言简，其理直，其道峻，其行孤。四方学徒望山而趋，睹相而悟，往来海众常千余人。”希运禅法的指导思想，是《般若经》的空观和《楞伽经》的如来藏学说的统一。在此基础上，希运提出了空如来藏理论。《传法心要》特别强调“无心”的意义，希运指出：“供养十方诸佛，不如供养一个无心道的人。何故？无心者，无一切心也。”

又说：“此心即无心之心，离一切相。众生诸佛更无差别，但能无心，便是究竟。”

又说：“此法即心，心外无法；此心即法，法外无心。心自无心，亦无无心者。”

又说：“常人谓法身遍虚空处，虚空中含容法身。不知法身即虚空，虚空即法身也。若定言有虚空，虚空不是法身。若定言有法身，法身不是虚空。但莫作虚空解，虚空即法身；莫作法身解，法身即虚空。”

又说：“诸佛与一切众生，唯是一心，更无别法。此心无始已来不曾生，不曾灭；不青不黄，无形无相；不属有无，不计新旧，非长非短，非大非小，超过一切限量。”

又说："唯此一心即是佛，佛与众生更无别异，但是众生着相外求，求之转失。使佛觅佛，将心捉心，穷劫尽形，终不能得。不知息念妄虑，佛自现前。此心即是佛，佛即是众生。为众生时此心不灭，为诸佛时此心不添。"

希运的主张，即是马祖道一即心即佛之观念。不过，马祖道一有所谓平常心是道之说，而希运则说无心是道，希运比之马祖道一，更具有直接心。即心是佛是解脱的根源，无心是道，是解脱的方法和途径。无心则可破除一切执着。在《宛陵录》中，希运指出："道无方所，名大乘心。此心不在内外、中间，实无方所。……此道天真，本无名字，只为世人不识，迷在情中，所以诸佛出来说破此事。恐汝诸人不了，权立道名。"

又说："身心俱无，是名大道，大道本来平等。"

又说："学道人直下无心，默契而已。"

又说："论这个法，岂是汝于言句上解得他，亦不是于一机一境上见得他。此意唯是默契得，这一门名为无为法门。"

希运把道看作是自然天真，所以，知解便成了人与道相隔的障碍，只有无心默契，才可以悟道。这种学说，和庄子所言虚空、心斋、坐忘、逍遥游的学说，是较接近的。

义玄所倡导的临济禅法，正是与希运禅法一脉相承的。临济禅所表现出的峻烈风格，如棒、喝等形式，得自于希运，而希运又从马祖道一那里学来。

义玄圆寂后，其门人辑其法语，成《镇州临济慧照禅师语录》，简称《临济录》，凡一卷，代表了义玄的基本学说，《人天眼目》中关于临济宗的主要思想，都可在《临济录》中找到根据。

临济特别强调一切诸法无自性的本质空，世界万象，不过是自心的幻化，《临济录》说："世出世诸法，皆无自性，亦无生性，但有空名，名字亦空。你只么认他闲名为实，大错了也。设有，皆是依恋之境。"

又说："你若达到万法无生，心如幻化，更无一尘一法，处处清静，是佛。"

又说："药山僧见处，无佛无众生，无古无今。得者便得，不历时节。无修无证，无得无失。一切时中，更无别法。设有一法过此者，我说如梦如化。"

又说："真佛无形，真道无体，真法无相。三法混融，和合一处；辨既不得，唤作茫茫业识众生。"

一切皆空无实有，无佛无道无法，众生若达不到中道实相的认识，便不得解脱，所以要灭心，而无念虑。《临济录》云："你欲得作佛，莫随万物。心生种种法生，心灭种种法灭。一心一生，万法无咎。世与出世，无佛无法，亦不现前，亦不曾失。”

又云：“你一念疑，即魔入心。如菩萨疑时，生死魔得便。但能息念，更莫外求，物来即照。你但信现今用底，一个事也无。你一念心生三界，随缘被境，分为六尘。”一念生，包含了众生自身解脱的根源。

临济义玄以心清净代替如来藏。《临济录》曰：“问：‘如何是真佛、真法、真道？乞垂开示。’师曰：‘佛者心清净是，法者心光明是，道者处处无碍净光是。三即一，皆是空名，而无实有。’”

又说：“你要与祖佛无别，但莫外求。你一念心上清净光，是你屋里法身佛；你一念心上无分别光，是你屋里报身佛；你一念心上无差别光，是你屋里化身佛。此三种身，是你目前听法底人，只为不向外驰求，有此功用。”

关于真佛、真法、真道的说法，也见于《人天眼目》之中。以心清净代替如来藏，表明临济义玄把佛学通俗化、中国化的努力。

义玄禅师论禅，强调不受惑的重要性，认为菩提达磨自西天来中土，只是要寻一个不受迷惑的人。如何能不受惑呢？《临济录》说：“如今学道人，且要自信，莫向外觅，总上他闲尘境，都不辨邪正。”自信，是自觉自悟的基础，因而也是临济禅的重要法宝。

临济要求禅僧参禅，求真正见解。《临济录》指出：“今时学佛法者，且要求真正见解。若得真正见解，生死不染，去住自由；不要求殊胜，殊胜自至。”

又说：“夫出家者须辨得平常真正见解。辨佛辨魔，辨真辨伪，辨凡辨圣，若如是辨得，名真出家；若魔佛不辨，正是出一家入一家，唤作造业众生，未得名为真出家。”只有确立真正见解，得平常心，辨佛魔、真伪、凡圣，才可以超凡入圣，达到解脱。有了真正见解，才可以称为学道之人。

事实上，要自信和有真正见解，并不是多么难的事，因为佛道触目皆是。《临济录》说：“向外作工夫，总是痴顽汉。你且随处作主，立处皆真，境来回换不得，纵有从来习气，五无间业，自为解脱大海。”

又说：“如大器者，直要不受人惑，随处作主，立处皆真，但有来者，皆不得受。”

佛道触目即是，所以不必假求文字语言等外物，临济强调有“出格见解”参学人，则另外采取方法接引，表明了他对出格见解的欣赏态度。《临济录》和《人天眼目》都载有义玄根据根器接引徒众的方法，《人天眼目》说：“山僧此间作三种根器断，如中下根器来，我便夺其境而不除其法；或中上根器来，我便境、法俱夺；如上上根器来，我便境、法、人俱不夺；如有出格见解人来，山僧此间便全体作用，不历根器。”

这种境、法、人夺与不夺，是临济四种料度简别参学人的方法。《人天眼目》概括为“我有时夺人不夺境，有时夺境不夺人，有时人境俱夺，有时人境俱不夺”。其针对的对象便是破除人我与法我的执着，对症下药，治病救人。

在临济义玄看来，信佛、求佛、修佛，也是一种有害于佛道的执迷。所以，《临济录》指出：“你向依变国土中觅什么物？乃至三乘十二分教，皆是拭不净故纸。佛是幻化身，祖是老比丘。你还是娘生已否？你若求佛，即被佛魔摄；你若求祖，即被祖魔缚。你若有求皆苦，不如无事。有一般秃比丘，向学人道，佛是究竟，于三大阿僧祇劫，修行果满，方始成道。道流，你若道佛是究竟，缘什么八十年后向拘尸罗城双林树间侧卧而死去？佛今何在？明知与我生死不别。你言三十二相，八十种好是佛，转轮圣王应是如来，明知是幻化。”

临济还进一步表现出了呵佛骂祖的倾向，《临济录》指出：“取山僧见处，坐断报、化佛头；十地，满心犹如客作儿，等、妙二觉担枷锁汉，罗汉、辟支犹如厕秽，菩提、涅槃如系驴橛。何以如此？只为道流下达三祇劫空，所以有此障碍。若是真正道人，终不如是。”

又说：“道流！你欲得如法见解，但莫受人惑，向里向外，逢着便杀，逢佛杀佛，逢祖杀祖，逢罗汉杀罗汉，逢父母杀父母，逢亲眷杀亲眷，始得解脱。不与物拘，透脱自在。”

什么人敢呵佛骂祖呢？在义玄看来，当然是对佛法有天才领悟能力的有真正出格见解的人,《临济录》说:“夫大善知识，始敢毁佛毁祖，是非天下，排斥三藏教，辱骂诸小儿，向逆顺中觅人。”

既然大善知识可以呵佛骂祖，参禅之人便不立为佛法所束缚，而可自为主宰。

义玄禅师在黄檗处三度发问而三遭打，义玄因而发现了棒打的妙用，再加上他的喝，共同构成一种“用”的接引手段，再加上语言的点拨智“照”，而有四种照用。《人天眼目》和《临济录》都叙述了四喝及四照用的原则和种类。《临济录》说:“有时一喝如金刚王宝剑，有时一喝如踞地金毛狮子，有时一喝如探竿影草，有时一喝不作一喝用。”

《人天眼目》说：“我有时先照后用，有时先用后照，有时照用同时，有时照用不同时。”无论是棒、喝，还是照用，都是临济禅激烈的全体作用的方法，其照用、棒喝的不同形式，是适用于不同对象的人。四喝有活有死，有纵有擒，有刚有柔；照用有先有后，有同时有不同时。在这种激烈的形式下，以求参禅者的迅速觉悟。《人天眼目》指出："临济宗者，大机大用，脱罗笼，出窠臼，虎骤龙奔，星驰电激，转天关，斡地轴，负冲天意气，用格外提持，杀活自在。"

又说："大雄正续临济纲宗，因问黄檗西来，痛与乌藤三顿，遂往大愚打发，亲挥肋下三拳，言下便见老婆心，悬知佛法无多子。奋奔雷喝，捋猛虎须，迸开于赤肉团边，到处用白拈手段。飞星爆竹，裂石崩崖，冰棱上行，剑刃上走，全机电卷，大用天旋。赤手杀人，单刀直入，人境俱夺，照用并行。明头来，暗头来，佛也杀，祖也杀。辨古今于三玄三要，验龙蛇于一主一宾。透脱罗笼，不存玄解。操金刚王剑，扫除竹木精灵。奋师子全威，振群狐心胆。下梢正法眼藏，灭却这瞎驴边。彻骨彻髓，而血脉贯通；透顶透底，而乾坤独露，绵绵不漏，器器相传。盖其宗祖高明，子孙光大。"临济禅的峻烈禅风，正包融了临济宗派的宗风。临济禅继承大乘佛学关于世界一切均属颠倒和虚妄，任何对自我和外境的执着都将有碍解脱的观念，否认外部世界为客观存在，否认禅僧自身存在的实有，而且还进而否认自我的主观认识能力，临济禅以此建立其精神自由领地。就其认为客观外境，包括自身肉身为非实有而言，此与叔本华的以外界及肉身为现象世界的观点极接近。不过叔本华认为意志是人的本质，承认人的主观意志之实有，这与禅宗学说有别。

临济宗还有四种宾主之说，以及三玄三要之说。《人天眼目》说："参学人大须仔细，如宾主相见，便有言说往来。或应物现形，或全体作用，或把机权喜怒，或现半身，或乘师子，或乘象王。如有真正学人，便喝，先拈出一个胶盆子，善知识不辨是境，便上他境上，做模做样。学人又喝，前人不肯放，此是膏肓之病，不堪医知，唤作宾看主。或是善知识，不拈出物，随学人问处即夺，学人被夺抵死不放，此是主看宾。或有学人，应一个清静境界，出善知识前，善知识辨得是境，把得住抛向坑里。学人言：'大好。'善知识即云：'咄哉！不识好恶。'学人便礼拜，此唤作主看主。或有学人披枷带锁，出善知识前，善知识更与安一重枷锁，学人欢喜，彼此不辨，唤作宾看宾。大德！山僧所举，皆是辨魔拣异，知其邪正。"

宾主指师徒，主人为师，参学者为徒，有时间，懂禅理之人为主，不懂者为宾，所以，有宾看主、主看宾、主看主、宾看宾；有主中主、主中宾、宾中主、宾中宾。四宾主之目的在于树立禅僧对世界本质空的认识。无论是老师还是学徒，都可能悟禅旨或不悟禅旨，执着外境，都是错误的。

《人天眼目》又说："大凡演唱宗乘，一语须具三玄门，一玄门须具三要，有权有实，有照有用。”三山来《五家宗旨纂要》指出，三玄包括玄中玄、句中玄、体中玄。关于三玄三要，《五家宗旨纂要》的解说甚为详细：“第一玄中玄：如赵州答庭柏话，此语于体上又不住于体，于句中又不着于句，妙玄无尽，事不投机，如雁过长空，影沉寒水，故亦名用中玄。

“三山来云：如赵州答庭柏话，此则就其现前指点，拈来便是，何等明浅，而目为玄中玄耶？且焉得以玄中玄，看作用中玄，岂有用中玄，而为第一玄之理？盖凡演唱宗乘，何语不从体中发出，未有能离体说法者，还直以第一玄，假立为体中玄者近是。

“如何是第一玄？

“三山来云：金刚两头肩。颂曰：第一玄，乌龟飞上天。单剩一只脚，踏着威音前。

“第二句中玄：如张公吃酒李公醉，前三三后三三,六六三十六，其言无意路，虽是体上发，此一句不拘于体故。

“三山来云：如六六三十六之语，此正是亲切指点，焉得谓之言无意路，而目为句中玄耶？须知第二句中玄，即用中玄，盖有体而后有用。凡所发挥，皆是从体起用，故宜以用次于体；还直以第二玄，假立为用中玄者近是。

“如何是第二玄？

“三山来云：空手把金鞭。颂曰：第二玄，骑马上高竿，喷地翻筋斗，吊下一文钱。

“第三体中玄：此乃是最初一句，发于真体，此一句便具体中玄，因言显理，以显玄中之体，虽明此理，乃是机不离位故。

“三山来云：如云体中玄，是最初一句，发于真体。既是最初一句，发于真体，岂得以最初真体之句，而目为第三玄耶？须知第三玄乃是玄中玄，盖兼体用两者，尽在当机拈出。名为体，不得名为用，不得名为非体非用，不得迥出意言难于测度，非单就体而言也，还直以第二玄，假立为玄中玄者近是。

“如何是第三玄？

“三山来云：虚空打秋千。颂曰：第三玄，囫囵没中边，东洋飘大海，架个无底船。”

“又说：第一要：当风谁敢道，千圣一时兴，那能穷此妙。

“三山来云：看此颂，犹是拟玄中玄而言者错。

“如何是第一要？

“三山来云：头顶乌纱帽。颂曰：第一要，寥廓空浩浩，路断烟水寒，行人那得到。

“第二要：明镜当台照，胡汉用皆深，透匣青蛇跃。

“三山来云：看此颂，亦是拟用中玄而言者近之。

“如何是第二要？

“三山来云：午夜金鸡叫。颂曰：第二要，妍媸一齐照，纵横妙用分，秦镜当台耀。

“第三要，劫前者一窍，拟议问如何，拍手呵呵笑。

“三山来云：看此颂，犹是拟体中玄而言者错。

“如何是第三要？

“三山来云：城市街头闹。颂曰：第三要，漫把朱弦操，流水与高山，弹出无生调。”

每一玄中之三要又各不同。

三山来认为“临济宗旨，妙在三玄三要”，依据《人天眼目》所列诸家说解，第一玄首破我执、法执，以言说显示一切皆空，应无所执着的道理。第二玄指使用语意不明确的巧妙言说，不拘泥于语言本身，但能显示其中的玄妙道理。第三玄是说语言虽出自心体却又离于心体，虽有所表达却不具体说出，参学者应从中自己切身自觉。三要则重点在指出言说要点。第一要要求排斥一切客观事物，在破相上下功夫，不离正面言说。第二要则表现为随机应变，不执着言句，灵活运用，进入玄妙境界。第三要则强调随机发动，反照一心，在日常生活的行、住、坐、卧中直下悟入，超越肯定、否定、非肯定、非否定等具体形式。三玄三要的根本立场，也是要破除禅僧的法、我执着，通过彻底破除诸种执着，而实现顿悟成佛的目的。可以看出，三玄三要之说法，有魏晋玄学言意之辩，得意忘言影响的痕迹。

临济禅的影响一直达到近代。

关于曹洞禅

后期南宗禅五家之中，除临济宗之外，曹洞宗是影响较大的一派了。

曹洞禅法来自惠能弟子青原行思，行思禅法通过石头希迁得以传播广大。希迁以圆转无碍的作风和接引方法而著名，其所见《参同契》，收于《景德传灯录》卷三十，也见于《人天眼目》之中，是曹洞禅立法的基础。石头希迁具有圆融调和色彩，受牛头禅法影响较大，后来吸收了郭象无心学说，又借华严思想大谈理事圆融。希迁有弟子药山惟俨，据《景德传灯录》卷十四记载，惟俨曾于石头希迁处密证心法，并不完全抛弃经典，他虽寻常不许门人看经，但他自己却经常看。《景德传灯录》载石头言曰："吾之法门，先佛传授，不论禅定精进，唯达佛之知见。即心即佛，心佛众生，菩提烦恼，名异体一。汝等当知，自己心灵，体离断常，性非垢净；湛然圆满，凡圣齐同；应用无方，离心意识，三界六道，唯自心现；水月镜像，岂是生灭？汝能知之，无所不备。”

希迁重视知见，当然不可不读经书，但是，不悟之禅僧若读经典，很容易为经教所束缚，因而惟俨不许门人看经。

药山惟俨不仅看经，而且也坐禅，《景德传灯录》载药山惟俨与石头之对话说：“一日，师坐次，石头睹之，问曰：‘汝在这里作么？’曰：‘一切不为。’石头曰：‘恁么即闲坐也？’曰：‘若闲坐即为也。’石头曰：‘汝道不为，且不为个什么？’曰：‘千圣亦不识。’”

药山惟俨把坐禅看如不坐禅，这种观点，也表现对言语思量等问题的认识上，《景德传灯录》载：“石头有时垂语曰：‘言语动用勿交涉。’师曰：‘不言语动用亦勿交涉。’”

又载：“师坐次，有僧问：‘兀兀地思量什么？’师曰：‘思量个不思量底。’曰：‘不思量底如何思量？’师曰：‘非思量。’”

药山惟俨的这种无为态度，有一种无不为的内涵，为而又有无为的内涵，这也是一种无可无不可的圆融态度。

曹洞宗正是继承了自青原行思、石头希迁、药山惟俨，乃至以《宝镜三昧》传人的昙晟禅师的人观万象，应如万象临镜一般，以事相显理体的理论，而至洞山良价、曹山本寂禅师，终于形成一个宗派。

洞山良价禅师，先谒南泉普愿，后参沩山灵祐，最后在云岩昙晟处得法。其经历，与昙晟不无相似之处，昙晟禅师起初参百丈怀海，凡二十余年，却未会玄旨，后来参药山，言下便契会。洞山在沩山处，也是不得要领。《景德传灯录》载有洞山在云岩昙晟禅师处问法及得法偈语。初问云岩昙晟，问答如下："既到云岩，问：'无情说法，什么人得闻？'云岩曰：'无情说法，无情得闻。'师曰：'和尚闻否？'云岩曰：'我若闻，汝既不得闻吾说法也。'曰：'若恁么，即良价不闻和尚说法也。'云岩曰：'我说汝尚不闻，何况无情说法也。'师乃述偈呈云岩曰：'也大奇，也大奇，无情解说不思议。若将耳听声不现，眼处闻声方得知。'"

又载良价得昙晟《宝镜三昧》，过河时见水中之影，而大悟昙晟宗旨，从此摆脱了牛头宗、天台宗的影响，作得法偈说："切忌从他觅，迢迢与我疏。我今独自往，处处得逢渠。渠今正是我，我今不是渠。应须恁么会，方得契如如。"

洞山良价有弟子曹山本寂、云居道膺等人，而以曹山本寂为最有名。《景德传灯录》载曹山释良价"即事而真"之言曰："问：'于相何真？'师曰：'即相即真。'曰：

‘当何显示？’师提起托子。问：‘幻本何真？’师曰：‘幻本原真。’曰：‘当幻何显？’师曰：‘即幻即现。’曰：‘恁么即始终不离于幻也？’师曰：‘觅幻相不可得。’”曹山禅法，也是充分地继承了《宝镜三昧》宗旨的。

曹洞宗的主要纲领是五位君臣说，而核心则在于回互，目的在于讨论本体界和现象界的相互关系。其解脱论，包括五位功勋、五位王子、内绍外绍、三路接人等。这些内容都见之于《人天眼目》之中。

曹洞宗否认一切存在的真实性，视世界万物为虚妄幻相，森罗万象只不过是真如佛性的变现。这种佛学大旨，见于其三种渗漏、三种堕，以及明安三句之中。三种渗漏即见渗漏、情渗漏、语渗漏，渗漏指错误的执迷见解。三种堕指披毛戴角、不断声色、不受食，依次为类堕、随堕、尊贵堕。明安三句指平常无生、妙玄无私、体明无尽，其根本是强调无生无灭为世界一切现象变化的本质。

《五家宗旨纂要》对洞宗三渗漏、三种堕，以及明安三句有详细解说。关于洞宗三渗漏，《五家宗旨纂要》指出：

“一见渗漏：机不离位，堕在毒海。谓见处滞在所知，设有妙悟，亦须吐却，若不转位，即坐在一色，所言者，直是语中，未能尽善，知他见有所滞也。

“如何是见渗漏?

“三山来云：直具一只眼。又云：放下着。颂曰：山重重复水重重，万水千山一目中。若道水山常在目，行人依旧路蒙蒙。

“二情渗漏：智常向背，见处偏枯。谓情境不圆，滞在取舍，不能融通，鉴觉着于一边，皆是识浪流转，途中岸边事，直须句句离却二边，不滞情境，方有出身之路。

“如何是情渗漏?

“三山来云：如胶似漆。又云：活泼些好。颂曰：担板从来见一边，何如到处眼双圆。满腔系恋不须吐，一落思量便不堪。

“三语渗漏：究妙失宗，机昧终始。谓滞在语言，句失宗旨，不能于言诠三昧下转身，所以当机暗昧，宗旨不圆，须是通有语中无语，乃得妙旨圆密。

“如何是语渗漏?

“三山来云：倒四颠三。又云：道什么?颂曰：有言须是悟无言，开口成双落二三，况复游扬迷妙义，堪悲堪笑口头禅。”

关于洞宗三种堕，《五家宗旨纂要》指出：

“一者披毛戴角，是类堕。类者，披毛戴角，乃异类中事也。若意有所滞，未免落在异类中，须是一念无私，向异类中，有出身之处，故类亦须堕。

“如何是类堕？

“三山来云：虽行畜生行，不得畜生报。颂曰：披毛戴角，潇洒得过，一入荒丘，寻他不着。

“二者不断声色，是随堕。随者，随声逐色，不断声色也。若不明声色，未免落在声色中，要知声不自声，色不自色，声色本无，因心假立，须是不着见闻，向声色中，有出身之路，故随亦须堕。

“如何是随处堕？

“三山来云：见色非干色，闻声不是声。颂曰：见色闻声，终不是尘，莺啼绿树，别有知音。

“三者不受食，是尊贵堕。受食是今时事，不受食是那边事，若执在那边，未免落在尊贵中，须是知那边了，却来者边行履，尊贵一位，犹须虚却，故尊贵亦须堕。

“如何是尊贵堕？

“三山来云：不装珍御服，来着破褴衫。颂曰：礼绝百僚，非是尊高，无人侍立，常自逍遥。

“三山来云：堕有堕落、堕除二义，苟滞在三者中，便是堕落。能向三者中，有出身处，便为堕除。若论披毛戴角是类堕，不断声色是随堕，不受食是尊贵堕，则堕落之义为是。若论曹山，须具三种堕之言，则堕除之义为是。如上所注，二义兼该，大约三种看来，须明转位始得，识者辨诸。”

明安三句，《五家宗旨纂要》称为大阳玄三句，曰：

“一平常无生句：白云覆青山，青山不露顶。须知此句要通一路，通得如狮子嚬呻。

“三山来颂云：平常一句义幽玄，话出无生别有天。语下言前难摸索，旁通一路在机先。

“二妙玄无私句：宝殿无人空侍立，不栽梧桐免凤来。须知此句无宾主，通得如狮子返掷。

“三山来颂云：绝迹藏踪浑似痴，主宾不立最玄微，沉沉古殿苍烟锁，一句无私上上机。

“三体明无尽句：手指空时天地转，回途石马出纱笼，须知此句兼带去，通得如狮子踞地。

“三山来颂云：枯木花开锦绣新，三春今到绝鸣禽。等闲透得其中旨，体用明明不可分。”

曹洞宗的五位君臣说，是建立在对外境虚有，心性真如，无生无灭的认识论之基础上，提出了五位君臣说，以强调真如本体和现象世界之关系，是曹洞宗回互理论的关键内容，也是与其他各家区别的主要标志。《人天眼目》说：“僧问曹山：‘五位君臣旨诀。’山云：‘正位即属空界，本来无物。偏位即色界，有万形像。偏中正者，舍事入理。正中来者，背理就事。兼带者，冥应众缘，不随诸有，非染非净，非正非偏，故曰玄虚大道无着真宗。从上先德，推此一位，最妙最玄，要当详审辨明。君为正位；臣为偏位；臣向君，是偏中正；君视臣，是正中偏；君臣道合，是兼带语。'"

五位君臣之说，是指出本体与现象、一般与个别之间所具有的内在联系。由于受世俗知见的影响，人们会出现正、偏失当之四种现象。而本来无物的空界为正位，指的是本体界，偏位为色界，有千罗万象，是现象界。正中偏属君位，虽承认有精神本体，但不懂得万物由本体生出，体用关系上忽视了用之方面。偏中正属臣位，虽承认现象为虚无，但不懂得透过现象进一步探求本体，体用关系方面少体。正中来为君视臣，指虽承认有所谓精神本体，并开始由体起用，但尚未至于完善。兼中至为臣向君，即承认现象世界为假有，却又力图通过幻相去探求精神本体，所可惜是未能臻至完善。只有君臣道合的兼中到，冥应众缘，不随诸有，非染非净，非正非偏，不落于有无，而体用俱泯。

所谓君臣道合也就是回互。石头希迁《参同契》首先提出回互之说，要求理事、心物、内外关系诸方面的圆融回互。《参同契》说："灵源明皎洁，枝派暗流注。执事原是迷，契理亦非悟。门门一切境，回互不回互。"

真如佛性为灵源，它是明洁的本体，灵源派生事，理事关系虽不明显表现，但它确实存在。执着于外物无疑是错误的，但是，若不懂回互之关系，即使契合于理，也不能说已达到了悟的境界，理存在于一切事物中，一切事物具有其自在之理，一切事物又在其本体理的基础上既统一又区别，因此便互相涉入融会，即相互统一。不回互则指不统一，一切事物各住其自性而不杂乱，处处表现出一种相对稳定的状态，所以，不回互与回互是一对立的关系，共生共灭。曹洞宗论五位君臣，处处落实到回互上，并以此视为成佛作祖的境界。

曹洞五位功勋、五位王子、内绍外绍、三路接人，说的是解脱问题。五位功勋包括向、奉、功、共功、功功。《洞山语录》说："上堂曰：'向时作么生？奉时作么生？功时作么生？共功时作么生？功功时作么生？'僧问：'如何是向？'师曰：'吃饭时作么生？'又曰：'得力须忘饱，休粮更不饥。'云：'如何是奉？'师曰：'背时作么生？'又曰：'只知朱紫贵，辜负本来人。'云：'如何是功？'师曰：'放下镢头时作么生？'又曰：'撒手端然坐，白云幽处闲。'云：'如何是共功？'师曰：'不得色。'又曰：'素粉难沉迹，长安不久居。'云：'如何是功功？'师曰：'不共。'又曰：'混然无讳处，此外更何求。'"

此一段语，与《人天眼目》所录大抵相同。大慧宗杲解释之言，也见于《人天眼目》之中。大慧禅师说：

“向，谓趣向此事。答吃饭时作么生，谓此事不可吃饭时无功勋而有间断也。

“奉，乃承奉之奉，如人奉事长上，先致敬而后承奉。向乃功勋之所立，才向即有承事之意故。答背时作么生，谓此事无间断，奉时既尔，背时亦然。言背即奉之义，盖奉背皆功勋也。

“功，即用也。答放下锄头时作么生，把锄头言用，放下锄头是无用。师之意谓用与无用皆功勋也。

“共功，谓法与境敌。答不得色，乃法与境不得成一色，正用时是显无用底，无用即用也。

“功功，谓法与境皆空，谓无功用大解脱。答不共，乃无法可共。不共之义，全归功勋边。如法界事事无碍是也。尔面前无我，我面前无尔。”

五位功臣主要用以判断禅僧悟解的深浅，向、奉表示建立信仰；功、共功表示初步悟解，特指对外境色法的否定有了一定心得；功功表示彻悟，完全解脱而成佛。

五位王子与王种内绍外绍主要用以说明解脱的依据。五位王子指诞生王子、朝生王子、末生王子、化生王子、内生王子。诞生王子为内绍嫡生，是太子之位；朝生王子为庶生，外绍臣种，为宰相位；末生王子为群臣位；化生王子为将军位；内生王子是皇后小子之位，也属内绍。内绍外绍与五位王子可以互相印照，除诞生、内生二王子为内绍外，余王子皆外绍。关于五位王子，《五家宗旨纂要》说：

“诞生王子：此喻心本是佛，不假修持，本自圆成，无劳证悟。然犹须知有向上一路，如皇后所生之太子，虽是天然尊贵，名曰诞生，亦名内绍，亦名王种，亦名正位。要知此位，亦须转却，若不转，即便堕在尊贵边。所以道：子转身而就父，为什父全不顾？不见有诞生王子也。父者向上虚位，明本来原无位次，不落阶级也。

“如何是诞生王子？

“三山来云：前星光宇宙，贵胤自天然。颂曰：生来尊贵号储君，位正东宫没比伦，玉叶金枝非别种，转身犹自出王庭。

“朝生王子：此喻修行人，未得本来尊贵，须借修证，如始觉向于本觉，葵倾藿奉，运用圣智，调和妄情，善理真性，而得圆成。恰似世间开国元勋，有大功劳，一朝封以王位，故亦称王子。此已在偏位中生出，不同王种，亦是外绍宰相之类也。既有诞生之王，振纪宗纲，必假外绍，三人主掌门户，内外体正，道法方隆，故以诸王子次之。

“如何是朝生王子？

“三山来云：才猷堪赞化，酬勋不住功。颂曰：潜心养志在深山，学迈才超不等闲，大用一朝来帝眷，承颜岂独侍朝班。

“末生王子：此喻修行人，虽假功修，终无污染。犹如幻智，随流漂没，忽尔回光，幻灭觉圆。方信自心不从人得，扫除都净，不挂一丝，入尘而不染尘，得解脱智者，亦朝生中之庶子，群臣位也。

“如何是末生王子？

“三山来云：清白非为苦，坚贞节不移。

颂曰：落落孤贞清且贫，肯将毫末惹埃尘，登科不懈平生志，始信云衢展步轻。

“化生王子：此喻修行人，万缘具尽，己之勋业已成，却又广运悲智，入廛垂手，旁宣正化，头头上显，物物上明，犹如阃外威权，设施不犯，不唯安贴家邦，亦乃把定世界，此亦朝生庶子中之子，将军位也。

“如何是化生王子？

“三山来云：威扬宣正令，中外化亲传。颂曰：不动巍巍仰圣明，传持阃外赖将军，太平底定无多事，妙印高悬不露文。

“内生王子：此喻修行人，既已证修，正化已毕，复还本体，不出深宫，纵横自在，体用不彰，理事俱泯。常居尊贵位中，与诞生同体，此虽幼小，亦可绍位，亦名内绍，乃诞生处之幼子也。

“如何是内生王子？

“三山来云：入宫无异体，对面不相逢。颂曰：无作无为浑似痴，功勋不犯醉如泥，而今已出青霄外，紫禁重闱那得知？

“三山来总颂云：同生同死绝疏亲，名貌何分是几人，踏破来时多少路，都卢共到法王城。”

关于王种内绍外绍，《人天眼目》说：“寂音曰：‘此如唐郭中令、李西平，皆称王，然非有种也，以勋劳而至焉。高祖之秦王，明皇之肃宗，则以生帝王之家，皆有种，非以勋劳而至者也。谓之内绍者，无功之功也，先圣贵之。谓之外绍者，借功业而然，故又名曰借句。……’”

内绍外绍之区别，在于是否天生。《五家宗旨纂要》指出了内绍、外绍作为解脱途径的意义：“内绍：绍，继也、续也，相续不断之义。内者，正位中威音那畔是也。知向里许承当担荷，是为内绍。如修行人，明心见道，于日用中，头头显现，物物分明，实无差互，左右逢源，不假修进，不假行持，当体便证无上菩提，犹如诞生，本来尊贵，故名王种，以能绍继君位也。

“如何是内绍？

“三山来云：深宫无敌体，妙用解承当。颂曰：天然尊贵异常流，宝位传持事未休，不是人王无别种，那能物物与头头。

“外绍：外者偏位，今时门中，一切对境触物处也，向外绍则臣位。如修行人，不明自心，不见自性，不了正因，全未知有，且教渠知有续起功用，故名外绍。

“如何是外绍？

“三山来云：风尘无异路，晓夜据征鞍。颂曰：刹刹尘尘事不差，拂开朝雾与晚霞，见得分明无异路，何妨尽摘洛阳花。”

洞山禅师还有所谓鸟道、玄路、展手三种接引不同根器参学人的手段。鸟道指直截的自悟和顿悟的解脱论，《景德传灯录》载洞山之言鸟道，曰：“僧问：‘师寻常教学人行鸟道，未审如何是鸟道？’师曰：‘不逢一人。’曰：‘如何行？’师曰：‘直须足下无丝去。’曰：‘只如行鸟道，莫便是本来面目否？’师曰：‘阇梨因什么颠倒？’曰：‘什么处是学人颠倒？’师曰：‘若不颠倒，因什么认奴作郎？’曰：‘如何是本来面目？’师曰：‘不行鸟道。’”

学人只有从自身去求解，放弃外向追求，直下体悟，如行鸟道，不逢一人，崎岖艰难，但佛性人人具足，圆成妙明，利根之人，顿然成佛。至于玄路的设立，重点在治三种渗漏的语渗漏。三路之中，以鸟道、玄路为最重要。展手指的是当面提持、随机而拈出。

《人天眼目》曰：“曹洞宗者，家风细密，言行相应，随机利物，就语接人。”

其学说朴素而亲切，揭示出了本质与现象、一般与个别、永恒与暂时、无限与有限、内与外、同与异之间的联系和区别，通过回互，以及体会即事而真，觉悟真如佛性，从而使学人抛弃现实差别的、相对的、有限的、暂时的执着，进入无差别的、绝对的、无限的、永恒的精神境界。

曹洞禅之曹山传人止于四代，后世传播中外的为云居道膺一脉。

沩仰、云门、法眼禅

在禅宗五家之中，临济宗与沩仰宗出自洪州禅马祖道一及其弟子百丈怀海，马祖道一之师为惠能弟子南岳怀让；云门、法眼及曹洞禅则出自惠能弟子青原行思。所以，五家禅可分为两个体系，其不同体系之间有明显的分歧，而同一体系之中，又表现出共性。不过，沩仰、云门、法眼诸宗之禅影响不大，不可与临济禅和曹洞禅同日而语。

沩仰宗祖师沩山灵祐禅师，与黄檗希运是师兄弟，属临济义玄的师辈。所以，五家禅中，也以沩仰禅为最先出，宗名取沩山灵祐与仰山慧寂二人之名，并以沩山、仰山为宗祖。唐元和年间，灵祐在潭州沩山开创宗风，唐末五代为繁荣期，及宋而式微，与临济宗合并。繁荣时期，胜于黄檗门庭。仰山在袁州仰山传道，门下分西塔、南塔二派，西塔传仰山师侍者耽源应真法脉，南塔属沩山法系。沩仰法系仅四五传，百余年而湮没。该宗将主观与客观世界分为三种生，即想生、相生、流注生，并一一加以否定。想生即主观思维，指所有能思之心都为杂乱尘垢，必须远离方可解脱；相生指所缘之境，即客观世界；流注生指主观世界与客观世界变化无常，微细流注，从无间断，若能正确体认，便能证得圆明之智而达自在之境。其修行理论上承道一、怀海理事如如，认为万物有情皆具佛性，明心见性即可成佛。

《人天眼目》曰："沩仰宗者，父慈子孝，上令下从。尔欲捧饭，我便与羹；尔欲渡江，我便撑船。隔山见烟，便知是火；隔墙见角，便知是牛。沩山一日普请摘茶次，谓仰山曰：'终日只闻子声，不见子形。'仰山撼茶树。沩山云：'子只得其用，不得其体。'仰曰：'和尚如何？'师良久。仰曰：'和尚只得其体，不得其用。'沩山云：'放子三十棒。'乃至仰山过水，香严点茶，推木枕，展坐具，插锹立，举锹行。大约沩仰宗风，举缘即用，忘机得体，不过此也。"

又有所谓圆相，语默而不露，明暗交驰，体用双彰，要真正悟入，却也极难。圆相据说有九十六种之多，《五家宗旨纂要》有记载，大致如下：

修罗三昧擎日月势

女人三昧罗刹不隐

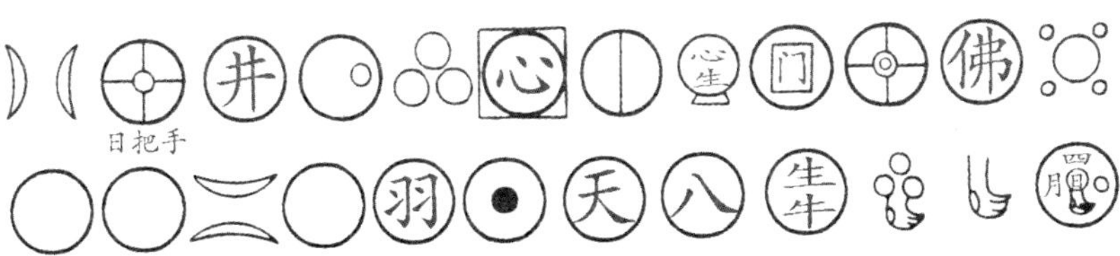

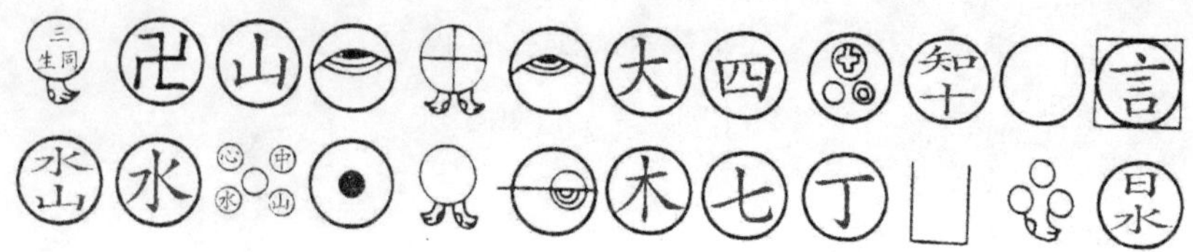

《五家宗旨纂要》说：

已上开为百二十，合为九十六种，总不出十九门施设也。

一垂示三昧门，二问答互换门，

三性起无作门，四缘起无碍门，

五明机普互门，六暗合宾主门，

七三生不隔门，八即幻明真门，

九用了生缘门，十就生显法门，

十一冥府生缘门，十二三境顺真门，

十三随机识生门，十四海印收生门，

十五密用灵机门，十六啐啄同时门，

十七随收随放门，十八卷舒无任门，

十九一多自在门。

又有所谓圆收六门，《五家宗旨纂要》记录如下：

一圆相　○　　二义海○○　三暗机○○

四多字学○○　五意语　　六默论

沩仰圆相，极其神秘，不太聪明之人，当然很难入其门境。不过，三山来似乎把此圆相看得很简单，《五家宗旨纂要》曰：“三山来云：种种圆相，虽是多门设施，不过师资辨验，临机拈出。毋论是生是佛，情与无情，那能越起得圈子去。莫道九十六个，即百千万亿刹刹尘尘种种变现，无过一个包罗。得其意者，勿执其本，庶几用而无碍可也，识者酌之。”就是说，对于圆相的理解，也要得意而忘象，不执着于圆相本身。

云门宗略称云宗，以云门文偃为宗祖，属南宗青原法系。文偃住韶州云门山光泰禅院，后唐长兴元年（公元九三〇年）以后，大振禅风，创立云门宗。文偃初参睦州道明，后谒雪峰义存。道明宗风峭峻，不容拟议，雪峰宗风温密，可探玄奥，文偃发挥二家宗风，机辨险绝，语句简要，如电光石火，而每有千钧之重。当时法眼宗与云门宗对峙。文偃门下颇盛，法席常愈千人。宗风即所谓函盖截流，取截断众流，师徒函盖相合之意，所以云门宗风有奔流倏止之概。接化学人，有所谓云门八要，即玄，指云门宗师接化学人，玄妙而非言语思量所能测知；从，指从学人之根机力量以接化；真要，指立足佛道，以拈示宗旨；夺，指接化之时，丝毫不容学人拟议，以截断其烦恼性；或，指云门宗之师家不受言语拘束，能自由自在地活用言语，以接化学人；过，指接化方式严峻，不许学人转身回避；丧，指令学人脱离谬见，不执着己见，鉴照一己清净之本性；出，指来取自由接化之方式，给以学人自在契悟机会。此八要见于《五家宗祖纂要》。

《人天眼目》指出："云门宗旨，截断众流，不容拟议，凡圣无路，情解不通……大约云门宗风，孤危耸峻，人难凑泊，非上上根，孰能窥其仿佛哉！"

云门宗虽然有所谓截流机锋，却不能随波逐流，应机说法以接引学人。一字关及抽顾难领会。《人天眼目》引云门偈曰："举不顾即差互，拟思量何劫悟？"其不容拟议，而又出语高古，迥异寻常，超脱言意，以无伴为宗，不留情见，为理解造成困难。

关于云门三句，《五家宗旨纂要》有详细解说：

"函盖乾坤句：本真本空，一色一味，凡有语句，无不包罗，不待踌躇，全该妙体，以事明理，体中玄也。

"如何是函盖乾坤句？

"三山来云：总在里许。颂曰：函盖乾坤事莫穷，头头物物露真风，顶门亚竖摩醯眼，万象森罗一镜中。

"截断众流句：本非解会，排遣将来，不消一字，万机顿息，言思路绝，诸见不存，玄中玄也。

"如何是截断众流句？

"三山来云：不通一滴。颂曰：截断众流意若何，算来一字已成多，推排解会徒劳力，肯把要津放得过。

“随波逐浪句：许他相见，顺机接引，应物无心，因语识人，从苗辨地，不须拣择，方便随宜，句中玄也。

“如何是随波逐浪句？

“三山来云：一叶扁舟。颂曰：随波逐浪过前川，绿笠青蓑把钓闲，一曲渔歌江际晚，高低棹破水中天。”

云门三句，可与临济宗之三玄相比附。第一句是说万物皆真如所显；第二句是说不应用文字把握真如，而应于内心顿悟；第三句是说对参学者应因机说法。云门三句被当作是云门剑、吹毛剑，意谓掌握了此三句之含意，便掌握了云门解脱法门，可成就真如佛性。

抽顾，指云门见有僧人来，则以目顾之，而说“鉴”，或说“咦”，录载者称为“顾鉴咦”，后来德山密禅师删去“顾”字，所以称为抽顾。一字关指云门回答所问，往往以一字相应。抽顾、一字关代表了云门宗孤危耸峻的特点。《五家宗旨纂要》有三山来之颂曰：“一字关一字关，何不成双独成单？单单一字诚难测，一字诚难测也难。难难，目前隔个须弥山。”

虽仅就一字关而言，实际抽顾等云门接引方法，都具有此种特点。也正因此，云门宗初期，乃至北宋之时，因其独特之方法接引学人，而吸引了大量禅僧参学，但真正了解其意义，乃至可以用云门的方法接引后学者少之又少，故而至南宋，便衰微而不传。

法眼宗以法眼文益为宗祖，出于南宗青原法系。文益参罗汉桂琛，于后唐清泰二年（公元九三五年）得心印，历住崇寿院、报恩禅院、清凉大道场，盛倡禅道，吴越王钱氏也皈依。著《宗门十规论》，痛论当时禅家流弊，并提出明事不二、贵在圆融、不着他求、尽由心造的主张，四方学人响应，而在浙江、福建蔚成大宗。文益禅风繁兴一时，法道虽四布，但以其弟子天台德韶门庭最盛。至宋中叶，法眼渐由盛而衰，终至于亡，其间不过百年。

法眼宗以华严六相义，即总相、别相、同相、异相、成相、坏相为立宗基础。

据《五家宗旨纂要》载："眼初同绍修洪进，过地藏院，阻雪，值围炉次，藏问：'山河在地，与上座自己，是同是别？'眼云：'是别。'藏竖两指。眼云：'是同。'藏亦竖两指，便起去。次日送至门首，藏指庵前太古石，问曰：'三界唯心，万法唯识，且道，此石在心内住心外？'眼云：'在心内。'藏云：'行脚人着甚来由，安片石在心头？'眼无对，遂解包，依席决策，一日呈见解说道理，藏曰：'佛法不恁么？'眼云：'某甲词穷理尽也。'藏曰：'若论佛法……'眼于言下大悟。后因行脚话，不知最亲切，始悟彻，作偈曰：三界唯心，万法唯识。

唯识唯心，眼声耳色。不到耳声，眼触何色？耳声难成，眼色何立？色心不二，彼此无差。有人会得，腾焕吾家。乃立华严六相义。”

中国华严宗以《华严经》为最高教典，分五教十宗，而自称一乘圆教，圆明具德宗或别教一乘，把一真法界，即一心法界，真如佛性视为世界一切现象之本源，用法界缘起说明现象间的关系，其中包括四法界说、六相圆融说、十玄缘起说等，始终贯彻以理事关系解说教义的原则，把圆融无碍作为认识的最高境界。华严六相义是华严宗用以解说法界缘起的主要原理之一,六相包含着总与别、同与异、成与坏三对范畴，六个方面，用以说明一切现象虽然各有自性，但又都可以融合无间，没有差别，所以又称六相圆融。

华严六相义，其立义在于根除错误见解，如身见、我见、边执见、常见、断见、邪见、见取见、戒禁取见等，即摆脱、破除以为我及我所都是真实存在的见解，破除以为我常住不变的有见和破除我可以不受果报的无见，破除否认因果报应的见解，破除把错误的戒律、法规当作可以引导达到涅槃的见解。

《人天眼目》指出：若究置欲免断常边邪之见，须明华严六相义门，则能住法施为，自忘能所，随缘动静，不碍有无，具大总持，究竟无过。此六相义，是辨世间法，自在无碍，正缘显起，无分别理。若善见者，得知总持门，不堕诸见。不可废一取一，双立双忘，虽总同时，繁兴不有，纵各具别，冥寂非无。不可以有心知，不可以无心会。详法界内，无总别之文：就果海中，绝成坏之旨。今依因门，智照古德，略以喻六相者：“一总、二别、三同、四异、五成、六坏。总相者，譬如一舍是总相，椽等是别相，椽等诸缘和合作舍，各不相违，非作余物，故名同相。椽等诸缘，递相互望，一一不同，名异相。椽等诸缘，一多相成，名成相。椽等诸缘，各住自法，本无作，故名坏相。则知真如一心为总相，能摄世间出世间法。故约摄诸法得总名；能生诸缘成别号，法法皆齐为同相；随相不等称异门；建立境界故称成；不动自位而为坏。”又云：“（一）总相者，一合多德故；（二）别相者，多德非一故；（三）同相者，多义不相违故；（四）异相者，多义不相似故；（五）成相者，由此诸义缘起成故；（六）坏相者，诸缘各住自性不移动故。

“此上六相义者，是菩萨初地中，观通世间一切法门，能入法界之宗，不堕断常之见。若一向别，逐行位而乖宗；若一向同，失进修而堕寂。所以位位即佛，阶墀宛然，重重练磨，本位不动。斯则同异具济，理事不差，因果不亏，迷悟全别。欲论大旨，六相还同，梦里渡河；若约正宗，十地犹如空中鸟迹。若约圆修，断惑对治，习气无非，理行相资，缺一不可。是以文殊以理印行，差别之道无亏；普贤以行会理，根本之门不废。”

房舍为总相，椽等建筑材料为别相；椽等构成舍为同相，椽等自身各自差别为异相；椽等已成舍为成相，不成舍则为坏相。六相圆融即全体与部分、一般与个别的圆融关系。全体由部分组成，部分的性质和作用则由全体所规定，一般通过个别得以表现，个别的本质则由一般来决定。这种关系遍及一切现象，但总的又被规定为两种形式，即相即与相入。相即是说不同性质的现象之间可以互相转化成为同一体的关系，即总相即别相、同相即异相、成相即坏相。相入即现象作用不同，可以使事物互相渗透，互相包含，即别、异、坏诸相渗入于总、同、成诸相中。因此，不论成就佛的觉悟，还是把握佛教真理，都可通过个别法门，在一念心中得到完满的实现。华严宗六相圆融，但其中又分体、相、用、平等门、差别门，总、别二相为体，同、异二相为相，成、坏二相为用，总、同、成相为平等门，别、异、坏相为差别门。六相圆融，必须是举一而齐收，最终不别同异，所以《人天眼目》说：“华严六相义，同中还有异。异若异于同，全非诸佛意。诸佛意总别，何曾有同异？男子身中入定时，女子身中不留意。不留意万象，明明无理事。”

法眼以三界唯心，万法唯识，所以，取华严六相教义，以论证世界同异俱济，理事不差，而最终要超越总、别、同、异、成、坏，否认外界的真实差别和矛盾。

法眼宗接化学人的方法有所谓四机，即箭锋相拄、泯绝有无、就身拈出、随流得妙。箭锋相拄指机锋相对，泯绝有无指不存朕兆，就身拈出指当面直提，随流得妙指即境设施。

《人天眼目》云：“法眼宗者，箭锋相拄，句意合机，始则行行如也，终则激发，渐服人心。削除情解，调机顺物，斥滞磨昏。种种机缘不尽详举，观其大概，法眼家风，对病施药，相身裁缝，随其器量，扫除情解。”

法眼宗能适应不同学人根机，恳切提撕，自在接代，这是其长处。

参考书目

1.《大正大藏经》 日本大藏出版株式会社

2.《大藏经索引》 新文丰出版公司

3.《大藏经补编》 华宇出版社

4.《续藏经》 商务印书馆

5.《中华大藏经》 中华书局

6.《中华大藏经续编》 中华书局

7.《百喻经》 南朝齐求那毗地译

8.《佛本行经》 古印度马鸣著，北凉昙无谶译

9.《大般若经》 唐玄奘译

10.《大品般若经》 后秦鸠摩罗什译

11.《金刚经》 后秦鸠摩罗什译

12.《无量寿经》 三国魏康僧铠译

13.《阿弥陀经》 后秦鸠摩罗什译

14.《观无量寿经》 南朝宋畺良耶舍译

15.《弥勒下生经》 西晋竺法护译

16.《弥勒上生经》 南朝宋沮渠京声译

17.《华严经》 东晋佛驮跋陀罗译

18.《解深密经》 唐玄奘译

19.《楞伽经》 南朝宋求那跋陀罗译

20.《涅槃经》 北凉昙无谶译

21.《法华经》 后秦鸠摩罗什译

22.《维摩诘经》 后秦鸠摩罗什译

23.《金光明最胜经》 梁真谛译

24.《圆觉经》 唐罽宾沙门佛陀多罗译

25.《楞严经》 唐般刺蜜帝译

26.《首楞严三昧经》 后秦鸠摩罗什译

27.《中阴经》 后秦竺佛念译

28.《大日经》 唐善无畏、一行译

29.《十八空论》 梁真谛译

30.《成实论》 古印度诃梨跋摩著，后秦鸠摩罗什译

31.《大乘起信论》 古印度马鸣著，梁真谛译

32.《中论》 古印度龙树著，后秦鸠摩罗什译

33.《大智度论》 古印度龙树著，后秦鸠摩罗什译

34.《十地经论》 古印度世亲著，六朝菩提流支、

勒那摩提译

35.《成唯识论》 古印度护法等著，唐玄奘译

36.《观无量寿佛经疏》 唐善导撰

37.《华严经疏钞》 唐澄观撰

38.《华严金师子章》 唐法藏撰

39.《法华玄义》 隋智𫖮说，灌顶记

40.《法华文句》 隋智𫖮说，灌顶记

41.《摩诃止观》 隋智𫖮说，灌顶记

42.《三论玄义》 隋吉藏撰

43.《高僧传》 梁慧皎撰

44.《续高僧传》 唐道宣撰

45.《宋高僧传》 宋赞宁撰

46.《祖堂集》 五代释静、释筠撰

47.《景德传灯录》 宋道原撰

48.《天圣广灯录》 宋李遵勖撰

49.《传灯玉英集》 宋王随撰

50.《建中靖国续灯录》 宋惟白撰

51.《联灯会要》 宋悟明撰

52.《嘉泰普灯录》 宋雷庵正受撰

53.《五灯会元》 宋普济撰

54.《祖灯大统》 清净符撰

55.《续传灯录》 明圆极居顶撰

56.《僧宝传》 宋惠洪撰

57.《僧宝正续传》 宋祖琇撰

58.《四行观》 梁菩提达磨著

59.《信心铭》 隋僧璨著

60.《最上乘论》 唐弘忍著

61.《六祖坛经》 唐惠能著，法海集

62.《荷泽神会禅师语录》 唐神会著

63.《菩提达磨南宗定是非论》 唐神会著，独孤沛集

64.《传法心要》 唐希运著，裴休集

65.《黄檗断际禅师宛陵录》 唐希运著，裴休集

66.《禅源诸诠集都序》 唐宗密著

67.《沩仰录》 唐灵祐、慧寂著

68.《临济录》 唐义玄著

69.《洞山录》 唐良价著

70.《曹山语录》 五代本寂著

71.《云门匡真禅师广录》 唐文偃著

72.《大法眼文益禅师语录》 五代文益著

73.《古尊宿语录》 宋赜藏主编

74.《宗镜录》 宋延寿撰

75.《佛教史年表》 佛光出版社

76.《中国禅宗大全》 长春出版社

77.《现代佛教学术丛刊》 张曼涛主编，大乘文化出版社

78.《中国佛教史》 任继愈主编，中国社会科学出版社

79.《中国禅学思想研究》 何国铨著，文津出版社

80.《中国禅宗思想历程》 潘桂明著，今日中国出版社

81.《中国佛教思想资料选编》 石峻等编，中华书局

82.《佛家名相通释》 熊十力著，中国大百科全书出版社

83.《中国佛学源流略讲》 吕澂著，中华书局

84.《汉魏两晋南北朝佛教史》 汤用彤著，中华书局

85.《汉魏两晋南北朝佛教》 郭朋著，齐鲁书社

86.《隋唐佛教史稿》 汤用彤著，中华书局

87.《洛阳伽蓝记校释》 周祖谟校释，北魏杨衒之原著，中华书局

88.《佛教哲学》 方立天著，中国人民大学出版社

出版后记

星云大师说："我童年出家的栖霞寺里面，有一座庄严的藏经楼，楼上收藏佛经，楼下是法堂，平常如同圣地一般，戒备森严，不准亲近一步。后来好不容易有机缘进到藏经楼，见到那些经书，大都是木刻本，既没有分段也没有标点，有如天书，当然我是看不懂的。"大师忧心《大藏经》卷帙浩繁，又藏于深山宝刹，平常百姓只能望藏兴叹；藏海无边，文辞古朴，亦让人望文却步。在大师倡导主持下，集合两岸近百位学者，经五年之努力，终于编修了这部多层次、多角度、全面反映佛教文化的白话精华大藏经——《中国佛教经典宝藏》，将佛教深睿的奥义妙法通俗地再现今世，为现代人提供学佛求法的方便途径。

完整地引进《中国佛教经典宝藏》是我们的夙愿，

三年来，我们组织了简体字版的编审委员会，编订了详细精当的《编辑手册》，吸收了近二十年来佛学研究的新成果，对整套丛书重新编审编校。需要说明的是此次出版将丛书名更改为《中国佛学经典宝藏》。

佛曰：一旦起心动念，也就有了因果。三年的不懈努力，终于功德圆满。一百三十二册，精校精勘，美轮美奂。翰墨书香，融入经藏智慧；典雅庄严，裹沁着玄妙法门。我们相信，大师与经藏的智慧一定能普应于世，济助众生。

东方出版社